谨以此书献给为同济大学默默耕耘的同仁，
以及所有关心和爱护同济社会学系成长与发展的朋友们

朱伟珏 著

同济社会学评论

TONGJI SOCIOLOGICAL REVIEW VOLUME 1

SOCIAL THEORY

社会理论卷

社会科学文献出版社
SOCIAL SCIENCES ACADEMIC PRESS (CHINA)

丛书总序

当今世界正经历着巨大的历史变迁。一方面，伴随着信息化和全球化，高度网络化的消费社会正在逐步形成，另一方面，巨大的贫富差距、日益凸显的环境和能源危机以及以各种形式爆发的"民族"问题，在不同层面不断引发新的变化。所有这一切都对我们每一个个体的生存方式，以及人与人之间的关系产生了深远影响。

社会学作为一门从本质上理解我们所处时代的学科，不仅重视对人类的社会现象进行整体性把握，而且敢于直面现实，关注和解答各种纷繁复杂的社会问题，并提出种种具有可操作性的解决社会矛盾冲突、推动社会发展的提案。

社会学20世纪初传入中国，之后由于种种原因被中断，1979年恢复。中国社会学重建至今已经走过三十多个年头。这期间，为了顺应时代发展的要求，中国的社会学者在积极进行学科建设的同时，弘扬直面现实之精神，对当代中国社会转型过程中出现的各种现象及问题进行了深入研究并取得了丰硕成果。

同济大学社会学系正是诞生于这样的大背景之下。21世纪初，随着现代化和城市化的进一步推进，中国社会学步入快速发展时期。同济大学紧紧抓住这一历史性机遇，于2003年成立了哲学与社会学系并于同年开始招收社会学专业本科生。2006年单独设系，同年开始招收社会学硕士研究生。2009年划归政治与国际关系学院至今。经过10多年的努力，目前同济大学社会学系在欧洲社会理论和城市社会学等研究领域已经形成自己的特色，并取得了一定的成绩。

值同济大学社会学系成立十周年之际，本系编辑出版《同济社会学评论》丛书。秉承学术研究自由与开放原则，本论丛拟陆续推出社会学论著和反映社会学学术前沿的译著。此次出版的三册《同济社会学评论》为同济大学成立十周年纪念特辑,收录了这十年来本系教师的部分学术成果。这三册论文集在一定程度上反映了同济社会学系现有的学术水准。衷心希望丛书的出版,能加深学界尤其是社会学界对同济大学社会学系的了解,促进同济社会学系与学界同仁的交流,进而提升中国社会学整体学术水准。

朱伟珏
于上海同济大学
2014年6月

目录 CONTENTS

超越主客观二元对立
　　——布迪厄的社会学认识论与"惯习"概念 …………… 1

"资本"的一种非经济学解读
　　——布迪厄"文化资本"概念 …………………………… 11

超越社会决定论
　　——布迪厄"文化资本"概念再考 ……………………… 23

社会学方法新规则
　　——试论布迪厄对涂尔干社会学方法论的继承与超越 … 40

文化视域中的阶级和阶层
　　——布迪厄社会空间理论 ………………………………… 52

一个揭示教育不平等的社会学分析框架
　　——布迪厄文化再生产理论 ……………………………… 71

象征差异与权力
　　——试论布迪厄的象征支配理论 ………………………… 90

权力与时尚再生产
　　——布迪厄文化消费理论再考察 ………………………… 105

文化资本与人力资本
　　——布迪厄文化资本理论的经济学意义 ………………… 119

社会科学新境界
　　——《布迪厄"文化资本论"研究》导论 …………………… **130**

全球粮食涨价：风险社会的政治学 …………………………………… **146**

金融危机
　　——风险全球化时代的归结 …………………………………… **168**

消费社会与自恋主义
　　——一种批判性的视角 ………………………………………… **187**

爱的社会学 ……………………………………………………………… **203**

私人领域的民主化
　　——情感的社会学 ……………………………………………… **219**

日本社会学的历史发展及展望 ………………………………………… **234**

超越主客观二元对立

——布迪厄的社会学认识论与"惯习"概念

超越主观主义与客观主义的对立是当代思想、当代社会理论以及当代社会学的一个核心命题。结构主义与后结构主义对西方中心主义的批判、社会学为超越存在于其自身领域内各种二元对立(个人与社会、主体与结构以及微观与宏观等)所做的种种有益尝试等,都可以视为对这一问题所作出的理论反思。总之,超越主客观二元对立并实现其统一已成为当代思想界以及当代社会科学界的一个重要的战略性课题。

社会学对主客观二元论的反思主要是由当代两位著名的社会学家——吉登斯(Giddens)和布迪厄(Bourdieu)展开的。吉登斯指出,现代主义对人类社会的认识与理解主要是建立在主观主义与客观主义的对立之上的。主观主义将"人"这一行为主体视为社会分析的核心命题。而另一方面,客观主义则由于将"社会"放在了首要的位置,所以社会制度就成为其分析社会的中心主题。但是,由于主客观双方都处于一种相对独立的状态,所以我们很难用它们来理解社会与个体行为之间的关系。为了克服这一对立,吉登斯提出了以结构与主体的相互关系为主要认识对象的"结构化理论"。另一方面,布迪厄则将主客观二元对立视为社会科学领域内最根本、最具破坏作用的一对范畴。他指出,社会科学领域内的任何对立都是围绕着主客观二元对立而展开的。而且这一对立从根本上决定了社会科学的方法。因此,如何克服主客观二元对立并实现它们的统一就成为布迪厄社会学的一个战略性课题。"惯习"(habitus)是布迪厄为超越这一对立而提出的一个重要概念。布迪厄认为"惯习"是主体实践性地认识社会的一种认知结构,而实践则由结构和惯习这两大部分组成。也就是说,社会行动并非直接取决于结构。结构通常是通过惯习"这一被身体化的分类图式"间接地支配社会行动的。而且惯习这一"主体的契机"反过来又会对结构的形成起到一定的制约作用，对结构的再生产作出贡献。显然，"惯习"是一个可以同时把握主体与结构的双重概念。吉登斯，尤其是布迪厄的旨在超越主客观二元对立的理论性探索，为社会学开辟了新的境界。对于以个人与社会之间的关系为主要考察对象的社会学来说，如何克服主观主义，使从"个人"立场出发的社会学研究也能将"社会"列入其考察范围，反之，如何摆脱客观主义的束缚，使从"社会"出发的社会学研究也能够将社会与个人的关系作为其研究对象，始终是一个亟待解决的难题。而这两位社会学家特别是布迪厄从关系主义立场出发的社会学思考，则为我们解决这一问题并最终实现社会学范式的转换提供了独特视角。

一

布迪厄的社会学认识论是从对传统社会科学的认识与理解出发的。他在其代表作《实践感》（Le Sens Pratique，1980）中，对主客观二元对立提出了尖锐批判。他指出，"将社会科学人为地分割成各种不同形式的对立中，最根本、最具破坏作用的就是主观主义与客观主义的对立……这种相互对立的认识模式不论对社会现象学来说还是对社会物理学来说都是一门不可或缺、不可化约的有关社会世界的科学"。[①] 也就是说，社会科学领域内主观主义与客观主义的对立与分裂是作为一种"最终选择"被不断地再生产出来的。而且这两种认识方式也都是以此对立为基本前提的。事实上，隐藏在诸如"实证主义"与"理论主义"以及"列维·斯特劳斯式的结构主义"与"萨特式的现象学"等各种理论交锋背后的，正是这两种认识方式的对立。

为了克服这一对立，布迪厄分别对主观主义和客观主义展开了批判性考察。他指出，由于主观主义始终将"生存"的体验，即行动者的"直接体验"视为一种必然，并将其贯穿于理论之中，所以它根本无法对"这类体验为何成立"的问题作出反思。也就是说，主观主义无法对"实践"进行客观化与对象化操作。另一方面，客观主义尽管将超越行动者意识与意志的"客观规律"（结构、法则、各种关系体系）作为主要研究对象，但

---

① 皮埃尔·布迪厄：《实践感》（Le Sens Pratique，1980）日文版，日本：美铃书店出版社，1988，第37~38页。

却忽略了对客观关系（客观化时研究者的态度和立场）本身进行客观化操作。也就是说，客观主义者忘记了在与"行动者的直接体验保持一定距离"的同时，"从外部"对客观关系进行对象化的操作。因此，客观主义无法说明"客观意义"与"生存意义"的关系，即它同样无法理解"实践"的意义。由此布迪厄得出结论：不论是主观主义还是客观主义，都存在着无法对自身的认识结构进行客观化操作的致命弱点。换句话说，要想克服主客观二元对立，只有从"关系主义思考方法"出发，将观察者与观察对象之间的关系也列为考察对象。至此，布迪厄把分析的目光集中到观察者在进行客观化操作时应该采取的态度，即研究者（观察者）的"价值中立性"问题之上。

事实上，布迪厄对学术场域的认识主要集中在对"价值中立性"问题的反思之上。与主客观二元对立一样，研究者的"价值中立性"同样是社会科学的重要前提之一。然而，这一构成现代性基础的重要前提如今却遭到社会学家的普遍质疑。他们认为社会学家根本无法摆脱社会关系与人类知识之间的相互制约。因此，人们在探究社会知识形式时，必须将观察者本人所处的社会地位也列入考察的范围之内。[①] 布迪厄同样对观察者立场的"中立性"，尤其对社会学家的"价值中立性"持怀疑态度。他认为"观察者由于专心从事对实践的阐释工作，所以常常会在'不知不觉'中将自己（观察者本身）与观察对象的关系带入对对象的认识中"。[②] 因此，即便我们像客观主义者那样，采取与实践当事者的"直接体验"保持一定距离，并坚信"学术性知识"比任何"常识"都更为有效的态度，也无法保持完全中立的立场。

显然，布迪厄的这一认识是建立在对朴素实证主义和朴素经验论的怀疑之上的。众所周知，对朴素经验论的质疑最初来自现象社会学。正是以许茨（Schutz）为代表的现象社会学，将认识主体与现实之间的二元对立作为主要考察对象，并从根本上克服了这一对立。因此，从某种意义上讲试图通过主体的认识来寻求现实生产过程的现象社会学早已解决了这一问题。但令人遗憾的是，尽管现象社会学使认识与现实达成了统一，但它却

---

① 雷纳托·罗萨尔多：《社会分析的主观性》，载《后现代转向》，沈阳：辽宁教育出版社，2001，第232页。
② 皮埃尔·布迪厄：《实践感》（Le Sens Pratique, 1980）日文版，日本：美铃书店出版社，1988，第40页。

无法回答当现实同时被多数个体所发现时,其结构会如何变化这一客观问题。

另一方面,布迪厄尽管对从主观主义立场出发的现象社会学予以了充分关注,但在实际操作过程中,却依然停留在客观主义的框架之内。在谈及社会科学的前提条件之一——"认识论式断裂"① 时,他指出,"认识论式断裂"尤其对社会学而言是极为艰巨的。由于人们往往错误地认为"只需凭借自己的思考就能够理解社会事实",所以要实现认识论式的断裂首先就必须与上述这种"自生社会学"彻底决裂。② 显然,布迪厄的主张与以客观主义为基础的涂尔干的立场十分相近。涂尔干在《社会学方法的规则》中,曾对那种认为社会事物必然会反映在行动者的意念中,只需凭借行动者的观念就可以了解一切社会事物的观点进行批判,并指出我们"必须将社会现象看作是社会本身的现象,是呈现在我们外部的事物,必须摆脱我们自己对它们的主观意识,把它们当作与己无关的外部事物来研究"。③

布迪厄首先对涂尔干的主张给予充分肯定,认为此方法不仅"有力地破除了'社会世界透明性的幻觉'",而且还使我们"和常识性理解划清了界限"。④ 但与此同时,他也对客观主义一再标榜的客观性提出了质疑。他指出,客观主义在把握实践时由于已经预先将行动者的实践经验搁置了起来,所以它至多只能揭示那种"学究"式的实践观。因为"就在它赖以捕捉到它宣称要把握的现实的那个运动的过程中,它也正在破坏着这一现实的某一部分"。⑤ 换句话说,客观主义在阐释现实时由于没有将有关现实的各种表象统一起来,所以它同样有失客观性。

因此,布迪厄指出要想避免陷入化约论的陷阱就必须彻底摆脱结构实在论的束缚。"问题是如何才能摆脱结构实在论的束缚。和行动者的直接体验切断了任何联系,作为一种建构客观关系的重要契机的客观主义,由于将这

---

① "认识论式的断裂"(epistemological break),也可以称为"认识论式的断绝",通常指某一理论框架(或规范)被另一种革命性东西所取代的状态,阿尔都塞最先使用并推广了此用语。
② 皮埃尔·布迪厄:《实践感》(Le Sens Pratique, 1980)日文版,日本:美铃书店出版社,1988,第40页。
③ 埃米尔·涂尔干:《社会学方法的规则》,胡伟译,北京:华夏出版社,1999,第23页。
④ 皮埃尔·布迪厄、华康德:《实践与反思》,李猛、李康译,北京:中央编译出版社,1998,第8页。
⑤ 皮埃尔·布迪厄、华康德:《实践与反思》,李猛、李康译,北京:中央编译出版社,1998,第8页。

些关系视为一种早已建构于个人与集体历史之外的客观实在来加以把握，所以它在进行实体化操作时必然会陷入结构实在论的陷阱。"① 因此，要摆脱注重"实在"与"客观结构"的客观主义的束缚就必须在研究中重新导入行动者的直接体验。

与涂尔干试图建构一种独立于行动者直接体验的客观对象所不同的是，布迪厄将行动者的直接体验也同样看作社会事实的一个有机组成部分。在布迪厄看来，尽管社会确实存在着一个客观结构，但同样千真万确的是社会在根本上也是由"表象与意志"所构成的。而那种与行动者的日常生活经验切断了任何联系的对象充其量不过是一种将"直接体验"视为某种生成物的社会建构而已。

"只要秩序与资本分配在社会存在的客观性中依然扮演着认识对象这一角色的事实仍然没有发生改变的话，那么我们就不能追随涂尔干的规则将'社会现象当作一种与己无关的外部事物'来加以研究。为了超越'客观'定义，社会科学首先就必须将曾经被视为必须破坏掉的有关对象的直接表象重新导入其关于对象的完整定义中。"②

二

布迪厄为超越主客观二元对立所做的另一项努力，就是提出了旨在消解客观主义与主观主义分歧的概念——惯习。布迪厄曾在许多场合提及"惯习"概念的这一战略性课题。他认为提出惯习概念的一个重要目的就是克服主观主义与客观主义的对立并实现其统一。在布迪厄看来，社会结构产生惯习而惯习又反过来充当社会结构与实践行动之媒介的特征，对于我们克服主客观二元对立来说是至关重要的。

"惯习"原为拉丁语 habere（具有）的一个派生语，具有"态度、外表、服装、姿态、习惯、心情及性质"等多重含义。它最早出现于亚里士多德的著作中，之后又被哲学家们当作一个哲学概念而广泛使用。与此不同的是，"惯习"一词尽管也曾经出现在一些社会学文本中（如涂尔干和莫斯

---

① 皮埃尔·布迪厄：《实践感》（Le Sens Pratique, 1980）日文版，日本：美铃书店出版社，1988，第23页。
② 皮埃尔·布迪厄：《实践感》（Le Sens Pratique, 1980）日文版，日本：美铃书店出版社，1988，第83页。

等人的著作),但它作为一个社会学用语正式被认可并成为一个重要的方法论概念则是在布迪厄之后,并且也是较为晚近的事情。布迪厄在《实践感》中,对"惯习"作出以下说明:

> "惯习是一个同时具备了持续性与变换可能性的性情倾向体系。它作为一种结构化结构,也就是说,它是一种在发挥实践与表象的生产·组织原理作用之前就早已被赋予某种倾向的被结构化的结构。"①

```
社会性客观结构 → 惯习 → 个人实践=惯习行动
```

首先,惯习被理解为一种性情倾向体系、一种生产实践与表象的体系。它既不是意识的产物同样也不是理性的产物,而且它本身是没有任何规律可循的。也就是说,惯习既不是一种主观主义的行为理论,也不是一种服从于客观主义所制定的各种"规则"的体系。构成惯习的性情倾向被规定为既具有"持续性",又具有"变换可能性"的系统。不过,这里的"变换可能性"仅仅指涉一种尽管外表可以改变但其原理和结构却不会发生任何变化的状态。总之,"惯习"是一个既具有持续性与稳定性,又可能发生有限变化的性情倾向体系。

其次,惯习是一个兼具"被结构化的结构"(客观结构→惯习)与"结构化的结构"(惯习→实践=惯习行动)双重含义的概念(如图)。首先,它是一种"被结构化的结构"(客观结构→惯习)。布迪厄认为惯习虽然从属于某一特定行动者,但它却脱胎于各种稳定的客观结构。换句话说,惯习作为一种依靠行动者自身努力或者经由他人灌输而来的惯习行动的产物(作为一种后天获得的东西),通过个体或集体的生活史被身体化与内在化了。总之,客观结构生产出一种作为身体结构的惯习。从这一意义上讲,惯习的确可以被视为"被结构化的结构"。② 另一方面,我们也可以将惯习理解为一种"结构化的结构"(惯习→实践=惯习行动)。尽管惯习并不直接

---

① 皮埃尔·布迪厄:《实践感》(Le Sens Pratique, 1980)日文版,日本:美铃书店出版社,1988,第222页。
② 皮埃尔·布迪厄:《社会学之社会学》(Questions de Sociologie, 1980)日文版,日本:藤原书店出版社,1991,第348页。

等同于惯习行动（惯习≠惯习行动），但它却体现在具体的惯习行动之中并通过惯习行动而外在化。在这种情况下，惯习成为一个可以发明各种惯习行动及表象的"强有力的生成母胎"。显然，它也是一种"结构化的结构"。[①]总之，惯习是一个既可以使外在客观结构内在化又能通过惯习行动的生产使内在结构外在化的、连接着客观结构与惯习行动（实践活动）的心灵与身体的结构。

布迪厄之所以用"惯习"一词来取代"习惯"，其用意是十分清楚的。那就是他希望这一概念同时也能够反映出行动者的能动性。因为布迪厄想要说明的不仅仅是"习惯"一词所指涉的重复性、机械性、被动性和再生产性。他也希望这一概念能够表达某种被大多数社会学家所忽略的、存在于行动者性情倾向体系中的一种生成能力——技艺（art）。总之，"惯习"是一个兼备了能动性与生产性的社会学概念。

作为一种性情倾向，惯习是特定集团或阶级生产行为与认识方式的模范体系。也就是说，不论行动者本人是否愿意，他的惯习行动都要受到惯习的制约。反之，行动者在客观结构的重压之下所采取的惯习行动，经过惯习的整合之后也会转变成一种既能够自觉地与结构保持一致，同时又可以采取更主动、更具创意的行动。从这一意义上讲，惯习既是一个可以不断重塑自我的再生产体系，同时又是一个根植于行动者最初性情倾向之上、随环境的变化而不断发生改变并有着旺盛生命力的运动体。

显然，在布迪厄那里，惯习成了一个可以同时超越主观主义与客观主义的性情倾向体系。那么，惯习又是如何形成的呢？布迪厄指出，惯习形成于某些特殊集团——阶级内部。而且它最初来自"家庭"。父母亲在家庭内经常向自己的孩子传授各种知识和技能。而另一方面，孩子们在学习这些知识和技能的同时无意间也将学习方法本身身体化了。这些方法此后便转化成一种用于判断应该接受哪些知识或技能的性情倾向。布迪厄将这种脱胎于家庭的行动者的性情倾向称为"第一次惯习"。由家庭生产出来的最初惯习（第一次惯习）"此后便成为认识与评价所有经验的原理"。[②] 布迪厄在《再生产》（1970 年）和《遗产继承人》（1964 年）

---

① 皮埃尔·布迪厄：《社会学之社会学》（Questions de Sociologie, 1980）日文版，日本：藤原书店出版社，1991，第 348 页。
② 皮埃尔·布迪厄：《实践感》（Le Sens Pratique, 1980）日文版，日本：美铃书店出版社，1988，第 86 页。

等著作中之所以再三强调"最初教育"的重要性,显然正是基于以上的认识。

总之,对于布迪厄而言惯习就如同历史的年轮一样深深印刻在行动者的身上。它是不可逆转的。而且年轮内侧的惯习又对此后惯习的形成起着至关重要的制约作用。因此从这一意义上讲,惯习同时也是一种历史的产物。而且,惯习本身所体现出来的这种历史感成为对主观主义强调"实践的持续性",而对客观主义则强调惯习的"无限能力"的一个依据。

"作为一种历史的产物,惯习按照历史所形成的特定图式生产着个人与集体的实践,即历史性实践。……这些有关过去的体验……的确要比任何正式的规则或明确的规范都更希望保持实践的整合性与永恒性。总之,惯习指一种存在于目前正处于某种进行状态之中的事物内部有关过去与自身的原理。"① 惯习正是这样一种持续的过去。它虽然具有持续性与稳定性,但同时也是一种有条件的"无限能力"和"自由"。在一定条件下,惯习被认为是一种可以自由地生产思考、认识、表现、行为的"无限能力"。

"尽管惯习是一种结构的产物,但结构却在惯习发明初期所受到的种种限制与制约之内,通过惯习以一种非机械决定论式的方式支配着实践。……因为惯习正是一种可以自由地生产各种受历史与社会生产条件限制的生成物,即思考、认识、表现、行为(虽然也会受到一定的制约)的无限能力。所以惯习所保证的自由,即在一定的条件下创造某种条件的自由,不论和仅仅作为一种初始条件的机械性再生产,还是和试图生产某种无法预知的新生事物的创造性生产,都是存在很大区别的。"② 显然,在这里"惯习"成了一个能够同时弥补主观主义与客观主义不足的概念。对于主观主义而言,它强调了实践的连续性与稳定性,而对于客观主义而言,它则强调了有条件的实践的自由。

三

以上,我们从布迪厄的社会学认识论及"惯习"概念入手,对他的旨

---

① 皮埃尔·布迪厄:《社会学技法》(Le Métier de Sociologue, 1973) 日文版,1994,第91页。
② 皮埃尔·布迪厄:《社会学技法》(Le Métier de Sociologue, 1973) 日文版,1994,第92页。

在超越主客观二元对立的理论性探索进行了较为详尽的考察。从中我们不难发现，无论是布迪厄的社会学认识论还是构成其方法论基础的"惯习"概念，都是建立在对主客观二元论的反思之上的。事实上，布迪厄的其他许多重要的社会学理论，如他的实践理论及再生产理论也都是围绕着这一主题展开的。因此，我们完全有理由相信批判和扬弃社会学领域内以主客观二元论为基础的各种对立，如个人与社会、主体与结构以及微观与宏观等对立是布迪厄社会学的基本立场。

但值得注意的是，尽管布迪厄为超越主客观二元对立并实现其统一做了大量工作，但在实际的操作过程中仍然赋予客观主义某种优先的地位。[1]也就是说，在布迪厄看来，主观主义与客观主义的地位是不尽相同的。在他那里，客观主义始终是第一位的，主观主义只能作为客观主义的一种补充，因此是第二位的。由此我们可以这么认为，布迪厄对主观主义与客观主义的超越是建立在对主观主义作出有限肯定的客观主义基础之上的。

布迪厄的客观主义倾向受到了来自各个方面的指责："布迪厄的世界既不是革命性的，也不能算作一种社会变革，它仅仅只是一个没有终结的变化的世界而已"；[2]"布迪厄一方面说要超越主观主义与客观主义，另一方面却依然以客观主义为基础"。[3] 尽管此类批评较为偏激，但却并非毫无道理。因为布迪厄的许多理论的确带有某种社会决定论色彩。其实，布迪厄本人并非对此毫无察觉。他曾在各种场合多次为自己的立场进行辩解并采取了一系列相应的补救措施。例如，为了克服客观主义倾向，布迪厄拒绝建构一套把握客观结构的完整的理论体系，而主张以观察者的"直接体验与直接表象"为线索，通过实践来寻找具体的客观结构。显然，布迪厄这么做的目的主要是摆脱以孔德和涂尔干为代表的法国实证主义社会学的困扰。

然而布迪厄的这些努力，似乎仍然未能使他最终摆脱实证主义的影响。从他对许多具体社会问题的考察中我们依然可以隐约看到客观主义的身影。

---

[1] 菲利普·科尔库夫：《新社会学》，钱翰译，北京：社会科学文献出版社，2000，第33~34页。

[2] Harker, R., Mahar C., Wilkes C. (eds.)：《布迪厄入门》（*An Introduction to the Work of Pierre Bourdieu*）日文版，日本：昭和堂出版社，1993，第297页。

[3] Jenkins, Richard, *Pierre Bourdieu*, London, 1992, p.175.

尽管如此，试图揭示出隐藏在社会学理论背后、以主客观二元对立为依据的各种"对立关系"，并将这些对立转化为进行"综合"，即"超越"的一个积极契机的布迪厄社会学认识论，以及奠定了其方法论基础并以独特方式融合了主观主义与客观主义这两种不同认识方式优点的"惯习"概念，仍然为我们打破社会学领域内各种对立，并建立一种全新的社会学范式提供了崭新的思路。

"资本"的一种非经济学解读

——布迪厄"文化资本"概念

布迪厄的"文化资本论"是一个庞大的社会学理论体系。它所涉足的领域十分广泛，在教育与学校秩序，艺术与艺术欣赏，婚姻、家庭与共同体，社会与文化变迁，沟通与权力以及身体与其社会形成等许多方面都取得了巨大成就。文化资本理论的最终目的就是要弄清文化在社会结构（各种支配关系、不平等关系及等级关系）的生产与再生产过程中究竟扮演了什么角色、它又发挥了哪些作用等问题。

与以往任何一种社会学思想不同，布迪厄的文化理论借用了大量的经济学术语和概念。也就是说，他的理论主要是利用经济学隐喻来揭示现实社会中各不同阶层之间的不平等关系。布迪厄将其理论称为总体性实践经济学。在《资本的形式》一文中，他对总体性实践经济学作了具体说明。他认为传统经济学与总体性实践经济学至少存在以下两大区别。第一，传统经济学通常习惯于将能够直接转化为金钱的商品交换视为经济行为，而将其余部分视为非经济行为。而总体性实践经济学则将象征活动（文化活动、社会活动等）这一非经济行为同样视为一种利益交换行为。第二，传统经济学企图掩盖象征活动的利益倾向，而实践经济学则认为象征活动也同样属于一种交换形式，只不过它是一种特殊形式的交换而已。[1] 总体性实践经济学正是将那些被传统经济学所忽略的、非经济的实践形式（主要是文化实践）作为主要研究对象的。这无疑是一种非经济学的解读方式。用布迪厄自己的话说，总体性实践经济学与经济学正统观念之间的共同之处仅在于一些用词之上。[2]

---

[1] Bourdieu, Pierre, 1986, The Form of Capital, in J. G. Richardson (ed.), *Handbook of Theory and Research for the Sociology of Education*, New York, p. 241.

[2] 皮埃尔·布迪厄、华康德：《实践与反思》，李猛、李康译，北京：中央编译出版社，1998，第 160 页。

尽管如此，总体性实践经济学仍然将把握各种形式的资本，即把握社会物理学的能量作为其首要课题。"文化资本"是布迪厄将经济学概念成功地运用于文化研究的典型例子。它是布迪厄对马克思的资本理论进行非经济学解读之后提出的一个社会学概念，在其思想体系中占据着极为重要的位置。为了避免陷入经济至上主义的化约论陷阱，布迪厄把资本划分成经济资本、社会资本（或社会关系资本）和文化资本三种形式。经济资本以金钱为符号，以产权为制度化形式。社会资本（或社会关系资本）以社会声望、社会头衔为符号，以社会规约为制度化形式。而"文化资本"则以作品、文凭、学衔为符号，以学位为制度化形式。在这三种类型的资本概念中，尤以"文化资本"概念最为重要。它与"惯习"和"场域"共同构筑了布迪厄文化社会学的理论体系。

一　文化资本的三种形态

"文化资本"（le capital culturel）是布迪厄对马克思的资本理论进行非经济学解读之后提出的一个重要概念。布迪厄指出，任何一个社会场域都有着隶属于自己的正统文化。它是区分场域内各行动者处于有利或不利地位的基本原则，是一种分类标准。例如在学校这一场域内，文化修养、知识水准以及高度专业化的语言表达能力便是一种正统文化、一种分类标准。也就是说，尽管行动者在特定场域内所处的位置——处于有利或不利地位——取决于他本人知识水平和文化素养的高低，以及这些知识和素养与正统文化的吻合程度。但是，这些知识和修养究竟属于哪一类型的文化，即是否属于正统文化却不是行动者所能决定的。通常情况下，它必然要受到所属阶级、阶层以及家庭等多重文化因素的制约。布迪厄认为行动者所处的有利或不利地位除了与经济因素有关之外，还与文化等其他因素有着密切关系。他用"文化资本"来表现这种受各种社会条件制约的文化上的有利与不利因素。

"文化资本"泛指任何与文化及文化活动有关的有形及无形资产。尽管我们无法像对待经济资本那样对其实行定量化操作，但在日常生活中，它却发挥着和金钱与物质财富等经济资本相同的作用。不过，"文化资本"不是一个实体性概念。它是表示文化及文化产物究竟能够发挥哪些作用的功能性概念。也就是说，虽然文化资本具有和经济资本基本相同的功能，但它却无法直接换算成具体的货币价值。由于"文化资本"是一个十分宽泛的功能性分析概念，为了便于研究，布迪厄将其划分成身体化形态、客观形态及制度形态三种基本形式。①

- **身体化形态**

"文化资本"的身体化形态指行动者通过家庭环境及学校教育获得并成为精神与身体一部分的知识、教养、技能、趣味及感性等文化产物。"身体化"（incorporé）一词有"成为精神与身体的一个有机组成部分"之意，借用布迪厄本人的话说就是一种"惯习化"。正如行动者可以通过劳动获得物质财富那样，他同样也能够通过学习来积累知识、提高文化修养。但是，如果这些知识与修养没有经过充分的吸收和消化并最终转化成为行动者精神与身体的一部分的话，那么它就很有可能流于表面形式，成为一种仅仅用来装点门面的临时性知识。只有当这些知识和修养真正成为行动者精神与身体的一个组成部分时，它才有可能转换成一种"身体化"文化资本。

必须指出的是，身体化文化资本只有通过特定的个人才能得以体现。它既无法由其他人代理执行，也不可能不加任何修正地以完整的形态出让或传授给他人。正如劳动可以转换成一种物质财富那样，时间同样也可以积累文化资本——可以使文化资本身体化。换言之，文化资本的身体化过程必然伴随着大量的时间消费。如同任何物质财富一样，以这一方式获得的身体化文化资本同样可以投资于各种市场（学校市场、学术市场、社交市场、劳动力市场等）并获取相应的回报。而且，这种回报既可以是金钱与社会地位等物质性利润，也可以是他人的尊敬或好评等"象征性利润"。

从表面上看，知识与修养等文化资本是人类共同的精神财富。它既无法私有化也不受法律的保护。因此从理论上讲，只要有良好的学习条件和具备一定学习能力的话，任何人都可以获得它们。换言之，文化资本至少从表面上看是一种可以为万人所共享的精神财富。而且这种表面的公共性也使它更具普遍价值。但实际上，身体化文化资本的积累不仅需要花费行动者大量的时间和精力，而且通常还必须以雄厚的经济实力为后盾。因此，能够掌握高度专业化知识的人才在任何领域都是十分稀缺的，他们具有很高的市场价值。显然，通过"淘汰与选择"这一本质性区分（卓越化）以及经历了由

---

① Bourdieu, Pierre, 1986, The Forms of Capital, in J. G. Richardson (ed.), *Handbook of Theory and Research for the Sociology of Education*, NewYork, p. 244；ピエール・ブルデュー（Pierre Bourdieu）：『ディスタンクシオンⅠ』（La Distinction），日本：藤原書店，1991，p. Ⅴ。

共有可能性的显著增大而产生的卓越化的量化过程，随时都可以成为一种分类标准。

- **客观形态**

文化资本的第二种形态是客观（objectivé）形态，即物化（object）状态。具体地说，就是书籍、绘画、古董、道具、工具及机械等物质性文化财富（biens culturels）。显然，这是一种显而易见的分类＝卓越化标准。行动者的藏品——书籍、绘画和古董等物质性文化财富——越丰富，或者其质量（文化价值）越高，他拥有的客观形态文化资本就越多。

乍看起来，客观形态的文化资本和身体化文化资本具有截然不同的性质。由于客观形态文化资本是一种"物化"资本，所以人们往往以为只要有足够的金钱就可以立刻得到它们。但这一看法显然是片面的。事实上，任何事物如果要作为一种文化资本发挥其固有作用的话，那么它必然或多或少具备一些身体化文化资本的特征。例如，某收藏者为了丰富自己的藏书，除了要投入大量金钱之外，还需要花费许多时间用于挑选书籍。此外，他还必须掌握丰富的知识和具有较高的文化素养。否则的话，他是无法收集到真正具有价值的优秀作品的。

总之，客观形态的文化资本不是一种与身体化过程毫不相关的完全"物化"的资本。如果它不以身体化文化资本为媒介被行动者象征性所有，即行动者的身体化文化资本如果不投入到具体的市场（特别是文化生产市场）中去的话，那么是无法作为一种文化资本发挥固有作用的。

- **制度形态**

文化资本的制度形态就是将行动者掌握的知识与技能以某种形式（通常以考试的形式）正式予以承认并通过授予合格者文凭和资格认定证书等社会公认的方式将其制度化。这无疑是一种将个体层面的身体化文化资本转换成集体层面的客观形态文化资本的方式。从这一意义上讲，制度化文化资本是一种介于身体化文化资本与客观形态文化资本之间的中间状态。

文凭是制度化文化资本的典型形式。布迪厄指出，学历资本的积累只有通过经济层面的教育投资才能得以实现。学历资格是经济资本转换为文化资本的典型方式。显然，父母们如果想把自己的孩子送入更好一些的学校就读的话，那么就必须投入大量的经济资本——金钱。而且通常情况下，投入的时间越早效果就越好。也就是说，投资的时期越早，获得的利润就越大，回报也越高。不过，要使自己的孩子获得较高的学历资本光靠金钱投资显然是不够的。父母除了提供金钱等物质投资之外，还必须想方设法地为自己的孩子收集各种学习信息（尤其是与考试有关的信息）。如果必要的话，他们随时准备投入自己的文化资本，亲自承担起辅导孩子学习的任务。总之，父母们运用各种可能的手段将自己的经济资本和文化资本转换成孩子的学历资本。不过，这一愿望只有在得到孩子们积极配合的前提下方能实现。也就是说，这一计划的实现在很大程度上取决于孩子本人的学习能力和学习态度。

以上对文化资本的三种形态作了较为详尽的考察。从中我们不难发现，文化资本的积累是一个艰苦而漫长的过程。它不仅必须花费行动者大量的时间和精力，而且还常常需要投入大量的经济资本。也就是说，不是谁都有条件花费大量的时间和精力来完成文化资本的积累的。在社会场域内，富家子弟和平民子弟的机会显然是不均等的。富家子弟不仅远离生存的压力，而且还可以通过接受父母经济援助（教育投资）的方式——把经济资本转换成文化资本——获得更多的学习机会。相比之下，平民子弟的学习机会就要少得多。他们不仅无法获得来自父母的大量经济援助（教育投资），而且经常必须直面生活的重压。所以，对于后者而言，知识与文化修养的积累有时甚至是一种奢望。

父母拥有的文化资本总量，即家庭文化背景是造成这种不平等的另一个重要因素。家庭出身不同，行动者在社会空间内的起点也不同。通常情况下，出身于具有较多文化资本家庭的孩子，其起点也高。显然，孩子们的人生道路在很大程度上取决于其父母拥有的经济和文化资本总量。出身于具有强大经济和文化资本家庭的孩子很容易形成良性循环，即较高起始点→优质的初级学校教育→进入一流学校接受精英教育……→从事较好的工作→获得较高的社会地位。然而，具有如此优越条件的孩子毕竟只是极少数。这也从另一个侧面说明了为什么文化资本属于一种稀缺资源。它总是被极少数有能力进行积累的行动者所垄断，而且以一种特殊的方式获取利润并发挥着特殊的效力。

二　文化资本的再生产

那么，行动者具体是如何继承和获得以上这三种文化资本的？代与代之间文化资本的再生产活动又是通过怎样的机制得以实现的呢？布迪厄在《区隔》一书中阐述了文化资本的两种主要获得方式：第一种方式"在人们对此还未形成意识的早期就全面展开了。它是通过年幼时期的家庭体验获得的"。第二种方式"从较晚的时期开始，以一种系统的、速成的学习方式进行"。[1] 家庭无疑是文化资本最初也是最主要的再生产场所。而且它通常都是通过第一种方式，即继承的方式进行的。在充分反映出父母文化素质和兴趣爱好的家庭环境中，他们的一举一动都将成为孩子们竭力仿效的对象。孩子们正是通过这种无意识的模仿行为来继承父母的文化资本并将其身体化的。所以，出身于书香门第或艺术世家的孩子们从小就受到来自父母的文化熏陶，并有大量的机会接触各种音乐和文学艺术作品。这一最初的人生经历在不知不觉中把他们培养成了具有高贵气质、敏锐感性和良好趣味的文化贵族。

与经济资本的继承方式不同，文化资本的继承通常始于人生的初期。行动者从小就在不知不觉的情况下开始继承其父母的文化资本了。这种被布迪厄称为提前执行的遗产继承或生前馈赠的资本转移方式，显然不同于经济资本的继承。它不需要履行任何法律手续。而且，由于这种转移通常发生在家庭这一私密空间内部，所以它始终是在秘密的状态之下进行的。因此，以继承的方式所进行的文化资本的再生产更具隐蔽性、更容易被人们所忽略（被误认）。

除了家庭以外，文化资本的传承也经常发生于各种公共场域内。其中最为典型的是教育市场的学历再生产。布迪厄指出，学校是除家庭之外最重要的生产文化资本的场所，但和家庭不同，孩子们只有等到法定年龄才能入学。也就是说如果达不到年龄要求的话，他们是无法接受学校教育的。此外，与个性化的家庭教育不同，孩子们在学校接受的是一种经过预先设计、内容统一的集体教育。在此情形下，文化资本的传递必然以第二种方式，即"从较晚的时期开始，以一种系统的、速成的学习方式"进行。显然在现代社会中，家庭和学校所承担的传承功能是不尽相同的。家庭和学校有着各自不同的培养目标。通常情况下，家庭主要是培养"教养"和"规矩"等广义的趣味及感性的地方。与此不同的是，学校则主要是一个传授系统性专业化知识与技能的场所。孩子们从学校获得的主要是系统性知识及社会技能等

---

[1] ピエール・ブルデュー（Pierre Bourdieu）:『ディスタンクシオンⅠ』(La Distinction)，日本：藤原书店，1991，p.102。

文化资本。这些知识与技能往往通过考试的形式正式获得社会的承认并通过颁发文凭的方式被固定与制度化。身体化文化资本正是通过这种方式被转换成一种制度化形态的资本的。

显然，文化资本的传承通常是以一种"再生产"方式进行的。"再生产"一词取自布迪厄和帕斯隆合著的《再生产》一书，是布迪厄文化资本理论的另一个重要概念。"再生产"既不是一种从无到有的创造性生产，也不是同一生产的完全单纯的机械性重复。例如，一位教师通过教育这一行为将自己所掌握的正统知识传授给了与他本人出身相近的学生们。学生们经过充分的吸收和消化之后掌握了这些知识（完成了知识的身体化过程）并成长为一名教师、律师、医生或企业管理人员。此后，他们又将这些学来的知识灵活运用到自己的工作中去并将这些经过改造的知识再传授给自己的学生、晚辈或下级……显然这不是一个简单的机械性复制过程（反复过程），它是一种知识与地位的再生产。在此过程中，文化资本的传承必将受到时间、转换和实践行为这三大因素的制约。[①] 时机不同传承条件自然不同。而且学生们还必须把从老师那里学来的知识转换成一种适合于自己的知识并灵活地运用于工作中。在某一特定时期内，伴随着某种变换的生产行为就是人类的实践。总之，"再生产"不是一个表示事物机械性复制的概念，它是一个反映因受到时间、变换和实践这三大因素的制约而出现某种变化——在社会与经济变迁过程中事物可能出现的某种变化——的概念。文化资本的传承正是以这种再生产的方式进行的。在漫长的传承过程中，不仅文化资本的总量随时都可能发生变化——可能被部分地消耗掉，也可能出现增长，而且其性质也经常会发生改变。但不论怎么变化它都必定是以一种"再生产"的方式代代相传的。

三 文化资本的"隐蔽"功能

文化资本不仅和经济资本一样凝聚着社会的不平等关系，而且它还具有使这种不平等关系合法化的"隐蔽与秘密"功能。文化资本的"隐蔽与秘密"功能是布迪厄文化资本理论的重要源泉之一。"隐蔽与秘密性"指行动者在进行文化资本的投资、积累和持有过程中所表现出来的一种"虚假的非功利性"（désintéressement）。也就是说，文化资本具有一种掩盖其自身可

[①] 宮島喬：『文化の再生産の社会学』，日本：藤原書店，2002，p. 162。

以与经济资本进行相互转换的功能。布迪厄指出，"从物质性'经济'资本演化而来并以一种虚假的面目出现的象征资本（文化资本），按照它可以在何种程度上掩盖其自身是一种源自'物质'形态资本的事实，并且此后也能够继续掩盖这一事实，创造着一种固有的效用"。①

正如"书中自有黄金屋，书中自有颜如玉"所形象地描绘的那样，废寝忘食地埋头于文化知识的学习或刻苦钻研学问等所谓的"非功利性行为"，其真实目的就是通过获取更多文化资本这一途径来换取金钱及美女等物质资本。布迪厄认为，文化资本的隐蔽性或秘密性和物质资本的投资和持有一样，同样可以起到提高行动者社会地位的作用。这种经过"伪装的非功利性" = "纯粹性"是象征资本（文化资本）的一个重要特征。它和经济资本的投资及所有具有完全相同的功能。布迪厄之所以把通常不被人们当作资本的事物——知识、教养、感性、趣味、馈赠及仪式等——同样视为一种资本，显然正是基于以上这一认识。

布迪厄指出，行动者获取"纯粹性"的唯一途径就是消费大量的经济资本。反之亦然，行动者的经济实力和社会地位也只有通过这种"纯粹性"才能得以体现。不过，这一显著的事实却被社会全体成员作为一种"秘密"而掩盖了起来。布迪厄把这一现象称为"象征资本特有的、一种掩盖其与经济资本之间存在交换可能性的功能"。那么，人们究竟想要掩盖什么"秘密"呢？换句话说，"秘密"究竟包括哪些内容呢？布迪厄以具体的事例解答了这一问题。

> 大约在1955年，一位在法国学习手艺的名闻遐迩的卡比尔泥瓦匠，一次干完活之后正准备回家，主人却按照惯例打算请他吃饭。但泥瓦匠拒绝了这一邀请，……并提出希望主人用货币的形式支付这顿饭的饭钱。这无异于冒天下之大韪。因为他的要求从根本上亵渎了把劳动及其价格转换为一种无偿馈赠的象征炼金术的神圣性。……强调把会餐变换成货币的可能性这一举动泄露了一个人们保守得最为严密也最不严密的秘密——因为人人都知道这一秘密——并违反了确保"诚信"经济必须暗中求助于集体的恶意隐瞒这一潜规则。显然，人们不能不对此要求

---

① Bourdieu, Pierre, 1977, *Outline of a Theory of Practice*, Cambridge: Cambridge University Press, p. 187，括号内容由本文作者添加。

感到气愤并视之为一种挑衅。①

布迪厄在此所指的"秘密"就是请客吃饭实际上是工钱的一种转换物,以及房屋的主人希望借此方式显示自己身份和地位这一事实。显然,这是一种对谁都必须保守但实际上谁都十分清楚的公开的"秘密",是一种"保守得最为严密也最不严密的秘密——因为人人都知道这一秘密"。布迪厄用"误认"(méconaissance)一词来形容这种关于象征资本(文化资本)的"公开的秘密"。

"误认"概念在布迪厄文化资本理论中占据着极为重要的位置。美国学者耐斯曾对它的重要性做过精辟的概括:"布迪厄最近大部分的工作都集中在对以下问题的探讨上。那就是尽管受到资本主义'合理化'的影响,经济资本与象征资本之间相互转换的可能性是否仍然发挥着巨大的作用,它对维护各种支配关系究竟起着怎样的作用,它有哪些独特的功能等。"② 布迪厄文化资本理论的核心性分析框架之一正是这种"公开的秘密",即"误认"——象征资本被转换成经济资本之后的形态被视为一种公开的秘密——概念。

误认的主要作用在于它可以把恣意性支配与被支配的权力关系转变成一种甘于接受的自然关系并加以正当化。"制度层面有组织和有保障的误认……要把恣意的剥削关系……转变成一种建立在自然而然关系(例如亲属关系)之上的持久性关系……它是一切象征性劳动的根源。"③ 布迪厄同时指出,误认并不是支配阶级与阶层用来维护现存社会体制和秩序的专利品。事实上,被支配阶级与阶层也经常使用这种误认。被支配阶级与阶层正是通过这种误认的作用使自己成为一个顺民,即成为一个甘愿服从支配阶级的剥削和统治的臣民的。但在此情形下,误认却不是一种可供行动者自由选择、为了抬高自己身份的策略。因为,如果误认只是一种策略的话,那么对于被剥削阶级与阶层而言,它是毫无益处(因为避免误认就可以摆脱剥

---

① ピエール・ブルデュー(Pierre Bourdieu):『実践感覚』(*Le Sens Pratiqu*, 1980),日本:みすず書房,1988, pp. 189 – 190, pp. 185 – 186。
② Richard Harker/ Cheleen Mahar/ Chris Wilkes, *An Introduction to the Work of Pierre Bourdieu*,日本:昭和堂出版社,1990, p. 10。
③ Richard Harker/ Cheleen Mahar/ Chris Wilkes, *An Introduction to the Work of Pierre Bourdieu*,日本:昭和堂出版社,1990, p. 10。

削)。也就是说,如果可能的话,被压迫者是绝对不会自愿采用"误认"这一策略的。

显然,误认不是一种策略,而是权力运作的结果。它是支配阶级用来维护自己的统治并使其正当化的一种有效武器。华康德转引韦伯的论述剖析道:"在任何一种统治结构中,那些通过现存政治、社会和经济秩序而获得特权的人从来不会满足于赤裸裸地行使自己的权力并强加于众人。而且,他们希望看到自己的特权地位有所变化,从纯粹地拥有实际权力转换到获得权力的体现中,并希望看到自己因此而受到尊敬。"[1] 在错综复杂的当代社会中,"误认"扛起了这一神圣的使命。由体制内部的权力所组织的误认,运用其自身的正当化效应再生产着作为一种权力基础的社会结构。布迪厄指出,"既存秩序,以及作为其依据的资本分配,通过它们的存在本身,也就是通过它们一旦公开和正式地显示自己并被误认和承认时产生的象征效应,促成了它们自身的永存"[2]。也就是说,如果没有这种象征效应的话,那么现存的社会秩序将很难维系。在这种象征性效应中,布迪厄尤为关注的是其中所包含的误认问题。毫无疑问,希望维持现存社会体制和秩序的绝不可能是受压迫的下层阶级。只有部分享有特权的上层阶级才会努力维持这一现存的社会体制和秩序。因此可以肯定地说,把"误认"变成一种必然的制度体系完全是支配集团利用手中掌握的权力建立起来的。对于统治阶级而言,建立这种制度体系的唯一目的就是维护自己的统治。

> 正当化(officialisation)是一种过程。通过这一过程,集团(或集团支配者)使自己受到一种公开主张的约束,并因此而获知并掩饰自身的真实性;此公开主张使其所述合法化,并迫使他人接受之,同时以默示的方式规定可思和不可思事物的界限,从而有助于维持它从中获得其影响力的社会秩序。[3]

---

[1] 罗克·华康德:《解读皮埃尔·布迪厄的"资本"》(选自《文化研究》第4辑),北京:中央编译出版社,2003,第15~16页。
[2] ピエール・ブルデュー(Pierre Bourdieu):『実践感覚』(*Le Sens Pratiqu*, 1980),日本:みすず書房,1988,pp. 185 - 186,p. 171(括号内容由本文作者添加)。
[3] ピエール・ブルデュー(Pierre Bourdieu):『実践感覚』(*Le Sens Pratiqu*, 1980),日本:みすず書房,1988,pp. 185 - 186,p. 171(括号内容由本文作者添加,下同)。

显然，这种"正当化"同样是一种制造公开秘密的装置，是由统治阶级的惯习所建构的一种策略。至此布迪厄得出以下结论：统治阶级之所以保守这种公开的秘密，目的就是将其变成一种支配工具并用以维护自己的统治地位。

以上从象征支配的角度对"文化资本"作了较为详尽的考察。从中我们不难发现，在许多场合布迪厄都是将"资本"尤其是"文化资本"概念放在它和社会阶级与阶层的关联中来加以认识与理解的。他的这一解读方法，即从阶级结构再生产这一视角出发的文化理论，此后经过众多布迪厄研究者特别是新马克思主义学派理论家和"左翼"社会学家的阐释，发展成为一门广为人知的文化批判理论——象征支配社会学。但是，布迪厄以揭示阶级支配为主旨的批判理论同时也遭到了来自各个方面的非难。其中最为激烈的批评者甚至怀疑布迪厄患上了"阶级神经质"。[①] 即便是较为温和的学者也指责布迪厄"过于关心社会支配问题"。他们认为在文化资本的场合"他也完全被支配及等级的再生产问题吸引住了""对资本自身运作的分析毫无兴趣"。而布迪厄之所以这么做，主要和他"把社会支配的机制问题视为头等重要问题"的立场有关。[②]

显然，这些批判是站不住脚的。当今世界的贫富差距存在着明显的扩大化倾向。阶级问题再度成为一个全球性问题。自20世纪90年代起，不论是发展中国家还是发达国家，贫富分化的再度加剧又一次成为社会学家普遍关注的课题。詹姆逊在《文化研究和政治意识》一书中曾对美国社会日益扩大的贫富差距问题表示了深刻的担忧并认为阶级问题将再度成为一个主要的社会问题。他指出，"社会阶级并没有消失，而且在当前的政治动向里，随着绝大多数美国公众的日益贫困化和很少数人的极其富有而出现的两极分化，毫无疑问阶级必然会作为一种社会现实而再度活跃起来"。[③]

美国著名的社会学家卡斯特也和詹姆逊持相同的观点。他用一组触目惊

[①] Edward Grant Andrew, *Pierre Bourdieu：Petitioner of a Theory of Practice*（『iichiko』），日本：新曜社，2002，p. 47.
[②] 内田隆三・福井宪彦・山本哲士：『ピエール・ビルデューの思想』（『iichiko』），日本：新曜社，2002，p. 13.
[③] 詹姆逊：《文化研究和政治意识》（詹姆逊之集・第三卷），王逢译，北京：中国人民大学出版社，2004，第425页。

心的数据证明了美国社会日益加剧的贫富分化现象,[①] 并对形成原因进行了深入剖析。卡斯特指出,此次贫富差距的扩大化在很大程度上是由文化信息资源的不均衡所造成的。如果说早期资本主义社会的贫富分化现象主要是由经济资本的不平等分配所引起的话,那么,造成晚期资本主义社会,即信息社会或曰知识社会贫富差距的原因则要复杂得多。它不仅与经济资本的不均衡有关,而且在很大程度上还和信息、技术、教育等广义文化资本的不平等分配有着直接关联。[②]

由此看来,布迪厄的文化资本论绝不是一种已经过时和僵硬的阶级批判理论,当然更不是由"阶级神经质"所幻想出来的一种想象物。相反,它是一个有着深刻现实意义的理论性分析框架;是揭示晚期资本主义社会(信息社会或知识社会)不平等的社会等级秩序和不平等的社会资源分配体系的有效的批判理论。

---

① 曼纽尔·卡斯特:《千年终结——信息时代三部曲》,夏铸九译,北京:中国社会科学出版社,2003,第147、150页。
② 曼纽尔·卡斯特:《千年终结——信息时代三部曲》,夏铸九译,北京:中国社会科学出版社,2003,第150页。

超越社会决定论

——布迪厄"文化资本"概念再考

通常情况下，社会学被视为一门以"社会结构"或"结构"为基础的科学。但斯韦尔（William H. Sewell）指出，"结构"概念隐含着三大问题。第一，具有忽视主体性的倾向。也就是说，结构不承认"人的主体性"，并"巧妙地将行动者解读成被程序化了的木偶"。第二，无法把握结构自身的"变动"。由于结构概念通常以"安定性"，即"不变"为前提，所以它比较适合于解释社会生活中那些一成不变的形式，而无法说明结构本身可能发生的变化。它经常不得不把此类变化归咎于诸如"历史原因""崩溃"或"外在影响"等外部因素。第三，无法确定"结构"究竟应该作为一个"物质性"概念，还是作为一个"精神"或"文化"概念来加以理解。社会学家和人类学家在"结构由什么所组成"这一问题上存在着严重分歧。人类学家通常习惯于将"结构"理解成"柔软的"和"精神性的"（mental）构成物，而社会学家则经常将"结构"视为一种"坚硬的"（hard）和"物质性的"（material）组成。也就是说，与前者喜欢将结构视为一个"文化"概念，并从"符号论和视觉"的角度来加以把握所不同的是，后者具有把"结构"和"文化"对立起来的倾向。[1]

为了摆脱这一理论困境、实现"主体性回归"和"结构的变动可能性"，社会学家作了不懈努力。而其中最具影响力的当数吉登斯的结构化理论和布迪厄的文化资本理论。[2] 和强调"规则（rules）与资源（resources）"之间关系的吉登斯结构化理论不同，布迪厄的文化资本理论主要以"图式

---

[1] Sewell, H. William, Jr, A Theory of Structure Duahty, Agency, and Transformation, *American Journal of Sociology*, 98-1, July 1992, pp. 4-15.

[2] 在本论文的第二章中，笔者也从认识论的角度详尽探讨了此问题。

（schemas）与资源（resources）"之间形成的一种相互制约关系为特征。[1]在此，"图式"意指"精神性结构"（mental structure），而"资源"则被解读为"物质世界"（the world of objects）。布迪厄在他的"卡比尔族"研究中，曾提及文化层面的二元对立，如高—低、男—女、火—水、明—暗，并认为"家庭内部的所有行为都要受到这些对立的支配"。显然，布迪厄的文化资本理论是以"物质"与"精神"的相互制约关系为基本特征的。

> 构成物质（objects）世界的精神结构，在以相同的"精神"结构为基础建构起来的物质世界中通过实践而形成。产生于物质世界的精神，并不是作为与客体进行决战的主体性而诞生的。也就是说，客观世界是由通过把精神纳入那些"产物"的结构这一方式而被结构化的对象化操作的产物所形成的。精神是物质世界的隐喻，与物质世界本身形成一个无休止地相互反应的循环。[2]

在此，布迪厄超越了主体—客体对立图式并确立了以"物质（资源）与精神（文化）"之间关系为基础的结构概念。为了摆脱结构主义的影响并克服存在于社会学领域内的社会决定论倾向，布迪厄做了大量的工作。他不仅在许多经验研究中具体探讨了行动者的主体性作用，[3] 还力图通过"惯习""场域"等概念装置来实现"主体性回归"和"结构的变动可能性"。

但尽管如此，布迪厄仍然不时被看作一个强调社会决定作用的结构主义者。布迪厄的社会学理论之所以备受争议，显然和众多学者对其核心概念"文化资本"的批判是分不开的。"文化资本"由于被视为一个静态和僵硬的、具有强烈社会决定论色彩的概念而受到广泛的批评。日本社会学家内田隆三甚至认为"文化资本"概念是布迪厄文化社会学的一个败笔。[4] 但笔者认为，尽管"文化资本"的确在相当程度上反映了文化的"被形塑结构作用"一面，但也绝非如其批评者们指责的那样，是一个静止和僵硬的、仅

---

[1] Sewell, op cit, p. 14.
[2] Bourdieu, Pierre, *Outline of a Theory of Practice*, Cambridge University Press, 1977, p. 91.
[3] 例如，在对"卡比尔族"进行的考察中，布迪厄具体探讨了作为主体的行动者的能动作用。他通过对行为主体"认知能力"的分析，揭示了"卡比尔族"人高度的主体性能力，即"具有高度自立和认识能力，能采取战略性行为"的主体性。
[4] 内田隆三・福井憲彦・山本哲士：『ピエール・ビルデューの思想』（『iichiko』），日本：新曜社，2002，p. 11。

仅体现社会决定作用的实体性概念。相反，它完全有可能成为一个能同时理解行动者具有"形塑结构的作用"并能反映各种变化的动态的运动体。本文从针对"文化资本"概念的几种主要批评、"文化资本"与行动者的能动作用以及作为行动者扩大再生产手段的"隐蔽"功能三个不同方面，着重探讨文化资本作为一个把握行动者"形塑结构作用"的分析框架的可能性。

一 针对"文化资本"概念的几种主要批评

在布迪厄的社会学理论体系中，"文化资本"是最著名也最具争议的一个分析概念。对"文化资本"概念的批评主要来自以下三个方面。第一，"文化资本"是一个意识形态色彩浓厚的批判概念。第二，"资本"尤其是"文化资本"一词的用法十分暧昧和模糊。第三，"文化资本"是一个静态和僵硬的、反映着社会决定论倾向的概念。对"文化资本"概念的第一种指责主要来自部分新自由主义知识分子。他们批评布迪厄过于关心社会支配问题，即使在文化资本的场合"他也完全被支配及等级的再生产问题吸引住了""对资本自身运作的分析毫无兴趣"。而布迪厄之所以这么做，主要和他"把社会支配的机制问题视为头等重要问题"的立场有关。[①] 一些激烈的批评者甚至怀疑布迪厄患上了"阶级神经质"。[②] 显然，对布迪厄的这一责难很难站得住脚。正如詹姆逊在《文化研究和政治意识》一书中尖锐指出的那样，近年来随着贫富差距的急剧扩大，阶级问题已再度成为一个全球性课题。[③] 因此，布迪厄的文化资本理论绝不是一种已经过时和僵硬的阶级批判理论，当然更不是由"阶级神经质"所幻想出来的一种想象物。相反，它是一个有着深刻现实意义的理论性分析框架；是揭示晚期资本主义社会（信息社会或曰知识社会）不平等的社会等级秩序和不平等的社会资源分配体系的有效的批判理论。[④]

[①] 内田隆三・福井憲彦・山本哲士：『ピエール・ビルデューの思想』（『iichiko』），日本：新曜社，2002，p.13。

[②] Edward Grant Andrew, *Pierre Bourdieu*: *Petitioner of a Theory of Practice* （『iichiko』），日本：新曜社，2002，p.47。

[③] 詹姆逊：《文化研究和政治意识》（詹姆逊文集・第三卷），王逢振译，北京：中国人民大学出版社，2004，第425页。

[④] 详见朱伟珏《"资本"的一种非经济学解读》，《社会科学》（上海社会科学院）2005年第6期。

第二种指责较具普遍性。不少学者认为布迪厄的"资本"尤其是"文化资本"概念在用法上过于暧昧和模糊。迪马格很早就曾经对此问题提出过质疑。他指责布迪厄因为滥用隐喻从而致使其价值遭到了严重损害。[①] 很明显,他的非难是有失偏颇的。我们知道,布迪厄很少对包括"文化资本"在内的社会学概念下定义而是将它们视为一种开放性概念。对于他来说,严峻的社会现实才是社会学家需要迫切关心的问题。也就是说,他所关注的是如何揭示隐藏在竞争中处于有利或不利地位背后的、非经济领域内资源分配的不平等现象,以及价值的等级秩序等问题。从这一意义上讲,"文化资本"不可能也无需成为一个结构严谨的元概念。因为作为一种实际的功能性隐喻,"文化资本"的暧昧性和模糊性有时候反而可以提高它自身的灵活性并使它更能理解和适应各种变化。

关于布迪厄"文化资本"概念体现着一种社会决定论色彩的指责是另一种具有代表性的批评。日本社会学家山本哲士长期从事布迪厄文化资本理论的研究工作。他曾对这一理论缺陷提出过批评:"布迪厄的'资本'尤其是'文化资本'概念只重视对被形塑结构的把握,而对资本概念本身所包含的个体的'形塑结构的作用'却视而不见。也就是说,资本概念事实上将商品化问题仅仅放在社会化状态这一单一的范畴内来加以理解。"[②] 从某种意义上讲,这一指责不无道理。由于深受实证社会科学奠基人涂尔干和法国结构主义的影响,布迪厄的部分理论和概念尤其是对一些具体社会问题及现象的考察,确实偏重于社会结构的决定性影响,即"被形塑结构"的作用。在《继承人》《区隔》以及《国家精英》等著作中,"文化资本"在很多场合仅仅被用作对社会文化现象的"被形塑结构"这一个方面的考察。但尽管如此,我们仍然不能把"文化资本"视为一个片面强调社会决定作用的静态和僵硬的概念。实际上,布迪厄本人对此问题早有察觉。为了克服社会决定论的影响,他主张必须动态地把握"文化资本"概念。他指出由于资本的意义只体现在具体的场域中,所以资本只存在于特定的场域内。而且文化资本也只有通过行动者个人才能得以体现。因此,为了避免文化资本的实体化倾向,有必要把"文化资本"放在它与"惯习"和"场域"的关

---

① Dimaggio, P., Review Essay: "On Pierre Bourdieu", AJS., Vol. 84, No. 6, pp. 1468–1469.
② 内田隆三・福井憲彦・山本哲士:『〈社会〉を実定化するビルデュー社会学』(『iichiko』),日本:新曜社,2002, p. 100。

系中动态地加以理解。因为只有这样,"文化资本"才能成为一个可以同时把握"被形塑的结构"和"形塑的结构",并能理解和阐释变化的一个动态的概念。

二 "文化资本"与行动者的主体性作用

当我们站在动态的角度上看待布迪厄社会学体系时便不难发现,其实"文化资本"并不像某些批评家们指责的那样是一个静止和一成不变的僵硬实体。相反,它是一个深受惯习和场域等因素影响、不断发生着各种变化并能够"转换"成其他各种形态资本的运动体。例如,出身于良好家庭环境的上层阶级子弟尽管绝大多数都从其父母那里继承到大量诸如书籍、绘画、唱片等"客观形态"的文化资本,但是这些资本通常却会在各种变量——如学校教育、大众传媒和行动者的态度与行为倾向等因素——的共同作用下被转换成形态各异的资本。也就是说,它既可能被转换成一种制度形态的"学历资本",也有可能被转换成兴趣和感性等体现行动者审美倾向的身体形态文化资本。此外,有些学生尽管经常出入美术馆和音乐厅并且养成了良好的阅读习惯,但是他们在学校的学习成绩却并不理想,部分学生甚至对学习本身毫无兴趣。因此,制度形态文化资本,即学历资本的获得虽然和家庭环境有着密切的联系,但是良好的家庭出身却不能等同于高学历的获得。因为良好的家庭环境并不是获得学历资本的唯一条件。在许多时候,勤奋和明确的学习目标等行动者的行为倾向(惯习)同样起到了巨大的推动作用。

在考察主体性问题时,我们首先必须从行动者在场域内所处的地位入手。也就是说,我们有必要弄清以下这些基本问题:行动者在社会空间(场域)内究竟处于什么位置?是处于有利地位还是不利地位?当处于不利地位时,行动者该如何将其拥有的文化资本"转换"成一种有利的资本?显然,只有当行动者拥有的文化资本和所处场域内的正统文化相匹配时,才能发挥资本的固有作用。否则,它不仅无法发挥应有的作用而且还很有可能转变成"呆坏账"。当行动者的文化背景和特定场域内正统文化发生冲突时,他必然要经历一个磨合的过程。行动者必须将原有的社会及文化资源"转换"成一种适合于所处场域的有利的文化资本。但必须指出的是,行动者拥有的文化资本和正统文化之间的差距不能过大,否则磨合过程会变得异常艰难,行动者随时有可能陷入认同危机甚至会遭到全社会的遗弃。此类现象频繁出现于剧烈动荡的年代。此外,生活环境的剧变也很容易使人陷入同样的困境。例如,生活在"现代化"进程最前端的中国大都市中的部分中下阶层居民和背井离乡进城务工的农民工,如果不及时调整心态、改变观念并创造出一种有利的文化资本的话,便很可能由于文化背景的巨大差异而陷入被遗忘和被抛弃的悲惨境地。

不过,这种资本的"转换"和生产显然不是在一成不变的条件下完成的。它是一种资源的总动员,是在环境和行动者行为倾向等变量的共同作用下,利用一切可以利用的资源创造出来的。法国社会学家沙帕尼奥曾在一篇题为《文化资本和经济资产》的文章中,以法国中部布尔格尼奥地区布雷斯的一些较为偏僻的村庄为对象,对资源动员行为和文化资本形成的关系进行了详尽考察。[1] 此项研究主要集中在农民利用哪些手段来维持农业经营,使用怎样的分类和筛选标准来决定农业项目的取舍以及文化资本在其中扮演了怎样的角色等问题上。沙帕尼奥发现,在此过程中有一种有别于经济资本的"文化资本"起到了不容忽视的推动作用。不过,这里所说的文化资本并非学历资本。因为当地农民不存在任何学历上的差距。在此情形下,是否掌握适合于市场经济机制的"现代化"生活方式和思考方法成为重要的分类指标,而学历资本则没有任何实际的意义。不过沙帕尼奥同时提醒我们,这些被视为"文化资本"的生活方式和思考方法明显不同于诸如"企业家精神"的积极进取的现代意识。它更接近于一种被称为"惯习"的态度倾向。

那么,农民是如何创造并获得这种态度倾向的?在获取过程中,他们具体动员了哪些资源呢?学习理论认为,态度和其他通过学习习得的东西一样,是一种习惯。所以,它完全可以通过社会学习形成。但与此同时,行动者倾向于接受那些能够为我们带来最大利益的态度。换言之,态度通常是通过与能够为我们带来某种利益的他人交往或者仅仅通过观察和模仿他人的行为获得的。[2] 法国中部地区农民的社会学习主要是通过"亲戚关系"和"职业关系"来完成的。沙帕尼奥发现,农民"现代化"态度倾向的形成一方面在很大程度上取决于他们和亲友中那些从事其他工作的成员之间的纽带关

---

[1] Champagne, P., "Capiatal culturel et partimoine économique", ARSS, No. 69, 1987.
[2] Taylor, S. E., Peplau, L. A., Sears, D. O.:《社会心理学(第十版)》,北京:北京大学出版社,2004,第140~144页。

系。这些关系不仅能帮助他们获得更多的信息，还使他们有机会接触到城市的生活方式和思考方法。除此之外，他们偶尔还能得到亲戚们的援助。另一方面，农民对农村协作组织、指导普及团体和金融机构等的利用也十分重要。因为这不仅能使他们得到各种直接的帮助，还能让他们学到许多"富有竞争力"的现代化农业知识并借此摆脱"小农经济思想"的束缚。这些新的知识和观念最终创造出一种"现代化"的态度倾向。在这种态度倾向的指引下，农民想方设法地提高农业生产的技术含量，并为提高生产效率共同出资购买各种先进的农用设备。

显然，当学历资本的差异化效应不再具备任何现实意义并且从父辈那里继承到的农业知识和技能也发挥不了什么作用时，农民便不得不努力创造一种顺应环境（场域）变化的文化资本。尽管在此过程中亲属关系和职业关系等外在因素发挥了巨大的影响，但行动者的主观态度这一内在因素——如何灵活运用这些关系、如何将这些资源"转换"成一种有利的文化资本——也同样起到了至关重要的作用。这些惯习行为和态度倾向即便不属于一种有着明确目的的意识性行为，但也绝不是基于惰性的被动选择。从本质上讲，它是一种建立在合理判断之上的理性行为。

此外，行动者在不同的社会空间（社会结构）内所能发挥的能动作用，即主体性作用也是有所不同的。社会学家迪马格曾经以美国高中生为对象，对"文化资本"和"学习成绩"的相关性进行了调查，[①] 结果发现两者之间的关系受到许多不确定因素的影响。调查结果显示，学生们在文学、艺术和音乐等方面的兴趣爱好（迪马格称其为"文化资本"）与学习成绩之间存在着较高的正相关性。但出乎意料的是，父母的教育程度与学习成绩之间并没有呈现很高的相关性。这一结果无疑和布迪厄的观点存在着较大出入。布迪厄认为，行动者在家庭和父母直接影响下所经历的早期社会化过程对以后学校教育的成功（取得优秀的学习成绩）起着决定性作用。教育的"成功与失败……实际上取决于早期引导。归根到底，这是家庭环境作用的结果。……来自家庭出身的文化习惯和才能，在最初指导（产生于早期决定论）的作用下，影响成倍增加"。[②] 然而，迪马

[①] Dimaggio, P., "Cultural Capital and School Success", *ASR*, Vol. 47, No. 2, 1982.

[②] 皮埃尔·布迪厄、J.-C. 帕斯隆：《继承人》（Les Héritiers, 1985），邢克超译，北京：中国商务出版社，2002，第 18 页。

格的研究却使布迪厄的这一结论相对化了。因为它至少表明在不同的社会空间（场域）内，家庭文化背景尤其是父母学历的高低对行动者的学校成功——学习成绩的好坏——所产生的影响是不同的，它们之间存在着显著的差异。

迪马格的研究表明相对于法国而言，美国社会中行动者的文化资本和家庭背景之间的关联度是较低的。从某种意义上讲，布迪厄的"再生产"模式更适合有着较强等级观念的法国社会，而不太适合市场经济高度发达的美国社会。迪马格对其原因进行了分析。他指出，韦伯曾经预言市场的兴起将会严重侵蚀社会等级秩序，所以尽管我们对各个不同的社会阶层有着明确的定义和严格的划分，但在现代社会，这种地位文化变动却更为松散了。由于群体成员对其所属地位组成的认同已大不如前，因此一种用于识别自身以及其他成员社会地位的新的地位文化变得尤为重要。每个人都可能有一个可供选择提取的地位文化库。而且，地位文化参与随时可能会在日常人际交往中显现出来。迪马格同时指出，"地位是一个物化过程而非私人属性。属于某个名门望族的个体会显示出某些共同的品味、生活方式和思考模式。这些文化要素不仅可以使成员间的交流变得更为顺畅，而且也能反映个体的社会地位。"

迪马格同时指出，"在地位文化这个流动世界里，个人的文化资本存量只是部分地由他们的儿时经历和家庭背景所决定"。也就是说，对于那些社会出身较低的学生来讲，通往更高社会阶层的最为有效的策略之一，就是想方设法缩小和上层阶级正统文化之间的距离。迪马格把这种既承认家庭文化背景重要性，同时又重视通过其他途径获得的文化资本的思考方式称为"文化迁移"模式。显然，"文化迁移"模式较为适合美国社会。在美国，尽管文化资本同样主要来自家庭和父母的馈赠，但行动者通过其他途径获得的知识和技能也十分重要，起着一种补充和整合的作用。而在行动者后天获取文化资本的过程中起到重要作用的除了同龄朋友、大众传媒和学校教育之外，还有行动者自身的学习态度和行为倾向。此外，文化资本的获取方式还和特定场域内文化的规范化程度有关。由于美国社会的文化规范化程度较低，所以相对而言其评判和选择标准也没有欧洲国家那么严格，而显得较为灵活和宽容。在那里，即使可供行动者继承的文化资本很少，即使行动者从一开始便处于不利的地位，但他们仍然有机会通过后天的努力弥补这一缺陷。因为美国社会在提倡一种自我奋斗精神的同时，也为行动者提供了一个较为自由和宽松的学习环境。①

由此可见，社会不同，"获取"文化资本的方式也不同。在法国这样一个有着悠久历史的国家里，布迪厄所说的第一种方式，即"继承"方式是获取文化资本的主要途径。相比之下，学校教育、大众传媒和行动者自身的努力等"获取"手段就显得比较次要。而另一方面，在美国这一新兴的资本主义国家里，不仅文化的规范化程度较低而且等级意识也较为薄弱，所以第二种获取方式，即通过学校教育"获取"资本的方式就比较重要。与被动的"继承"不同的是，行动者在后天"获得"文化资本的过程中所采取的积极态度（行为倾向）——利用一切可以利用的资源，抓住一切可以抓住的机会——同样起到了巨大的促进作用。而且尽管这里所说的"行为倾向"部分类似于布迪厄的"惯习"，但相比之下，前者更趋于一种理性的选择。换言之，行动者的行为并非总是产生于无意识的状态，而且其作用也并非总是在无意间发挥出来的。在更多情况下，行为倾向体现着行动者的意识与意志，是一个能发挥主体性作用的理性产物。

显然，要想全面认识与理解文化资本的意义与作用，除了必须把握住文化资本的内容会随着行动者所处团体、场域和争夺目标的改变而发生改变这一重要特征之外，还必须对变化过程本身，即行动者为适应场域变化而不断调整自身文化资本结构这一动态过程予以充分的关注。事实上，在日常生活中这种现象并不鲜见。以树立进大学深造的目标为例，我们发现许多学生对大学的最初认识其实并非直接来自父母。他们对大学的了解很可能来自亲戚、朋友、同学甚至是同学的父母。在这种情况下，亲朋好友和同学既是他们模仿的对象，同时也成了他们获取各种大学信息的渠道。因此尽管这些学生的父母本身可能并未接受过高等教育，也无法传递丰富的文化资本。但是，大学对于他们来说却不再是一个陌生和无缘接近的神秘世界。亲戚朋友此刻已成为通向大学的一扇窗户、成为他们立志考入大学的主要依据。

类似情况也经常发生在学校这一重要场域内。在学校教育中，一些文化资本匮乏、出身于中下层阶级和劳动阶层的子弟们经常会利用勤奋这一手段来弥补自己先天的不足。布迪厄和帕斯隆在《继承人》中曾用略带嘲讽的

---

① 不过，迪马格的调查同时也发现了性别因素的影响。他发现在相同条件下，行动者的文化资本和家庭环境之间的关联程度将随着性别的改变而发生改变。和男生不同的是，女生学习成绩的好坏和来自家庭的文化资本以及父母学历的高低有着直接的联系，更接近于布迪厄所说的"再生产"模式。

口吻谈及"认真"和"勤奋"等无形资本（惯习）的作用，并认为这些资本可以在很大程度上弥补学生们文化资本的先天不足。他描述了中产阶级子弟的这一行为倾向："中产阶级出身的大学生素来努力学习，并且在工作中发挥他们所处环境推崇的职业美德（如崇拜严格而艰难地完成工作）。"[①] 中产阶级这种"严肃态度可以使他们在这一方面（上层阶级子弟的优势）得到补偿"[②]。出于对文化的热爱，他们掌握文化的愿望十分强烈。为了弥补文化资本的先天不足，他们从不无故缺席并认真记好课堂笔记、做好每堂课的预习和复习工作。但如果我们愿意用较为正面的眼光来看待这类现象的话，那么便不难发现许多学生为了弥补自己文化资本的不足，会主动采取各种措施去发展和强化另一种惯习，创造另一种可以弥补这一缺陷的文化资本（诸如"认真的作风"和"勤奋的态度"等无形资本）。尽管不是在任何情况下，这都是一种带有明确目的的理性行为。但可以肯定的是，它有时确实是一种反映行动者意识和意志的能动的合理行为。由此可见，要全面认识与理解文化资本的意义与作用，就必须在把握住文化资本的内容会随着行动者所处集团、场域和争夺目标的改变而发生改变这一重要特征的基础上，对变化过程本身，即行动者为适应场域的变化而不断调整自身文化资本结构这一动态过程予以充分关注。

三 文化资本的"隐蔽"功能：行动者扩大再生产的一个有效手段

文化资本的"隐蔽"功能是布迪厄文化资本理论的重要源泉之一。"隐蔽"指行动者在进行文化资本的投资、积累和持有过程中表现出来的一种"虚假的非功利性"（désintéressement）。也就是说，文化资本具有一种掩盖其自身可以与经济资本进行相互转换的功能。布迪厄指出，"从物质性'经济'资本演化而来并以一种虚假的面目出现的象征资本（文化资本），凭借其可以在不同程度上掩盖自身是一种源自于'物质'形态资本的事实以及此后也能够继续掩盖这一事实的能力，创造着一种固有的

[①] 皮埃尔·布迪厄、J. - C. 帕斯隆：《继承人》，邢克超译，北京：中国商务出版社，2002，第27页。

[②] 皮埃尔·布迪厄、J. - C. 帕斯隆：《继承人》，邢克超译，北京：中国商务出版社，2002，第21页。

效用。"①

通常情况下，文化资本的"隐蔽"功能都是放在"象征支配"的框架内来加以认识与理解的。从这一视角出发，布迪厄"资本"概念的基本特征就可概括为，将通常不被视为"资本"的文化资本、社会（关系）资本等象征资本看作一种隐藏着资本性质的"资本"；将隐蔽着资本性质的象征资本和赤裸裸地体现着资本性质的经济资本之间的对立视为社会阶级结构的一个基本组成部分。文化资本的"隐蔽"功能正是通过这两个方面发挥巨大作用的。迄今为止，象征资本所具有的、从"象征支配"视角出发的"隐蔽性"特征通常被视为一种"误认"，并且往往都是被放在与"象征暴力"与"象征权力"等概念的关联中来加以把握的。也就是说，象征资本（文化资本）的"隐蔽"功能更多的时候被解读成上层阶级进行支配与剥削的一种有效手段。

不过，对布迪厄稍有了解的人都知道，他实际上并非总是从阶级支配的角度来理解象征资本的"隐蔽"功能的。在许多场合，他也将这一功能解释为集团全体成员的一种合谋，并将其与"集团"及"场域"等概念结合起来进行思考。

> 实践信仰是所有场域暗中规定的入场券。借助这一规定，不但可以惩罚和开除游戏破坏者，而且还可以通过对新来者的选择和培养使他们认可场域的基本预设。由于这种同意既是无可争辩和前反思的，也是朴素和与生俱来的，所以我们把这一信仰称为原始信仰。表示同意的无数认可行为和行动者是否亲自参与游戏有着很大的关联。此类认可行为不仅不断生成着集团性误认，而且也是场域运作的条件和产物。从这一意义上讲，它们都可以被视为对生产象征资本这项集体事业的一种投资。但要想实现这一集体事业就必须满足一个条件，那就是场域发挥功能的条件必须是被误解（误认）的。②

正如文化是一切社会斗争目标的"赌注"，人们参与游戏（赌博）并以热衷于此为前提。同时也将这一前提转变成不得不进行争夺的目标

---

① Bourdieu, Pierre, 1977, *Outline of a Theory of Practice*, Cambridge: Cambridge University Press, p. 187，括号内容由本文作者添加。
② 皮埃尔·布迪厄：《实践感》（*Le Sens Pratiqu*, 1980），蒋梓骅译，北京：中央编译出版社，2003，第 103~104 页，翻译做过部分改动。

之一。而且如果人们对文化缺乏兴趣的话，那么就不可能有对抗和竞争等行为。反之，文化兴趣本身也产生于对抗和竞争行为之中。在以游戏参与行为为前提的最初的投资中，也就是在创造游戏的同时通过围绕着斗争目标的竞争而进行再生产时，被认为偶像中的偶像的文化价值产生于关于游戏价值的集体信仰中。①

这里所说的信仰既可以是一种宗教信仰也可以是团体成员共同信奉的一些价值观念。此外"场域"所指涉的范畴也十分宽泛。它既可以指具体的、正规的集团组织，也可以指有着共同价值观念的松散的社会网络体系。布迪厄认为正是这些形式各异的场域内的价值观念的误认＝承认，构成了社会集团共有的象征资本的生产行为。例如，在大学这一学术场域内，尽管"职务晋升"是一种共同的价值信仰，但却很少有人对其客观的社会意义进行过深入思考。通常情况下，他们中的绝大多数人都是在不知不觉中接受并认同此观念的。也正因为如此，"职务晋升"这一价值信仰才能够充分发挥其固有作用，并帮助受此观念影响的全体成员进行象征资本的生产与再生产。

但必须指出的是，象征资本的生产和投资通常是以一种相对的价值标准为前提的。所谓相对价值就是指象征资本的价值取决于包括场域外整体社会在内的社会空间内位置的阶梯式排列。我们可以运用博弈论中零和博弈的概念来加以说明。零和博弈指一种有人得到必然意味着有人失去的局面。换句话说，就是无论人们如何进行分配，也无论是谁得到或者失去，其资源总量是恒定不变的。社会位置的阶梯式排列正是一种典型的零和博弈。有人上升就意味着有人下降。但不论怎样排列其资源的总量都不会发生改变。对于布迪厄来说，"资本"的意义和社会全体成员相对的位置排列有着密切联系。在这里起决定作用的不仅仅是"资本"本身，它同时还取决于"资本"所有者所处的客观生存状况。还是以大学教师的职称评定为例来说明，尽管博士学位这一"学历资本"是评定教授职称的重要参考指标之一。不过对于被评定者来说，仅仅拥有博士学位显然是不够的。因为它往往还取决于参加此次职称评定的教师中拥有博士学位人数的多少。人数越少，博士学位的价值就越高，反之则越低。因此从某种意义上讲，"资本"所有者所处的社会

---

① 皮埃尔·布迪厄：《区隔Ⅰ》（*La Distinction*，1979），石井洋二郎訳，日本：藤原书店出版，1990，p.386。

位置才是决定其社会存在并创造社会意义的源泉。

显然，这是"隐蔽"功能的一种有别于"象征支配"视角的、从"惯习"概念出发的解读方法。"惯习"是布迪厄社会学的理论基础，是他为了摆脱社会决定论并建立一种可以同时克服存在于社会科学领域内各种二元对立而提出的一个有效的分析框架。"惯习"概念同时也为我们全面理解象征资本（文化资本）的"隐蔽"功能提供了新的途径。布迪厄指出，人们在惯习的指引下随时准备进行自身资本的扩大再生产。但由于这一行为必然要受到社会结构的制约，所以最终也只能在通常所说的非经济层面上将其转换成一种合理的实践行为。①

> 不论自觉与否，个人及其家庭……通过多种形式的实践来保持或扩大自己的财产（资本）。但与此同时，他们也希望能够尽量地维持和提高自己在阶级的关系结构中所处的位置。②

那么，人们是如何在保持与提高自身社会地位的同时进行资本的扩大再生产的呢？布迪厄利用"场域"这一理论装置解决了此问题。所谓场域，即指人们围绕着某一参与对象——如政治、经济、艺术、科学、教育等——而形成的社会圈。显然，场域不是由一群毫不相干的行动者聚集起来的单纯的社会集合体。它是由一些具有共同生产物、价值观、思想、制度、组织、规则的人员组合而成的多元复合体。例如，艺术场域通常就是一个由艺术家、批评家、画商和艺术经纪人等以"美术"这一参与对象为媒介组织起来的社会网络体系。而且，它既可以是一个与艺术有着密切关联的具体集团（所谓"艺坛"），同时也可以是一个包括创作出各种作品、艺术理论、流派、意识形态等艺术产品，培养和发掘年轻艺术家、艺术大奖赛等制度，美术馆、画廊、美术协会等组织的，与"艺术"有关的任何要素所组成的社会关系网络。在这里，有着千丝万缕联系的行动者在不断制造着差异的同时，也建构起作为一个整体的系统并生产出艺术场域特有的结构。

象征资本（文化资本）"隐蔽"功能的一个重要作用就是可以在特定的

---

① 皮埃尔·布迪厄：《实践感》（le Sens Pratique, 1980），蒋梓骅译，北京：中央编译出版社，第78页。
② 皮埃尔·布迪厄：《实践感》（le Sens Pratique, 1980），蒋梓骅译，北京：中央编译出版社，第199页（翻译有部分更改）。

场域内部制造一种真实感并维护和保持这种真实感。它具有生产与某一特定场域有着特殊关系的象征资本并捍卫这一资本的功能。具体地说,"隐蔽"功能就是指象征资本具有一种保守无法使经济资本得以正当化的非经济场域——如文化或学术等场域同样具有资本性质——这一秘密的作用。那么,布迪厄是如何运用个人主义的理论框架,来阐释"隐蔽"功能的集体性特征的呢?布迪厄指出,通常情况下"资本"总是和特定的场域联系在一起的。任何形态的资本都可以和其他资本进行转换,而且它们都属于一种货真价实的"资本"。但是,我们之所以还要对这些不同种类的"资本"进行区分,主要是因为每一种形态的资本只有在创造出这一资本的特定场域内才能够最大限度地发挥其固有效用。①

布迪厄指出:"各种不同形式的社会空间,如家庭和学校在作为一种生产'能力'的场所发挥作用的同时,也作为承认这种'能力'所具价格的场所之一发挥着作用。而且可以断定,任何场域都会给自己的产品最高的价格。也就是说,学校市场将会给予经由学校制度认可的文化能力及符合学校教育的生活方式更高的价格。而另一方面,被学校之外的价值观念所支配的市场——既可以是'社交性'沙龙或晚宴,也可以是考验整体人格的任何职业生活中的机遇(就业面试、施政方针演说、讨论会,等等),以及学校生活中的各种机遇〔ENA(培养官僚的高等教育机构)的口试,等等〕——反而会给予从家庭中得来的东西(继承到的文化资本)更高的价格。凡是可能让人联想到学校获取条件的任何倾向和能力都会降低其价值。"②也就是说,在学校内可以得到"最高价格"的不是良好的家庭教育而是可以获得受人尊敬的优秀的学习成绩。反之,在企事业机关等场域内,学习成绩不再是最具价值的资本,人们更为注重的,是行动者实际的工作能力、社会关系和口才等社交技能。换句话说,在某一特定的"场域"内,人们真正关心的并非行动者拥有资本总量的多少,而是他究竟有多少资本可投资于这一场域。

从布迪厄以上的分析当中我们还可以发现,其实行动者进行的个人资本的扩大再生产活动和他们捍卫集体利益的行为并不矛盾。事实上,很多时候

---

① 皮埃尔·布迪厄:《实践感》(le Sens Pratique, 1980),蒋梓骅译,北京:中央编译出版社,第194页。
② ピエール・ブルデュー (Pierre Bourdieu):『ディスタンクシオンⅠ』(La Distinction),日本:藤原書店,1991, p.138。

它们还构成一种互补的关系。团体（场域）内某一成员如果想要保卫自己的财产（资本）的话，那么他就必须和这一团体中的其他成员携起手来共同捍卫与这些资本有着直接联系的"场域"。因为"任何场域都会给自己生产的产品最高的价格"。也就是说，最能体现资本价值（与其他资本的交换率）的正是生产这一资本的场域。所以，捍卫这一场域就等同于保卫自己的财产（资本）。例如国内大学历来有将本校学生留校当教师的传统，但有些二三流学校的毕业生其实在其他大学是很难当上教师的。所以这些留校教师往往会更努力地工作也更热爱自己的学校，因为学校的存亡直接关乎其自身的存亡。不仅如此，这些教师还会想方设法地提升学校——生产出他本人拥有资本的场域——在整体社会中的位置。因为在此情况下，提升学校的地位就等于提高资本本身的价值。

显然，布迪厄之所以把象征资本的"隐蔽"功能视为一种"集团性误认"正是基于以上这一认识。尽管通常情况下，行动者的象征资本被视为一种个人（或其惯习的）所有物，但是在（包括众多场域）整体社会中，共有同一形态资本的社会成员很乐意承担起捍卫与此资本有着密切联系的"场域"的责任。因为此刻他们的利益是完全一致的。

总之，在布迪厄看来"隐蔽"（误认）是对象征资本的生产所进行的各项投资中一个必不可少的部分。而且，由"误认"所创造的象征资本并非只有在特定场域内才能发挥固有作用，即只具有相对的价值。它同时也可以通过提升"场域"地位的方法获得一种绝对价值。从这一意义上讲，"隐蔽"（误认）不仅是支配阶层进行剥削的工具，它也成为社会行动者用来维护并进行资本扩大再生产的一种有效手段。

四 结语

以上从行动者个人"形塑结构的作用"这一角度出发，对"文化资本"进行了较为深入的考察。由此我们可以得出以下结论："文化资本"是一个能够同时把握"被形塑结构"和"形塑结构"两方面的灵活和动态的概念。也就是说，它不仅是一个从文化层面揭示资本主义社会等级秩序和资源分配不平等的批判性概念，而且也能成为把握行动者如何进行自身资本扩大再生产、如何想方设法占据有利社会位置的有效的分析框架。

正如我们曾在本文开头部分探讨过的那样，许多学者把布迪厄的"文化资本"视为一个过于强调社会结构决定作用的僵硬的实体性概念。他们批评布迪厄尽管从韦伯的方法论个人主义研究出发,对法国结构主义进行了批判并认为"文化资本概念作为一种阐释形塑结构的理论也十分有效",①但在具体的操作过程中却依然停留在客观主义层面上,未能摆脱结构实在论的束缚。美国社会学家霍尔将"文化资本"概念的这一理论缺陷归咎于涂尔干方法论整体主义和法国结构主义传统的影响。他指出,法国结构主义认为其理论对应于作为个体社会化的、权威性的公共文化。而事实上,结构主义的方法也的确很适合描述博物馆里文化的仪式力量、交响乐、肥皂剧、运动竞赛和市民象征政治。但是,结构主义除了运用方法论整体主义给出一个简单的图式及客观的、有意义的社会网络以外,并没有能力应对文化的多样性和市场社会模式。布迪厄运用韦伯的集团身份理论对结构主义的论述进行了修正并提出了一个以文化资本为媒介、强调差异结构框架内有关惯习实践的方法。但令人遗憾的是,他最终似乎仍然未能彻底摆脱结构主义的困扰。"文化资本"在更多的时候还是一个静态和缺乏变化的、带有社会决定论色彩的概念。例如,布迪厄尽管充分意识到不同的社会阶层所遵循的判断标准并不相同,但在具体的理论实践中却依然十分强调统治性、支配性和合法性文化的重要作用。②

霍尔的分析忽略了一个基本事实,那就是布迪厄的文化社会学是一个庞大的理论体系,由包括"文化资本"在内的许多概念有机结合而成。也就是说,"文化资本"不是一个孤立的概念,而是一个与"惯习"及"场域"有着密切联系,有能力反映和理解各种变化的分析框架。布迪厄本人曾谈及文化资本和场域的紧密关系:"一个人必须看到,因为资本是一种社会关系,即一种仅仅在它被生产和再生产的领域中存在和生效的能量,所有与阶级相关联的资产价值和效度都是由每个领域中的特定法则给予的。"③ 换言之,文化资本只有在行动者生长和行动的社会里才具有价值。同样,通过对"文化资本"和"惯习"之间关系的研究,我们也能发现个体与社会结

---

① 内田隆三·福井宪彦·山本哲士:『ピエール・ビルデューの思想』(『iichiko』),日本:新曜社,2002,p. 12。
② 约翰·霍尔,《文化资本:等级地位、阶层、性别和种族的不全面研究》,载薛晓源、曹荣湘主编《全球化与文化资本》,北京:社会科学文献出版社,2005,第331~334页。
③ ピエール・ブルデュー(Pierre Bourdieu):『ディスタンクシオンⅠ』(La Distinction),日本:藤原書店,1991,p. 114。

构——阶级——之间并不总是一种被规定的单向关系，个体在他们富于竞争性的卓越化游戏中，总是积极地利用文化资本。

总之，文化和经济的相互交融和渗透已成为全球化时代最重要的特征之一。而试图超越经济因素与非经济因素的二元对立，将社会行为放入物质·经济层面与精神·文化层面的统一之中加以把握的文化资本理论，则为重新审视和构建全球化视野下的个人与社会或曰主体与结构的关系提供了一个崭新的视角。

社会学方法新规则

——试论布迪厄对涂尔干社会学方法论的继承与超越

自社会学成立以来，方法论问题始终是一个核心课题。传统社会学对此的认识大致可分为两大类：一类是以涂尔干为代表的方法论整体主义，另一类则是以韦伯为代表的方法论个人主义。方法论整体主义将独立于行动者的社会现象作为认识对象，认为由于社会现象与自然现象有着基本相同的特征和规律，所以我们完全可以像自然科学对待自然现象那样将社会现象看作一个客观事物。而另一方面，方法论个人主义则认为社会现象和自然现象截然不同，它们不仅有着完全不同的特征，而且各自遵循着自己的规律在运行。因此，社会学绝不能简单地照搬自然科学的研究方法，而应该建立自己的方法论规则。此外，方法论个人主义还反对把作为一种客观事物的社会现象视为社会学的认识对象，主张应该将行动者的社会行动作为社会学的主要认识与理解对象。

这两种互相对立、截然不同的立场使社会学陷入分裂的境地。也就是说，它不仅使社会学理论与方法出现了严重分裂，而且也将社会学家划分成两大对立阵营。这一分裂与对立在20世纪中叶发展到了极致。以功能主义和社会系统论为代表的实证主义社会学（如帕森斯的结构功能主义）与现象社会学、常人方法学以及符号互动论（许茨、加芬克尔、米德及戈夫曼等人）等注重行动者主观体验的社会学理论之间形成了尖锐对立。而当时强调方法论整体主义的实证主义则成为社会学的主流思潮，并处于支配性地位。但从20世纪70~80年代起，这种对立状况得到了很大改观，实证主义认识论与方法论受到了前所未有的挑战。一大批来自欧洲大陆的年轻社会学家从各个不同的角度对此提出了质疑。他们主张社会学应该克服这种方法论的二元论倾向并建立一种全新的理论范畴。在此背景之下，西方社会学涌现出许多强调多元综合的全新理论。其中较为著名的有卢曼的功能结构主义、哈贝马斯的批判理论、吉登斯的结构化理论以及布迪厄的建构论结构主义理论。尽管这些理论具有不同的基本特征，但它们却基于一个共同认识，那就是试图通过对存在于社会学领域内部各种二元论式思考方式的批判，打破迄今为止相互对立的社会学理论传统，克服并超越方法论个人主义和方法论整体主义的对立并实现它们的统一。

布迪厄则进一步设计出一套可以同时超越方法论整体主义与方法论个人主义并保持其优点的社会学方法规则。布迪厄的社会学方法规则可以简单地表述为是一个在涂尔干方法论整体主义基础之上重新导入被其忽略掉的行动者直接体验的规则。具体而言，就是首先运用涂尔干社会学方法的首要原则——系统地摒弃常识性认识与成见的原则——实现其"认识论断裂"，即首先将社会看作一个独立于行动者个人并且可以从外部加以把握的客观事物（客观结构）。紧接着再对这一客观主义认识实施对象化与客观化操作，并把被涂尔干所忽略的行动者的常识性认识与成见看作社会结构的一种象征补充并将其放到客观结构与被身体化了的结构（惯习），即社会结构与心智结构的辩证关系中加以把握。布迪厄社会学方法新规则的理论意义在于，它摆脱了方法论个人主义与方法论整体主义二者择一的二元论倾向，通过吸收与融合这两种表面看来相互对立的方法优点的手法，为实现社会学方法论范式的转换提供了独特视角。

一 涂尔干的方法规则

从认识论层面探讨社会学与社会学理论的生产过程时我们不难发现，社会学的认识对象，即社会世界存在两大特征：第一，认识主体与认识对象有着完全相同的特征；第二，在以社会世界为研究对象的社会科学产生之前，社会世界早已是社会行动者主要的认识与理解对象了。因此，如何区别有关社会世界的常识性认识与科学认识，即如何利用科学认识取代常识性认识便成为社会学的重要课题。

率先提出并对此进行开创性研究的是实证科学方法论奠基者——法国社会学家涂尔干。在《社会学方法的规则》一书中，他通过将社会学认识对象规定为对行动者个人具有外在性与强制性"社会事实"的方法，提出了社会学研究"必须排除一切成见""必须将社会事实当作事物来看待"等著名的方法规则并确立了社会学的地位。

所有"活动状态",无论固定与否,只要是由外界的强制力作用于个人而使个人感受的;或者说,一种强制力,普遍存在于团体中,不仅有它独立于个人固有的存在性,而且作用于个人,使个人感受的现象,叫做社会现象(社会事实)。[1]

在此,涂尔干将作用于行动者个人的外部强制力所获得的行为及思维状态定义为"社会事实"。它清楚地表明,社会事实是无法还原为表现行动者思想、主观和表象等个人事物的。也就是说,社会事实是一种独立于行动者的,独特的集合性存在(集体表象)。它具有外在性与强制性特征。外在性表明它不仅比个人更为重要,而且其作用独立于行动者。强制力指某种约束力或胁迫性力量,社会世界正是凭借这一力量实施对个人的控制的。但涂尔干同时指出,通常情况下人们都自觉地服从于团体压力并甘愿受其左右,所以平时他们并未意识到这一力量的存在。只有当行动者试图奋起反抗并因此遭受惩罚时,才会切实感受到这一无所不在的强制性力量。显然,涂尔干强调的,绝非只是作用于个体的外部强制性力量,而是一种社会决定论。对于他而言,社会事实不仅是一种外在强制力,它同时也是一个决定行动者行为倾向的集团性力量体系。

涂尔干的这一带有社会决定论色彩的主张体现了一种结构主义倾向。[2]他运用其决定论原则对社会生活的各个不同领域进行了详尽考察并得出以下结论:社会学的研究对象并非产生于行动者直接体验或经历的有关社会世界的各种观念、印象及行为。它是一个体现"集体信仰、倾向和守则"[3]的社会事实。这一主张从根本上颠覆了我们对社会世界的常识性理解。它告诉人们,如果社会学不与那些常识性观念彻底决裂(认识论断裂)并确立科学的研究对象的话,是很难发展成为一门独立的社会科学的。

由此可见,涂尔干将社会事实与个人事实视为两种截然不同的事物并坚持认为只有前者才是社会学的研究对象。为了使社会学成为一门独立的社会科学,涂尔干进一步对社会学的方法规则进行了深入研究。他指出:"把一切现象都看作事物,是所有科学的出发点。社会现象毫无疑问体现着这种性

---

[1] 埃米尔·涂尔干:《社会学方法的规则》,胡伟译,北京:华夏出版社,1998,第12页。
[2] 帕特里克·贝尔特:《二十世纪的社会理论》,瞿铁鹏译,上海:上海译文出版社,1999,第9页。
[3] 埃米尔·涂尔干:《社会学方法的规则》,胡伟译,北京:华夏出版社,1998,第8页。

质。例如价值，呈现在我们面前的不是人们对于价值的意念——意念是不可捉摸的——而是价值在人们经济交易中实实在在的关系。关于道德的现象，不是道德思想的各种概念，而是那些有效地规定人们行为举止的一整套规则。关于经济的现象，不是利用或者财富的意念，而是各种经济组织和经济关系的实际情况。"①

显然，涂尔干认为社会学要想成为一门真正的客观科学，必须摆脱观念论与主观主义的束缚，将社会事实而不是个人对社会生活的主观认识看作一种客观事物加以研究。由于在社会学出现之前，社会世界便已成为行动者主要的认识对象，所以在他们的脑海中其实早已形成有关社会世界的大致表象。但那些建立在行动者常识性表象之上的自生社会学却漏洞百出。它们不是陷入观念论的泥潭就是仍然停留在主观层面之上。因此在涂尔干看来，作为一切科学基础并"占据了事实位置"的各种常识性观念至多不过是一种"浅见或成见"。它们产生于日常生活经验，与科学毫无关联，是一些在"实用中产生，也是为了实用而创造的"② 表象。因此，尽管这些浅见或成见在日常生活中起着至关重要的作用，但它们在理论上却完全站不住脚。由此涂尔干得出结论：社会学如果要将社会事实当作一个客观事物来看待的话，首先就必须与这些浅见或成见彻底决裂。

二 布迪厄的社会学方法论

布迪厄的社会学方法论正是从涂尔干关于排除一切浅见或成见的方法规则出发的。他指出，"认识论断裂"尤其对于社会学而言是一项十分艰巨的工作。由于观察者（研究者）同属于社会世界的一员，所以如若他们不与自己的想象与幻想等成见划清界限，以一种科学的态度认识社会世界并建构一套科学的方法论体系的话，就必将陷入自生社会学的陷阱。因此"社会学要想成为一门与常识划清界限的科学，只有运用有关社会事实的认识理论，对自生社会学的庞大野心展开有组织的反击"。③

那么如何才能与上述这种"自生社会学"彻底决裂、实现"认识论断

---

① 埃米尔·涂尔干：《社会学方法的规则》，胡伟译，北京：华夏出版社，1998，第23页。
② 埃米尔·涂尔干：《社会学方法的规则》，胡伟译，北京：华夏出版社，1998，第14页。
③ パエル・ブルデュー：『社会学のメチエ』（P. Bourdieu, Le MétierdeSociologue, 1973），日本：藤原書店，1994，p. 45。

裂"呢？布迪厄首先对涂尔干的社会学方法规则——必须将社会现象看作社会本身的现象，是呈现在我们外部的事物，必须摆脱我们的主观意识，把它们当作与己无关的外部事物来研究①——给予高度评价，认为它不仅"有力地破除了'社会世界透明性的幻觉'"，而且还使我们"和常识性理解划清了界限"。"这一立场有能力发现男女众生在'生产他们的社会存在'时不得不涉入的'决定关系'（马克思语）。"②

从涂尔干方法论整体主义出发，布迪厄阐释了他本人的方法规则。他指出，要实现"认识论断裂"就必须遵守"非意识性规则"和"关系暂时性规则"两大原则。"非意识性规则"继承了涂尔干的社会学规则，将社会规定为独立于行动者个人的、外在于具有强制性功能的客观体系。"即使最具个性、最为'透明'的行为的意义，也不属于执行此行为的主体。它属于使其得以实现的关系的体系总体。"③ 而"关系暂时性规则"则是布迪厄为抵制那些"容忍（社会）常识与学者的常识之间所存在的某种相互依赖关系的暧昧方法"而提出的另一个方法规则。它通过赋予历史—社会关系体系以优先地位的方法，强调社会关系不能简单地还原为反映行动者动机和意图等的主观关系。因为"社会诸关系成立于各种社会条件与各种社会位置之间，这些关系体系比维系主体具有更为重要的现实意义"。④ 不难看出，布迪厄的主张深受马克思的影响。他担心人们可能由于将注意力过分集中于那些浮于表面的相互作用之上，而忽略或掩盖了问题的实质，即忽略或掩盖了隐藏在这些相互作用背后的、使其得以成立的场域结构。

那么，经历了暂定性客观主义洗礼的研究者又是如何建构对象的呢？布迪厄援用索绪尔"视点建构对象"之命题具体说明了运用研究者视点建构对象的必要性。他指出，社会学不能"忽略对象的建构工作"，因为如果忽略此项工作，就会轻易采纳常识性经验和自生社会学设计出来的各种范畴。例如，农村社会学、城市社会学、青年社会学、老年社会学等分支学科正是

---

① パエル・ブルデュー：『社会学のメチエ』（P. Bourdieu, Le Métier de Sociologue, 1973），日本：藤原书店，1994，p. 23。
② 皮埃尔·布迪厄、华康德：《实践与反思》，李猛、李康译，北京：中央编译出版社，1998，第8页。
③ パエル・ブルデュー：『社会学のメチエ』（P. Bourdieu, Le Métier de Sociologue, 1973），日本：藤原书店，1994，p. 51。
④ パエル・ブルデュー：『社会学のメチエ』（P. Bourdieu, Le Métier de Sociologue, 1973），日本：藤原书店，1994，p. 53。

追随自生社会学，按照表面的不同进行分类的典型。但是，这些根据日常经验所做的划分，根本无助于对象的建构。"不论我们怎样增加由日常经验拼凑而成的各种规则组合（如'巴黎东郊社区成人的娱乐'等类型的研究主题），也无法完成对象的建构工作。因为这些组合至多不过是由对象和现实的碎片拼凑而成的产物……它根本无法获得科学对象的资格。"[1] 为了建构科学的认识对象，布迪厄竭力提倡被其称为"关系主义思考方式"的著名方法。关系主义视角本身并不新颖，它源自于结构主义。马克思和列维·斯特劳斯等结构主义大师都十分强调关系的重要性。马克思在《1857—1858年经济学手稿》中曾清晰地表述过这一观点："社会并不只有个人所组成，它还体现着个人在其中发现自己的各种联结和关系的总和。"[2] 布迪厄不遗余力地推广"关系主义思考方式"，认为这是一个可以摆脱朴素自生实在论束缚、颠覆理论与经验之关系的社会学方法。但与此同时，他也充分认识到实体主义的顽固性，认为由于从集团或个人等触手可及的现实入手，远比从关系的角度入手来得容易。例如，社会学家在分析社会分化问题时，考虑那些按照群体界定的集团，乃至考虑这些集团间的对抗，远比考虑某种关系空间简单。所以他们往往会不自觉地陷入实在论的泥潭，按照社会预先建构的初始范畴——"老人""年轻人""外来移民""贫困人口"构建对象。但布迪厄指出，科学断裂的关键所在就是要将预先建构对象的社会构建过程本身当作研究的对象。

因此要避免实在论的思考方式，必须导入关系主义的视角。布迪厄以权力问题为例，具体说明了运用"关系主义思考方式"克服实体主义倾向的方法。他发现在探讨权力问题时一部分学者习惯于从实体主义和实在论的角度探寻权力存在的位置，而另一部分学者则热衷于询问权力的来源。但布迪厄指出，要与实体主义思维方式决裂，就必须以"权力场域"取代统治阶级。"统治阶级"是一个实在论概念。它指涉一个实在的群体，是一个拥有权力的有形实体。而"权力场域"则是一个专指"社会位置之间的力量关系，这种关系确保其占有者握有一定数量的社会力量或资本，以便使他们能够跻身于对权力垄断的争夺之中，而在权力垄断方面的争夺中，对合法权力

---

[1] パエル・ブルデュー：『社会学のメチエ』(P. Bourdieu, Le Métier de Sociologue, 1973)，日本：藤原書店，1994, p.78。
[2] 皮埃尔·布迪厄、华康德：《实践与反思》，李猛、李康译，北京：中央编译出版社，1998，第16页。

形式的界定权的争夺是一个至关重要的向度"。① 显然,"关系主义思考方式"破除了社会学领域内以主客观二元对立为基础的各种对立,如方法论个人主义和方法论整体主义、个人与社会、微观主义与宏观主义的对立。布迪厄把这些对立称为危害社会学的"毒瘤般的主张",认为必须克服这些二元论倾向。"社会学没有必要在这些极端之间进行选择,因为社会现实既包括行动也包括结构,以及通过二者之间的相互作用而产生的历史,而这些社会现实的材料存在于关系之中。"② 显然,他从关系主义思考方式出发的对象建构,同时超越了仅仅将社会学对象限定为独立于个人的、具有外在强制力的"社会事实(集合表象)"的涂尔干的方法论整体主义。

三 超越"理论"与"方法论"的对立

那么,在构建社会学对象的过程中,理论究竟起着怎样的作用呢?布迪厄指出,在社会学的传统尤其是主流传统中,"理论"与"方法"始终处于相互对立的状态。唯理论主义的范例是帕森斯。帕森斯挑选了涂尔干、韦伯和帕累托等社会学大师的作品进行纯理论研究并形成一个概念的大熔炉。但这种只考虑理论向度的唯理论主义除了对教学颇有裨益外,毫无用处。而另一方面,则有拉扎斯费尔德的"方法论",但这种方法论既与认识论无关,又不干涉科学理论,只限于感觉的归类罗列。而且在社会学领域内,这种理论与方法论的对立已经演变成一股强大的"科学"顽固势力,整整统治了社会学三十余年时间。但布迪厄认为,社会学必须全盘抛弃这种将科学活动分裂成两个相互分离部分的做法。为了打破理论与方法论的对立状态,他主张必须在对象构建过程中强调理论的指导作用。

布迪厄指出,社会学的研究对象,即"事实"并非直接由那些显而易见的经验性资料和数据所构成,而是概念和理论的建构物。显然,这一主张和涂尔干的观点完全一致。涂尔干也认为"必须将社会事实看作一个事物"。换句话说,研究对象的建构必须依靠概念和理论的力量才能完成。布迪厄指出,"对象的建构"工作只有通过运用以"理论性问题假设"为基础

---

① 皮埃尔·布迪厄、华康德:《实践与反思》,李猛、李康译,北京:中央编译出版社,1998,第352页。
② 皮埃尔·布迪厄、华康德:《实践与反思》,李猛、李康译,北京:中央编译出版社,1998,第16页。

的"系统性概念"方能完成。而那些将现实碎片化的"操作性概念"只不过从形式上对"日常对象"进行了严密的加工。因此，此类概念不仅不能被称为理论性概念，相反很可能演变成一种"分类用语"。① 概念性把握的前提条件就是必须有一种可以同时把握现实的各个不同层面的系统性理论。例如，马克思由于有了资本论这一理论体系，所以其"商品"概念才有可能作为一种线索性概念被设定出来。同样，凡勃伦之所以能对"炫耀性消费"和"白领犯罪"等社会现象和问题提出尖锐批判，主要也因为他运用了现代资本主义批判理论。

总之，我们不能把"假说与实验"的对话看成是科学的历史。否则，科学完全有可能被等同于这两位合作者之间建立起来的某种纯粹的"互换性与对称性"关系。布迪厄指出，那种认为假说来自观察，而观察反过来又接受假设指引的经验至上主义的主张十分危险。因为如果我们不对现实本身提出质疑，是根本无法找到问题的答案的。仅凭对现实的观察无法揭开事实的真相，因为"事实是由理论所建构的"。② 因为事实是建构的，所以理论才使得无数经验性数据变得富有意义。数据本身不能说明任何问题，是以理论为基础的问题假设让数据说话的。缺乏理论性问题假设和理论性概念的研究是一种将数据作为挡箭牌的"责任放弃"。而且经验性数据的收集也并非只有通过观察这一种方式才能实现。经验至上主义者经常会犯这样的错误，他们会把被调查者的答案当作绝对正确的经验性数据。例如，一些有关"动机"（为什么你会这样做呢？）的调查就很容易犯这样的错误。此类调查常常伴随着危险。也就是说，他们可能会以只有行为当事人的表象才最具真实性作为基本前提。在极端的状况下，甚至还会出现一种由回答者主导的"合理化"现象。但事实上，这些回答至多只能解释行为的某一个方面。回答者在面对某些出乎意料的提问时，经常会编造一些答案来搪塞提问者。试想一下如果我们向一个普通被调查者提一些专业性问题（如"你知道社会有哪些功能？"）的话，那么他会如何作答呢？显然，由于这些问题过于专业，所以他们或许根本无法回答。因此，通常情况下被调查者必然会不自觉地按照提问者（社会学家）的意图作出解答。换句话说，此刻

---

① パエル・ブルデュー：『社会学のメチエ』（P. Bourdieu, Le MétierdeSociologue, 1973），日本：藤原书店，1994，p. 80。
② パエル・ブルデュー：『社会学のメチエ』（P. Bourdieu, Le MétierdeSociologue, 1973），日本：藤原书店，1994，p. 81。

被调查者的回答往往是社会学家所强加的。因此，为了避免重蹈经验至上主义的覆辙，我们在进行观察或提问时必须自觉地以理论为前提，用理论指导自己的行为。

此外，若将被社会学教科书奉为金科玉律的研究者的"价值中立性"原则仅仅局限在意识形态领域或终极价值层面上的话，反而会使研究者放松警惕，产生"技法上的'方法中立性'"错觉。譬如，许多学者深信非控制性问卷调查（预先没有设定提问项目的调查）可以保证"观察的中立性"。但布迪厄指出，这种问卷调查法同样是在某种特定的社会状况下实施的。它是在具有特定身份的当事人之间进行的一场对话。换句话说，我们不能忽略所有的"调查技术"实际上都不过是一种"人际关系的技术"的事实。[①] 同样，我们也不能忽视在问题设定过程中，研究者往往会通过对语言的使用以及范畴（分类）的划分等手法表达他本人的意见和看法（如使用褒义或贬义词描述事实、对某些问题和现象进行人为的划分）的事实。我们必须对此保持一份"认识论警戒"。总之，我们必须辩证地看待研究者的"构建作用"和调查对象的"构建作用"。此外，我们还必须充分认识到"问卷法"的局限性；必须弄清为何有些事实会有意识地被排斥在问卷之外；它究竟向我们传递着哪些信息；在回答问题时，回答者为何会刻意回避或隐藏部分内容等问题。只有彻底搞清楚这些问题，才有可能揭示问卷调查的回答与实际行为之间存在着巨大差距这一事实。总之，问卷调查和其他任何方法一样，不过是一种普通的观察手段而已。

尽管与经验主义相比，实证主义要严密得多，但它也往往会利用推理法来取代理论。布迪厄指出，实证主义在运用此法取代理论时，只要稍微放松"认识论警戒"，其努力就将付诸东流。因为通常情况下，我们并非仅依据对事实的观察来提出假设，其间理论同样起到不容忽视的作用。从这一意义上讲，韦伯的"合理型"应属于一种"由理论所建构的类似性理论构成"。布迪厄尤为推崇被称为"比较法"（démarche comparative）的假设法，它是一种"以类推法为基础，由假设所指引的比较法……是一种建构关于关系间关系的假设性理论体系的原理"。[②]

[①] パエル・ブルデュー：『社会学のメチエ』（P. Bourdieu, Le MétierdeSociologue, 1973），日本：藤原書店，1994，p. 91。

[②] パエル・ブルデュー：『社会学のメチエ』（P. Bourdieu, Le MétierdeSociologue, 1973），日本：藤原書店，1994，p. 109。

比较法追求的不是表面的类似性，而是本质的关系层面的类似性。这显然有别于实证主义的类比模式。实证主义建构的模式不过是一种现实的拷贝，它仅仅追求表面的类似性，是在不了解"现实的作用法则"的情况下杜撰出来的、对现实的表面模仿和类似性。例如，飞机的发明必须经历一个对飞鸟形象实施"认识论断裂"的过程。我们只需弄清飞鸟翅膀与空气的关系，以及飞机机翼与空气的关系之间所存在的某种"相似性"，便可揭示"现实的作用法则"，即飞行原理了。这正是所谓的"关系之关系"。布迪厄将这种超越表面类似性的"关系之关系"称作"结构的相同性"。尽管表面上飞鸟的飞翔和飞机的飞行十分不同，但其飞行原理却完全相同。布迪厄以帕诺甫斯基发明的"哥特式建筑大圣堂"的结构和托马斯·阿奎那的《神学大全》的逻辑构成之间所存在的"结构相同性"为例进行了说明。他指出，这种"结构的相同性"并非指哥特式大圣堂和《神学大全》之间存在着某种直接的类似性。它指圣堂内各房间之间的关系与《神学大全》中提问—异议和考察—综合的关系这两者间所存在的某种相似性，即这两者之间存在着某种"关系之关系"的类似性。通过对此类本质性"关系"的发现，"与由内容的类似性所促发的简单的关联性形成鲜明的对比，它将不同社会间的比较，或者同一社会内部'表面上异质'的子系统间的比较转变成一种具有生产性的事物，即赋予其普遍化能力"。①这种"结构的相同性"才是超越表面相似性的"被隐藏的原理"和"构成惯习的能力"。

比较的方法可以让你从关系的角度来思考一个特定的个案，而基于不同场域之间存在的结构对应关系（例如，通过教授/知识分子关系与主教/神学家关系之间的结构对应，可以体现出学术权力场域和宗教权力场域之间的结构对应关系），或同一场域的不同状态之间的结构对应关系（例如，在中世纪和今天的宗教场域间的结构对应关系），这一个案被构成"所有可能情况的一个特例"。②

布迪厄在《实践感》中，运用比较法发现了前资本主义社会和资本主义社会共有的"支配方式"；属于"社会世界"子系统的教育、艺术、政

---

① パエル・ブルデュー：『社会学のメチエ』（P. Bourdieu, Le MétierdeSociologue, 1973），日本：藤原書店，1994，p. 112。
② パエル・ブルデュー：『社会学のメチエ』（P. Bourdieu, Le MétierdeSociologue, 1973），日本：藤原書店，1994，p. 115。

治、宗教等"场域"内共有的"惯习"以及不同社会共有的"阶级结构"。总之,对于布迪厄而言,只有比较法才能作为一种知识的生产原理、一种知识发明的生成原理、一种作为可替换图式的"生成语法"而发挥作用。

四 布迪厄与涂尔干

至此,布迪厄运用"关系主义思考方法"成功超越了涂尔干的方法论整体主义,并建立起一套社会学方法新规则。涂尔干主张社会学的研究对象必须独立于行动者的意识与意志,与各种浅见或成见划清界限,作为一种客观事物的社会事实。而布迪厄则从涂尔干的方法规则中发现了客观主义认识方式的根本缺陷。他注意到客观主义忽略了对各种客观关系(研究者在进行客观化操作时的态度和立场)的把握。为了弥补这一缺陷,他将被涂尔干所忽略的"行为者的浅见或成见"同样视为社会事实的一个有机的组成部分,并在此基础之上提出一套全新的社会学方法规则:社会事实除了如涂尔干所阐述的那样,是一个独立于行动者意识与意志、具有强制力的外部事物外,还应该包括行动者所持有的有关社会世界的基本表象。

最后简要说明一下布迪厄社会学理论,尤其是其认识论与方法规则与涂尔干的关系。对布迪厄稍有了解的人都知道,他是一位博采众长的社会思想家,其理论深受马克思、韦伯和涂尔干等古典社会学大师的影响。这尽管遭到布迪厄本人的竭力否认,但他还是经常被视为马克思主义者、韦伯主义者或涂尔干主义者。布迪厄之所以被众多学者看成是一名继承了法国社会学传统的涂尔干学派的成员,主要与其许多基本观点都深受涂尔干的启迪有关。例如本文所提及的"非意识性规则"就是一个直接继承涂尔干方法论整体主义的规则。而布迪厄对"自生社会学"的批判,也明显受到涂尔干关于必须排除一切浅见或成见的社会学方法规则(布迪厄称其为"认识论断裂")的启示。

尽管如此,布迪厄的社会学认识论与方法论与涂尔干的客观主义之间仍然存在着本质的差异。涂尔干在《社会学的方法规则》一书中,虽然已经意识到成见具有一定的社会功能(社会约束与社会整合),[1] 但他不仅没有将其整合进研究者的客观认识中,反而还给予被客体化的社会生活形式以优

---

[1] 埃米尔·涂尔干:《社会学方法的规则》,胡伟译,北京:华夏出版社,1998,第14页。

先地位，并刻意回避对行动者的认识与常识性观念等问题进行社会学探索。从这一意义上讲，涂尔干的社会学方法规则是一种专门为生产客观主义社会学理论而建构的元理论。它在行动者有关社会生活的认识与社会学家的客观认识之间划出一道明确的分界线。而另一方面，尽管深受涂尔干客观主义的影响，但布迪厄仍将被涂尔干所抛弃的、行动者关于社会世界的日常观念和客观社会现象重新辩证地整合在了一起。也就是说，他将被涂尔干当作认识论障碍排除掉的行动者的日常表象和常识性观念，放入主观意识与意志的客观层面上加以把握，并将其重新纳入有关对象的完整定义中。总而言之，从涂尔干方法论客观主义出发的布迪厄的社会学方法规则，不仅使我们重新发现早已成为一种教科书知识的涂尔干社会学的现实意义，而且也为我们反思社会学实践并克服方法论整体主义和方法论个人主义的对立提供了一个全新的方法论范式。

文化视域中的阶级和阶层

——布迪厄社会空间理论

自20世纪中后期起,西方发达国家步入以知识化、信息化和大众消费为特征的后产业社会。文化向政治、经济生活各领域的大规模渗透和扩张,致使社会结构和日常经验发生了深刻变化,围绕着文化的再建构在社会各个领域内全面展开。社会结构的这一向文化的转向同时对社会理论提出了挑战。为回应社会生活的这一剧变,社会学关注形式发生了重大转变,从对形式的关注转向对内容,即对文化的关注。[①] 布迪厄、鲍德里亚、贝尔以及霍尔等众多当代最具影响力的社会学家坚信,只有坚持以文化为社会学的主要关注形式,才能推进社会学的研究。对于他们而言,重要的不再是各种社会形式和过程的考察怎样才能启迪文化活动,而是如何用文化来解释社会生活,并使其成为一种不可或缺的研究手法。[②]

社会学的文化转向同时对阶级与阶层研究产生了巨大影响。迄今为止,社会学领域内各种阶级与阶层理论通常都是以经济和职业结构为主要依据的,如马克思的阶级理论、工业化理论和后工业化理论都带有明显的经济决定论色彩。韦伯学派的社会分层理论虽然重视生活方式、教育程度、个人威望等身份与文化因素在结构建构过程中的作用,但仍然强调阶级结构的决定性影响。而另一方面,当代社会学家们则采取了不同取向,认为在建构阶级与阶层过程中,文化与经济一样,起着决定性作用。为此,他们除了考虑经济因素之外,还将教育程度、生活方式、阶级惯习、消费模式和兴趣爱好等文化因素视为社会分层的独立性变量。

[①] 青井和夫:《社会学原理》,刘振荣译,北京:华夏出版社,2002,第2~3页。
[②] S. 康诺尔:《文化社会学与文化科学》,载布莱恩·特纳主编《社会理论指南》,李康译,北京:世纪出版团体,第431页。

在各种强调文化决定性作用的阶级与阶层研究中，法国当代社会学家布迪厄的社会空间理论占据着极为重要的位置。社会空间理论深受韦伯尤其是马克思的影响。这从他对马克思"资本"概念的借用中便可略见一斑。用布迪厄本人的话说，就是他"做了马克思想做而未能完成的事情"。[1] 不过在布迪厄那里，"资本"并不只局限于经济资本一种。它同时也包含社会资本和文化资本等非经济类资本，而其中的文化资本对阶级与阶层的形成起到了至关重要的作用。布迪厄指出，当今社会个体区别于他人的因素已不再仅仅取决于其所拥有的经济资本，它还在相当程度上依赖于个人的品位及生活方式等文化资本。在后工业化时代，生活必需品的增加以及由于大量消费带来的提供产品和服务人数的剧增都大大强化了文化的重要性。"广告商、专卖商、时装设计师、时尚顾问、装潢设计师、形象设计师、临床医生和网页设计师等都影响着一个日益扩大的消费群体的文化品位和生活方式选择。"[2] 因此，在被称为大众文化时代和消费社会的今天，教育程度、生活方式、文化品位以及消费模式等文化资本已经同经济资本一起，共同成为反映人们阶级与身份的主要标志。换句话说，如今文化资本已和经济资本一样，成为划分阶级与阶层的最为重要的指标之一。

一 阶级结构与地位、状况及时间：
一种关系主义的思考

布迪厄的社会空间理论深受马克思的影响，但与此同时，他也对某些马克思主义者不成熟的结构主义与经济至上主义提出了尖锐批评：

> 社会空间理论的建构是以一连串和马克思主义理论的决裂为前提的。第一，必须与牺牲关系并给予实体以特权的倾向——在此实体指实在的集团，即认为必须对其数量、范围和成员进行定义——决裂，并与认为由社会学家所建构的理论性阶级是实在阶级，是被有效动员的集团的唯智主义（intellectualism）的幻想决裂。第二，必须与将作为多元空间的社会场域视为纯粹的经济场域，即将其还原为经济范畴的生产关

---

[1] 加藤晴久編『ピエール・ブルデュー——1930~2002』，日本：藤原書店，2002，p.28。
[2] 安东尼·吉登斯：《社会学》，李康译，北京：北京大学出版社，2003，第374页。

系，并将经济范畴的生产关系作为社会各位置坐标的经济主义决裂。最后，必须与和唯智主义互为补充并无视各种场域即是符号斗争的战场，其赌注便是各种社会世界的表象这一事实的客观主义决裂。①

这一论述充分反映了布迪厄的基本立场。首先，在他看来，马克思主义阶级理论将按照生产关系划定的阶级视为实体，认为它将直接成为集合性行为的主体。他并且认为马克思即使将阶级划分为"自在阶级"（Klasse an sich）与"自为阶级"（Klasse für sich），通常也是以前者必然向后者过渡为前提的。因此两者实际上毫无区别。其次，马克思主义阶级理论仅仅从生产关系的角度对阶级作出定义，根本无视经济以外任何其他因素，如文化因素的重要作用。因此在布迪厄看来，马克思主义阶级理论提倡的就是一种经济还原论。最后，马克思主义阶级理论主张阶级斗争是按照事先由阶级理论所阐明的阶级分类标准展开的。换言之，阶级理论或阶级分类只存在于阶级斗争的外部。因此，如何克服与超越以上三大理论缺陷，便成为布迪厄阶级理论——社会空间理论的核心课题。

那么，如何才能克服实体主义倾向呢？我们知道，布迪厄文化社会学是以强调关系性著称的。布迪厄指出，社会科学要想避免实在论的思考方式，必须导入关系主义视角。② 关系主义思考方法源自结构主义，马克思就十分重视关系的重要作用。他曾经在《1857—1858 年经济学手稿》中清晰地表述过这一观点："社会并不只由个人所组成，它还体现着个人在其中发现自己的各种联结和关系的总和。"③ 布迪厄对关系主义的关注则直接受到其导师、结构主义大师列维·斯特劳斯的影响。列维·斯特劳斯将"关系论"视为结构主义的基本方法而倍加推崇。布迪厄尽管对导师的结构主义颇有微词，却对关系论留下了深刻印象，认为这是一个可以摆脱朴素自生实在论束缚、颠覆理论与经验之关系的社会学方法。

关系主义思考方法同样适用于阶级与阶层研究。在《阶级状况与阶级地位》（Condition de classe et position de classe, 1966）中，布迪厄具体阐明

---

① Bourdieu, Pierre, The Social Space and the Genesis of Groups, *Theory and Society*, 1985, Vol. 14, No. 6, pp. 723 - 744.
② ピエル・ブルデュー『社会学のメチエ』, p. 53。
③ 马克思：《1857—1858 年经济学手稿》（1971：77），转引自皮埃尔·布尔迪、华康德《实践与反思》，李猛、李康译，北京：中央编译出版社，1998，第 116 页。

了"关系主义思考方法"的有效性。首先,他将结构视为一种地位关系,而非实体。他指出,结构绝不只是"一种简单的罗列"(juxtaposition)。由于"各部分(各阶级或各身份集团)之间存在着千丝万缕的联系,并体现出某种整体性特征",因此可以在赋予各种不同关系以意义的整体性体系内形成一种地位关系。而且,由于社会结构中的地位关系揭示的正是阶级结构,所以我们可以通过地位关系把握阶级结构。布迪厄指出,从严格意义上讲,社会结构是建立在以下这些基本事实之上的。①阶级指某一社会结构(社会空间)内的某一地位;②阶级依据它与其他各阶级的关系进行配置;③阶级相对独立于诸如特定的职业实践及生活条件等内在特征。至此,布迪厄成功运用"关系主义思考方法"建构起自己的阶级理论,并和实体论式阶级观彻底划清了界限。

那么,如何才能通过地位关系来把握阶级结构呢?首先,阶级特征反映在阶级与其他事物,如自然或其他地域之间形成的某种关系当中。例如韦伯就曾经指出,农民特有的宗教热情可以通过他们与土地的关系,即对自然的高度依赖和从属来加以理解。同样,莱特菲尔德也认为市民的特征取决于他和城市的关系。小共同体内部的阶级可能由于他们和大城市或整体社会之间关系的不同而呈现不同特征。例如,"小城镇的上流阶级呈现许多大都市中产阶级的特征"。因为"地方的封闭性团体通常被排斥在大都市同等团体之外"。当这些团体"置身于具有不同结构的社会地位时,即使他们与'大都市的特权阶级'具有相同的经济、社会和文化特征,也可能由于行为举止和态度方面不同于'大都市特权阶级'而受到截然不同的待遇"。① 也就是说,因为小城镇及农村的社会结构与都市的社会结构所形成的地位关系不同,所以即便他们在整体社会具备同等经济实力,或者呈现完全相同的社会与文化特征,也可能被赋予不同的意义和价值。显然,布迪厄摆脱了阶级实体论式的思考,主张不是事物本身决定阶级结构,而是地位关系,如大都市与小城市的关系决定了其阶级特征。

同样,我们也可以运用"关系主义思考方法"来解读处于不同状况(社会空间)内的阶级与阶层特征。迄今为止,社会学家大都习惯于站在两种截然相反的立场上来把握阶级与具体社会状况的关系。其一,强调"空

---

① Bourdieu, Pierre, "Condition de classe et position de classe", *Archives européennes de sociologre*, 1966, p. 202.

洞的抽象普遍性",认为阶级具有超越具体社会状况的普遍性和稳定性特征。其二,强调阶级的特殊性,主张将个别集团及其文化特征放入各种特殊的"关系网络"中进行"意义解读"。列维·斯特劳斯的结构主义代表了前者,而实证主义社会学家则是后者的积极拥护者。但是,这种二元论式的思考方式极大地妨碍了我们对阶级结构与状况关系的把握。换言之,如果不从"关系主义思考方法"出发的话,那么特定的阶级或阶层,如资产阶级要么被不恰当地描绘成一个在任何时代、任何社会中都会采取相同行为的"抽象"阶级,要么被曲解为一个将由于所处时代以及社会结构(社会空间)的不同而采取完全不同行为的群体。

而另一方面,布迪厄则在充分肯定具有超越历史与文化的"普遍状态与形态"的前提下,运用关系主义思考方法对客观"状况"对阶级的影响进行了考察。他指出,实证主义社会学家由于习惯于将目光集中在社会结构的不同之上,所以他们往往无法理解超越历史和文化的"普遍状态与形态"。正如马克思对中产阶级的"客观主义立场"所做的精彩论述,以及韦伯对农民、官僚、军人和知识分子的阶级·身份的深入剖析那样,要想赋予超越历史和文化条件限制的世界观和宗教观,不同社会结构中相对应的各部分(阶级或身份)之间"可以进行比较的条件"便必然成为焦点。这个条件在布迪厄那里则表现为存在"相同(éqivalentes)的结构",即相同的地位关系。

但与此同时,布迪厄认为客观状况确实会对阶级产生不容忽视的影响,而且它同样可以通过"关系主义思考方法",即将阶级放入其与状况的关系——阶级决定于其和状况的关系——中加以把握。① 换言之,阶级划分必须同时遵循:①相同地位的规律性以及②阶级与状况的关系规则这两大原则。韦伯所说的处于社会结构中较低位置的中下层阶级表现出来的"某种伪装成道德愤慨的嫉妒心"显然属于①的范畴。而起因于就业不稳定的不安全感的"下层无产阶级始终如一的经济与社会要求"则是②的典型例子。也就是说,前者是由于地位相同而产生的普遍规律,而后者则符合取决于其

---

① 此后布迪厄在《结构与实践》一书中曾谈及这一问题:"70 年代(20 世纪)也就是我反而被指责为韦伯的学徒或涂尔干派的成员的时代,'基础马克思主义'在法国以及世界各地曾经大为盛行。……但我在那时却努力和实在论式阶级观划清界限。它就是一个发现知识分子究竟属于资产阶级还是小资产阶级诸如此类问题的阶级观。也就是说,可以通过局限与境界的问题、法律行为得以解决的各种问题。"(ブルデュー『構造と実践』,日本:新評論,1988,p. 83。)

与状况之关系的规则。因此，阶级惯习必须根据其在结构内部所处地位和客观状况这两大因素来加以把握。不过布迪厄指出，究竟哪个因素对阶级惯习更为重要，即它是更依赖于地位还是更依赖于状况则取决于这一阶级本身在社会结构中的地位。例如中产阶级在本质上属于一种结构论类型，因此这一阶级的行为并不能完全运用其与状况的关系规则来加以界定。它通常更依赖于被动态规定的地位。而另一方面，客观决定论则更适用于对下层无产阶级的分析。因为通常情况下，下层阶级取决于它本身和状况的关系。总之，地位和状况是决定阶级惯习的两大主因。至于具体哪一个因素更为重要则取决于某一阶级自身在社会结构中所处的地位，即所谓的"地位造成的多重性决定"。此后布迪厄在其代表作《区隔》中展开的文化阶级理论就是以此方法论为基本前提的。

此外，阶级与时间的关系也是布迪厄关注的焦点。布迪厄认为，即便每个人或各个集团属于同一个阶级，但如果我们不对其过去和未来进行探究的话，那么同样无法真正地理解和认识他们。也就是说，我们不能只用静态的眼光来看待社会结构中某人或某集团的地位。要想全面认识与理解某个人或某集团的阶级特征，我们就必须用动态的眼光来把握在一定时期内某人或某集团在结构内部所处的相对地位，即它（轨迹）究竟是处于"上升"阶段还是处于"下降"阶段。因为"被静态的断面切割下来的轨道上的时期，总是会彻底地关闭社会轨迹"。[①] 总之，我们不能忽略任何决定个人或团体的发展趋势（轨迹），以及其潜在可能性——其地位是否还有继续上升或下降的余地——的具体线索。

除了社会结构中的"地位"和社会轨迹上的"地位"（轨迹）之外，还有必要考察某一阶级或集团"地位的功能性比重"（poids fonctionnel）。布迪厄以阿尔及利亚为例对此进行了具体说明。他指出，在发展中国家，工业资产阶级和无产阶级只占很低的功能性比重。而另一方面中间阶级（指国家管理人员）以及庞大的下层无产者（失业者、城市长工、农民工）的关系结构则支配与制约着社会的全体结构。这些作为国家管理人员的中间阶层和发达国家的中间阶级之间存在着许多共同点。他们都体现出一种"禁欲主义"和"道德主义"倾向。而且和发达国家的中间阶级一样，这一阶

[①] Bourdieu, Pierre, Condition de classe et position de classe, *Archives européennes de sociologre*, 1966, p. 206.

级在政治上也同时对立于资产阶级和下层无产阶级。

总之在布迪厄那里，阶级成了在某些关系内部被把握了的社会全体的"各个部分"。从这一观点出发，阶级便可以被设定为一个"超越历史"和"跨文化"的普遍性命题。也就是说，只有这样才能够将阶级在它与状况（situation）的关系以及它与社会结构中其他地位（position）的关系中来加以理解。不过，布迪厄同时也十分重视阶级与状况的关系。因为如果我们抽去与社会结构的特殊条件（状况）之间的关系对中间阶级的"普遍上升趋势（prétention）"进行命题的话，那么它实际上便变成一种"抽象性分类"。① 具体地说，就是"中间阶级"并非在任何时期和任何社会中都处于"上升的趋势"以及处于与其他阶级的"双重对立"的位置上。状况的不同（社会生产力的发展水平或"地位的功能性比重"）也可以使得资产阶级及上流阶级具备某些"中间阶级"的特征。因此只有当我们将"个别社会的特殊结构"看成一个"关系体系"——①由多个部分构成，②既不能还原为部分也不能还原为全体——来加以把握时，上述不同结构中相对应的"各个部分"之间的"比较条件"方能得以成立。

二 社会空间的结构——布迪厄文化阶级理论

布迪厄文化阶级理论是建立在对某些马克思主义者不成熟的经济主义超越之上的："社会空间理论的建构……必须与将作为多元空间的社会场域视为纯粹的经济场域，即将其还原为经济范畴的生产关系，并将经济范畴的生产关系作为社会各位置坐标的经济主义彻底决裂。"② 这一论述充分反映了布迪厄的基本立场。在他看来，马克思主义阶级理论仅仅从生产关系的角度来理解阶级，根本无视经济以外任何其他因素如文化等因素的影响。因此，马克思主义阶级理论实质上是一种经济还原论。

为了克服经济主义倾向，布迪厄提议用"资本"概念取代生产手段并将此作为阶级分类的标准。而且在他那里，"资本"不再局限于经济资本，而是一个由多重因素组合而成的复合型概念，由①经济资本、②文化资本和

---

① Bourdieu, Pierre, Condition de classe et position de classe, *Archives européennes de sociologre*, 1966, p. 211.
② Bourdieu, Pierre, The Social Space and the Genesis of Groups, *Theory and Society*, 1985, Vol. 14, No. 6, pp. 723 – 744.

③社会关系资本所构成。不过这三种形态的资本并非完全独立,在一定的条件下,它们会发生相互转换。为了进一步说明问题,布迪厄导入了社会空间概念。他利用二维空间——将资本总量作为纵轴,而将资本结构作为横轴(经济资本较多而文化资本较少,或者文化资本较多而经济资本较少等等)——来表现资本的分配状况。在此情形下,社会空间便成为一个包含由不同资本总量和资本结构所决定的、各种位置的多元空间。而"阶级"则指社会空间内不同行动者之间的位置差异。在此,"阶级"显然成了一个表示社会空间内各行动者相对位置之差异,反映等级秩序的概念。遵循这一思路,他利用法国国立统计经济研究所(INSEE)所规定的职业范畴,把阶级划分成"支配阶级"(或称上流阶级)"中间阶级"和"普通阶级"三大类(见图1)。在此,阶级无疑已成为一个用以表征社会空间内行动者位置之差异的概念。而且布迪厄认为社会空间内的位置,即行动者的社会位置主要是通过职业来体现的。各阶级内部所包含的职业集团(通常被称为"阶级内集团")大致如下①所述。

支配阶级——工业资本家、大富商、国有企事业高级管理人员、民营企业管理人员、中学教师、大学教授、高级技术人员、艺术家、各种专业人员(医生、律师以及建筑家等)。

中间阶级——手工艺人、小商人、办公人员、营业员、商业系统普通管理人员、企事业系统管理人员、普通技术人员、小学教师、秘书、医疗保健服务人员(主要指护士等从业人员)、文化传媒工作者(从事新闻传媒和出版工作的工作人员或美术馆工作人员)。

普通阶级——单纯耕作者、农业劳动者、农民、单纯体力劳动者、单能工、熟练工、厂长、家政人员。

显然,在布迪厄那里"阶级"并非只是按照经济资本一个尺度衡量出来的。尽管和身份一样,财富曾经是,目前仍然是决定社会阶级的主要因素,但进入20世纪尤其是20世纪中后期以来,决定阶级的因素却变得极为多元化,任何单一因素都已经无法作为划分阶级的唯一依据了。② 为了建构

---

① Bourdieu, Pierre, *La Distinction*, Les éditions de minuit paris, 1979, pp. 293 - 364(ピエール・ブルデュー『ディスタンクシオンⅡ』, pp. 481 - 485)。
② 参见马克斯·韦伯《经济与社会(上卷)》, 林荣远译, 北京: 商务印书馆, 2004, 第四章"等级与阶级";《韦伯作品集Ⅱ经济与历史》, 康乐、简惠美译, 桂林: 广西师范大学出版社, 2004。

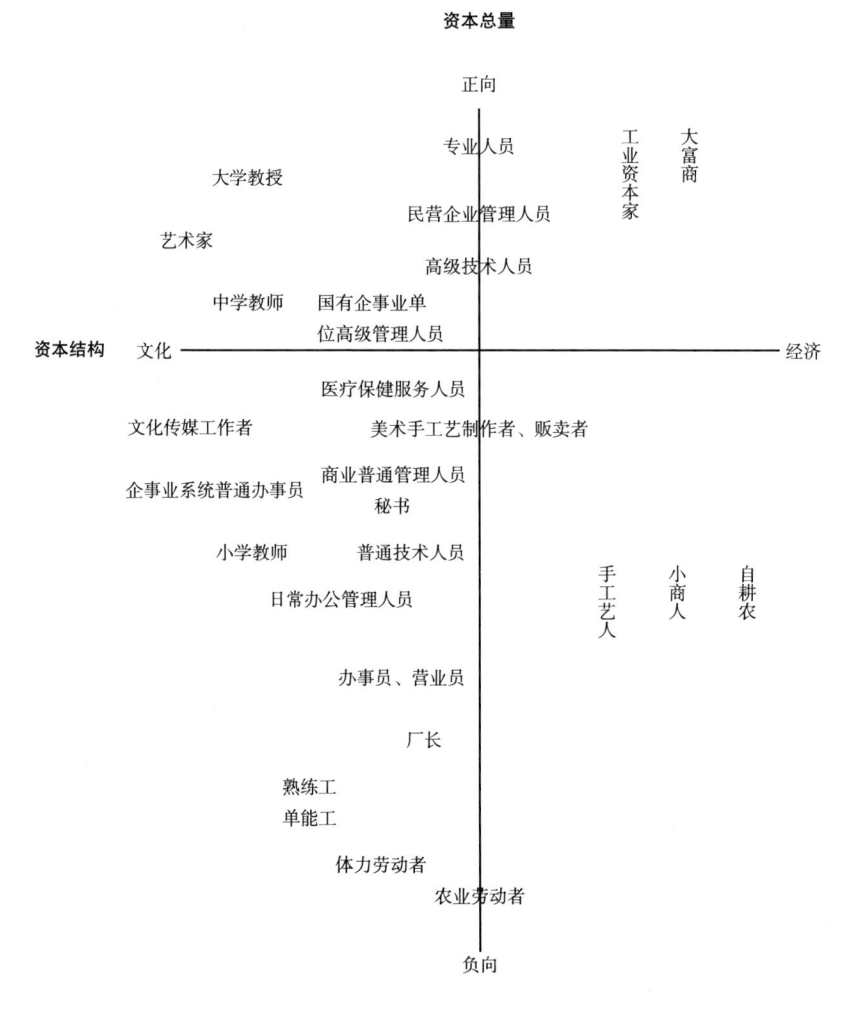

```
                    资本总量
                     正向
                              专业人员        工
                    大学教授                  业   大
                                 民营企业管理人员  资   富
               艺术家                         本   商
                              高级技术人员      家
                    中学教师   国有企事业单
资本结构   文化          位高级管理人员                           经济
                              医疗保健服务人员
               文化传媒工作者
                              美术手工艺制作者、贩卖者
               企事业系统普通办事员   商业普通管理人员
                                   秘书
                    小学教师   普通技术人员     手    小    自
                                             工    商    耕
                              日常办公管理人员  艺    人    农
                                             人
                              办事员、营业员
                              厂长
                              熟练工
                              单能工
                              体力劳动者
                                   农业劳动者
                     负向
```

图 1   社会的位置空间

资料来源：Bourdieu, P., 『ディスタンクシオンⅠ』, pp. 193 – 194。

阶级，布迪厄首先导入了"资本总量"概念。资本总量是一个表示经济资本、文化资本和社会关系资本之总和的概念。不过，在这三种形态的资本中他尤为注重经济资本和文化资本。并且他认为除了经济资本以外，作为一种职业要求的学历、社会评价以及某职业特有生活方式和品位等文化资本同样具有十分重要的作用，和经济资本有着相同的分量。社会资本尽管也对阶级的形成作出了一定贡献，但相对而言只对结构起到一种辅助性作用，并不是决定行动者社会地位的根本因素。换言之，三大阶级主要是依照经济资本和文化资本之总和的"资本总量"划分出来的。总之，根据经济资本和文化资本的多寡，"各阶级（以及同一阶级内部的各个阶层）……从不论是经济资本还是文化资本都最为丰厚的阶级一直到两者都最为贫乏的阶级作出划分"。[①] 显然，在布迪厄那里，资本总量成了一个表示阶级垂直序列的概念。

例如，占据支配阶级最上层的专业人员阶层通常"收入和学历都很高，而且出身于支配阶级（专业人员或高级管理人员）家庭的比例也极高（52.9%），有能力大量享受和消费物质财富与文化财富"。而另一方面，处于中间阶级下层的办事员阶层（办公人员和营业员的总称）则"学历较低，大多出身于普通阶级和中间阶级家庭，可享受和消费的财富也十分有限"。而且这一差距在专业人员阶层与"低收入、低学历并出身于普通阶级家庭"的单纯体力劳动者和农业劳动者之间更为显著。[②]

不过，布迪厄文化阶级理论的最大特色并不在阶级划分上，而是对资本总量大致相同的团体或阶层，即对同一阶级内部各不同团体或阶层所作出的区分。在同一阶级内部，不同成员拥有的资本总量尽管也有所不同，但相比之下隐藏在其背后的资本质量，即资本结构的差异则更大，对团体和阶层形成的影响也更大。例如，资本家和小商人的职业特征要求他们以追求利润为首要目标，所以经济资本在其资本总量中所占比重通常远高于文化资本。而另一方面，由于大学教授和小学教师都以传授知识和技能为主要目的，所以文化资本在其资本总量中占据的比例反而远高于经济资本。布迪厄用"资本结构"概念表示不同种类资本的构成比例。即使行动者拥有的资本总量相同，但如果资本结构不同（拥有较多经济资本和较少文化资本，或拥有较多文化资本和较少经济资本），那么他们在社会空间内所处的位置就完全不同。总之，经济资本和文化资本在资本总量中所占比例，即资本结构是反映同一阶级内部各不同团体或阶层之差异，决定其社会位置的分类指标。

根据资本总量划分出来的诸阶级，再按照资本结构，即按照不同种类的资本在资本总量中分配形式的差异，对阶级内部的团体进行进一步的划分，不论对普通人还是对"学者"而言，由资本总量不同所造成

[①] Bourdieu, P., ピエール・ブルデュー『ディスタンクシオンⅠ』，日本：新評論，1989, pp. 178-179。

[②] Bourdieu, P., ピエール・ブルデュー『ディスタンクシオンⅠ』，p.179。

的差异已经完全把以上这种二次差异遮掩掉了。将资本结构作为考察的对象，而且像迄今为止实际已经在做的那样，人们已不再只将存在于特定结构中的支配性资本种类——如 19 世纪所流行的"出身""财富"及"才能"等——作为考察的唯一对象，而是将结构全体作为考察的对象，这是在进行最为正确的区分的同时，对各种不同种类资本的分配结构所具有的特殊效果进行把握的方法。①

显然，按照职业范畴所作的阶级分类，只有通过对资本总量和资本结构这两大指标的灵活运用方能完成。但必须指出的是，由资本总量和资本结构所建构的社会空间不是一个稳定和永恒的空间。在进行阶级划分时，我们必须同时将时间因素考虑在内。换句话说，资本总量和资本结构必然伴随着时间的推移而发生改变。"由于最初资本与最终资本间所形成的关系符合统计学特征，所以要想说明惯习行动，仅仅将其与决定某一特定时期内社会空间所占位置的各种特性联系起来考虑是远远不够的"，因为"某一惯习行动与出身阶层……之间的联系……是以从家庭或培育了个人的生活条件所直接产生的教育效果"，以及"社会轨迹的效果，即社会性上升或下降体验对性向及主张所产生的作用"为基础的。也就是说，即使目前某些个人或团体在特定社会空间内占据的位置完全相同，但只要其过去的社会地位不同，那么不仅其人生经历会很不相同，而且还可能因此形成不同的惯习，并对当前的惯习行为产生重大影响。布迪厄用"惯习的履历现象效果"一词来形容过去获得的惯习对行动者当前生活的影响。总之，目前属于相同阶级或阶层的行动者，完全可能由于人生经历的不同形成不同的惯习。换言之，不仅同一阶级内部可能形成不同的阶层，而且同一阶层内部也可能由于经历不同形成不同的利益团体。

由此可见，要准确把握某个人或团体的阶级惯习，除了必须了解其目前的状况之外，还有必要探究他们过去的经历及其未来可能的发展方向。我们必须用动态的目光审视某一特定时期内，某个人或团体的"轨迹"，即他们究竟是处于"上升""维持现状"，还是处于"下降"趋势。总之，布迪厄主张必须从①"与被静态决定的地位有关的特性"以及②"与地位的生成

---

① Bourdieu, P., ピエール・ブルデュー『ディスタンクシオンⅠ』，日本：新評論，1989，p. 179。

(devenir) 有关的特性"① 两方面来理解阶级惯习。因为只有将用静态观点得出的，表面上相同地位的结论放入更为真实的脉络，即从作为一个整体的社会结构的历史性生成中加以考察，才能发现他们之间存在的本质性差异。反之，当个人或团体在社会"轨迹"上描绘着相同的上升或下降曲线时，我们便可以认为他们具有相同的惯习特征。

至此，布迪厄运用资本总量、资本结构及其它们随时间的变化＝轨迹这三大要素建构了阶级和阶层理论，并向我们提供了被建构诸阶级和阶层在社会空间内的位置图。这一位置图不仅反映出阶级结构的垂直秩序，而且还反映了它们的水平秩序。垂直秩序指由资本总量所决定的个人或集团在社会空间内相对位置上下的不同，即支配阶级、中间阶级和普通阶级的区别。而水平秩序则指取决于资本结构的同一阶级内部各不同阶层之间的差异。

三 阶级结构与生活方式

通过生活方式，即所谓的"象征关系"揭示阶级结构是布迪厄文化阶级理论的另一个重要特征。② 在《阶级的条件和阶级地位》一文中，他详尽阐释了阶级结构与"象征关系"（relations symboliques）的对应关系。象征关系即指客观上与其他阶级之间所维系的一种关系，"是一个……将状况及地位的差异转换（transmuer）成意义差异（distinctions signifiantes）的体系"。③ 显然，这一源自韦伯"身份与阶级"理论的解读，涉及"象征体系与文化秩序（ordre）"的关系问题。我们知道，象征体系与文化秩序的关系问题是当代社会学的核心命题，法国社会学家鲍德里亚关于消费社会的论述便是其中较具代表性的研究之一。在《记号经济学批判》（1971年）和《物的体系》（1968年）等作品中，鲍德里亚对伴随着资本主义生产力发展而出现的高度大众消费社会的文化消费现象进行了深入考察，并提出

---

① Bourdieu, P., ピエール・ブルデュー『ディスタンクシオン I』，日本：新評論，1989，p. 206。
② 例如，吉登斯就将布迪厄的阶级论理解为是一个通过生活方式和消费模式来揭示阶级的理论（安东尼·吉登斯：《社会学》，李康译，北京：北京大学出版社，2003，第374～375页）。
③ Bourdieu, Pierre, Condition de classe et position de classe, *Archives européennes de sociologre*, 1966, p. 212.

了著名的消费社会理论。但布迪厄却对此持不同意见，认为鲍德里亚的消费理论有失偏颇。在他看来，文化秩序之所以可以转换成固有的"方法上的自立化"（autonomisation méthodologique），即生活方式，完全是由于行为（actes）体系在"实效性功能意义"以及表现技法（procédés）体系（差异指标）上自律化的结果。因此，社会主体（sujets）学会了如何在社会结构中表现地位，又如何强调与自己的阶级地位密切相关的"各种价值观"。至此，由经济和社会秩序的象征，以及文化所创造的"系统性表现"本身便作为一种正当（统）化体系被建构，并成为结构性理解的对象。换言之，曾经独立于经济和社会结构的象征与文化结构如今亦开始具备物质性效果了。

不过，布迪厄并未停留在一种韦伯式见解，即认为不同的阶级成员具有不同生活方式并实践着相互之间的阶级封闭。韦伯认为纯粹的经济权力，即"露骨的金钱力量"并不一定被视为社会权威的基础。为此，他对阶级和身份（status）作出区分，[①] 认为"阶级"是具有相同"阶级状况"和"市场状况"，在财富与劳动以及生活条件与个人经验的市场中享有同等机会的个人的集合体。而身份团体则指由名誉和威信的等级地位所决定的个人集合体。在韦伯那里，阶级和身份团体之间仅仅存在着某种隐性联系，身份团体有时候可以建立在阶级情境之外。[②] 但布迪厄指出，韦伯的区分法至多不过是一种"唯名性对比"（unités nominales）。在绝大多数社会里，阶级和身份不过是完全相同的"现实性对比"（unités réelles）的两个不同方面而已。它们不过是按照经济秩序的自律化程度以及支配程度的高低所做的划分。也就是说，这一区别不过是由于封建社会和资本主义社会各自强调的侧重点有所不同而造成的。尽管表现形式可能因为社会结构和阶级结构的不同而不同，但在现实社会中，象征层面（身份）和经济层面（阶级）往往是同时"并存"（coexister）的。文化消费是一种平行于阶级等其他市场现象的现象。显然，布迪厄关注的，正是曾经被马克思和韦伯视为封建社会的特有现象而加以摒弃的身份概念的象征功能。并且他将象征功能作为分析现代社会的一个

[①] 马克斯·韦伯:《经济与社会》，林荣远译，北京：商务印书馆，2004，第333～339页（在《韦伯作品集Ⅲ支配社会学》中，将 status group 翻译成"身份团体"而非"等级"，本文亦借用这一用语）。

[②] 约翰·R. 霍尔、玛丽·乔·尼兹:《文化：社会学视野》，北京：商务印书馆，2004，第209页。

重要手段。不过作为一个坚定的唯物主义者，布迪厄也认同经济差异的决定性作用。在谈及象征差异与经济差异的关系时他指出，"象征差异相对于经济差异而言始终是第二位的。象征差异通过将经济差异转换成为象征差异的方法来表现自己"。① 事实上，韦伯的"身份"概念与"象征秩序"息息相关。"象征秩序"是一个由生活方式——对特殊的服饰、饮食、武器、艺术的排他性占有，以及名誉层面的特权方式和支配社会交换的规则和禁忌（尤其是与婚姻有关的规则和禁忌）——组成的"差异化体系"。韦伯指出，"简单地说，阶级就是按照其与财富的生产和所有关系来加以区别的'团体'。而身份团体则正好相反，它是一个依据生活方式的不同进行划分的'团体'"。② 换言之，人与人之间的经济差异，往往会通过其在经济财富运作方式上表现出来的象征差异得到进一步强化。如此一来，经济财富便转换成一种"符号"，即语言学所说的"价值"（valeurs）。它以行为和物质的功能为代价，给予形态和"使用"方法，即所谓的"生活的样式化"以特殊的价值。③

总之，一切差异中最具权威的差异就是最能象征社会结构的地位差异，即"服饰、语言和语调，特别是说话方式、良好的品位与教养"。而且，此类象征差异通常是作为人格的一种基本特征，一种无法还原为物质的"本性"被认可和被承认的。尽管体现于生活方式的象征差异是由"家庭出身"及"教育程度"造成的，但这一人格化与身体化差异本身却成为最能体现"优异性"的，极为重要的卓越化指标。

布迪厄的《区隔》是一部揭示象征关系（生活方式）与阶级结构对应关系的经典著作。在此书中，他试图通过对资产阶级、中产阶级和普通阶级不同品位及生活方式的考察，揭示不同阶级的结构特征。例如，布迪厄曾经从音乐爱好（对文化资本要求较高的文化品位）入手，对不同阶级的品位特征进行了调查（见表1）。结果发现不同的阶级对音乐有着完全不同的偏好。支配阶级，尤其是其中的大学教授和艺术家阶层对巴赫钢琴曲表示出特

---

① Bourdieu, Pierre, Condition de classe et position de classe, *Archives européennes de sociologre*, 1966, p. 213.
② Bourdieu, Pierre, Condition de classe et position de classe, *Archives européennes de sociologre*, 1966, p. 216.
③ Bourdieu, P., ピエール・ブルデュー『ディスタンクシオンⅠ』，日本：新評論，1989，p. 90。

殊的喜爱，中产阶级较喜欢格舍温的《蓝色狂想曲》，而约翰·斯特劳斯的《蓝色的多瑙河》则受到中下层阶级的普遍欢迎。由此布迪厄把音乐作品划分成三种不同品位，即合法品位、中产阶级品位和大众品位，并将其视为一个表征各阶级关系的基本原理。

表1　不同职业的音乐品位

单位：%

职业 \ 音乐曲目	平均律钢琴曲	蓝色狂想曲	蓝色的多瑙河
工人	0	20.5	50.5
家政人员	3	3	35.5
手工艺人、小商人	2	20	49
办事员	1	22	52
企事业系统普通管理人员	4.5	27.5	34
商业系统普通管理人员、秘书	9	26.5	29.5
普通技术人员	10.5	42	21
医疗保健服务人员	11	20	15.5
小学教师	7.5	20	10
文化传媒工作者、手工艺人	12.5	22.5	12.5
工业资本家、大富商	4	25.5	21.5
国有企事业高级管理人员	5	15	20
民营企业管理人员、高级技术人员	14.5	29	18.5
专业人员	15.5	19	15.5
中学教师	31.5	12.5	4
大学教授、艺术家	33.5	12	0

注：按照 Bourdieu, P., 『ディスタンクシオン I』, 日本：新評論, 1989, p.28 的图表绘制。

除音乐爱好之外，阶级的品位差异同样存在于绘画及电影等其他艺术领域（见表2）。在《区隔》中，布迪厄使用相同的方法分别对绘画作品和电影作品的爱好进行了详尽考察并据此总结出不同阶级的艺术品位。资产阶级品位：偏爱朦胧的巴赫键盘作品、伯鲁盖尔以及戈雅的绘画、前卫爵士乐和艺术电影；中产阶级品位：偏爱《蓝色狂想曲》等较易理解的古典音乐作品、喜欢郁德里路和杜菲一类的通俗画家，以及抒情或通俗的流行音乐；大众品位：工人阶级（包括支配阶级中的非知识团体）偏爱类似于《蓝色的多瑙河》的通俗古典音乐或轻松古典音乐，以及没有深奥艺术主旨的流行音乐。

表 2 品位与文化的惯习行为

单位：%

	绘画(1)					喜欢的音乐作品(2)										
	没有兴趣回答者	喜欢但很难理解	喜欢印象派作品	喜欢抽象画	谁都会画现代绘画	无所谓谁是作者	《阿莱城姑娘》	《蓝色的多瑙河》	《茶花女》	《剑舞》	《蓝色狂想曲》	《匈牙利狂想曲》	《诸神的黄昏》	《小夜曲》	《四季》	《火鸟》	《孩子与魔法》	《赋格的艺术》	《平均律钢琴曲》	《左手钢琴协奏曲》
普通阶级	26	62	7	4	32	7	42	66	28	25	24	33	4	11	7	5	—	2	1	—
手工艺人,商人	16	73	5	5	44	2	41	60	30	27	24	34	11	15	15	10	1	1	2	—
办事员,普通管理人员	17	65	12	7	35	8	36	53	23	22	21	40	11	27	22	7	0	3	2	0
普通技术人员小学教师	3	50	26	22	53	14	18	18	18	21	31	38	19	31	46	12	1	10	10	7
新兴中产阶级	4	30	32	34	64	13	14	22	10	12	25	25	17	34	47	16	10	14	12	8
中间阶级	14	56	16	14	45	9	30	43	21	20	25	36	13	27	29	10	3	6	5	3
工商业资本家	4	51	27	17	42	6	23	24	28	6	28	50	9	21	30	10	3	15	4	5
高级管理人员高级技术人员	8	27	39	26	55	11	20	20	11	13	25	42	18	30	39	15	2	13	12	13
专业人员	—	31	40	29	58	13	4	17	6	2	21	32	11	53	55	6	2	13	17	23
教授,艺术家	4	14	39	43	75	21	1	3	9	4	13	21	22	51	51	23	4	31	32	13
上流阶级	5	31	37	27	55	12	15	17	14	9	23	39	16	34	41	15	2	17	14	12

注：数据中不包含无回答者。
(1) 回答者被要求从几个判断中选择最符合自己意见的答案。
(2) 回答者被要求从16首曲目的名单中选出3首作品。

资料来源：Bourdieu, P.,「ディスタンクシオンⅠ」，日本：新評論，1989, p. 472。

此外，布迪厄还考察了饮食、服饰以及体育爱好等日常生活方式与阶级结构之间的同源关系。他曾如此描述不同阶级的饮食品位：资产阶级倾向于浓烈的主菜、甜腻的餐后点心和酒精类饮料；专业人员选择精致、清淡的食品；大学教授的食物结构和公务员阶层十分相似，较为健康和节制；艺术家偏爱异国风味；而体力劳动者则喜欢选用大量的、炖得很烂的、很咸和很油腻的菜肴。

至此，布迪厄给出一个对应于社会空间的生活方式空间（象征空间）。生活方式同样成为揭示社会空间内不同地位关系的重要分类指标。但必须指出的是，生活方式与阶级结构的关系并非简单的对应关系。譬如，尽管阶级与消费实践息息相关，但收入却不是决定消费行为的唯一因素。消费行为与收入水平的联系必须经由惯习的调节。"收入常常被赋予一种因果的有效性。只有当收入与收入所产生的惯习相联系的时候，这种因果的有效性才实际存在。"惯习的重要性尤其表现在"相同的收入与极不相同的消费方式发生联系的时候"。同样，反映特定职业团体基本特征的生活方式指标并非以一种机械和直接的方式对应于该团体的社会位置。其间必定存在一个可以将不同的社会位置转换成具体生活方式的媒介——阶级惯习。也就是说，社会空间和生活方式空间之间必定存在一个构成惯习的理论空间（见图2）。

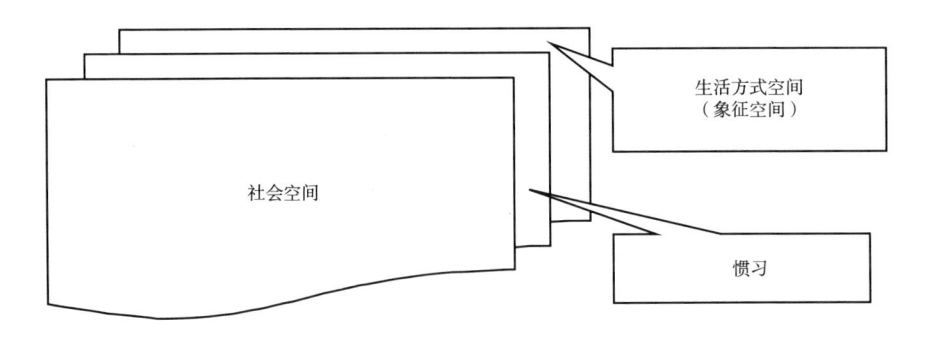

图2 社会空间与生活方式的对应关系

在此，行动者在社会空间内所处的位置与生活方式间形成一个可逆的循环。阶级差异通过惯习被转换成一种品位的区隔（distinction）。品位为行动者规定了应该接纳或排除谁、谁是盟友谁是敌人、谁该与谁结婚以及他们在学校和工作单位内该如何表现等规则。总之，社会位置决定文化区隔，它

"传递一种'自身所处位置的感觉',即对某人自身的可能性和限制的一种感觉。感知就此进一步巩固了客观的约束"。①

四 结语

综上所述,布迪厄的社会空间理论是建立在对马克思"资本"概念的非经济学解读之上的。在他那里,资本不仅取代生产关系成为一个阶级分类指标,而且也不再是一个纯粹的经济学概念。它同时还和其他非经济因素,特别是文化因素有着密切的联系。布迪厄赋予文化特殊的地位,认为它受到阶级的决定性影响,并且是一个双向的过程。也就是说,现代社会个人或群体的身份和地位通常体现于生活方式、品位及消费模式等广义文化中。因此,他将文化资本视为和经济资本具有同样重要地位的,独立的阶级分类标准。

事实上,正如笔者在本文开头部分谈及的那样,在以知识化、信息化和大众消费为基本特征的全球化时代,社会学关注形式向文化的转变已成为一种不可逆转的必然趋势。这一倾向同样出现在阶级与阶层研究领域。我们知道,当今社会的阶级差距不仅不像人们预期的那样正在逐渐缩小,反而出现了扩大化倾向。② 而且与以往不同,此次阶级差距的扩大并非仅由经济差距造成的。它在很大程度上源自信息、技术、教育等广义的文化资源的不均衡分配。美国当代社会学家卡斯特在《千年终结——信息时代三部曲》中,把教育程度、知识结构等文化因素视为造成美国社会不平等及贫富分化的头等因素。③ 尽管处于现代化进程中的中国社会与业已步入后工业社会的西方发达国家之间存在着很大不同,但同样面临着贫富差距的扩大化以及社会不平等的加剧等问题。而且经历了三十多年的改革开放,中国也早已步入学历

---

① 马尔科姆·沃特斯:《现代社会学理论》,杨善华译,北京:华夏出版社,2000,第214页。
② 詹姆逊:《文化研究和政治意识》(詹姆逊文集·第3卷),王逢振译,北京:中国人民大学出版社,2004,第425页。
③ 1. 伴随着工业经济向信息化经济的转移,劳动力部门发生了结构性转变;2. 信息化经济对高教育程度者的酬金,与获得高品质、州立教育机会的日益不平等息息相关;3. 产业生产、劳务及市场全球化带来的冲击,其中包括去工业化过程;4. 劳动过程个体化及网络化;5. 移民在劳动力组成中分量的增加,此外他们总是处于遭受差别待遇的状况之下;6. 在充满父权歧视的情况下,女性被纳入信息化经济的有工作者行列,以及因父权家庭危机而造成的进一步经济负担(曼纽尔·卡斯特:《千年终结——信息时代三部曲》,夏铸九等译,北京:中国社会科学出版社,2003,第150页)。

社会，"文化资本"（学历资本）正成为继经济资本之后另一个决定性因素。换言之，文化如今已成为形成阶级与阶层的不可或缺的重要因素。因此，要想弄清全球性贫富差距的再扩大化、社会不平等的加剧以及发达国家中产阶级的"消失"等阶级问题的成因，更为准确地把握我们所处时代的脉搏，就必须在阶级与阶层研究中重新导入文化的视角。而以重视文化因素的独立影响、将文化资本视为和经济资本有着同样重要地位而著称的布迪厄阶级理论不仅对阶级与阶层研究实现文化的转向作出了独特贡献，而且也对我们深入理解当代中国社会的阶级秩序、社会等级的形成机制，揭示经济转轨时期经济与文化等社会资源的不平等分配过程，进而制定相应的社会政策具有深刻的理论与现实意义。

一个揭示教育不平等的
社会学分析框架

——布迪厄文化再生产理论

再生产理论是 20 世纪中后期兴起于西方社会科学领域的一种现代社会批判理论。作为一种反思能力主义与实力主义、[①] 揭示教育不平等的社会理论，它对社会学尤其是文化和教育社会学作出了巨大贡献。再生产理论主要由伯恩斯坦（Bernstein）的语言代码理论、布鲁斯（Bowles）的不平等的再生产理论、威利斯（Willis）的对抗文化再生产理论以及布迪厄的文化再生产理论所组成。其中尤以揭示文化与教育的社会等级再生产功能以及社会选择过程中的不平等现象而著称的布迪厄文化再生产理论最具代表性。

在社会学和教育学领域内，从文化再生产这一独特视角出发的布迪厄教育理论占据着独特的地位。它既不同于以往那些以社会流动理论为依据、强调行动者主观能动性的教育理论，亦不同于以阶级与阶层理论为基础的客观主义教育思想，而是一种超越主客观二元论倾向并在充分认识到现实世界复杂性与多样性的基础上建立起来的揭示学校教育不平等的社会学理论。

布迪厄对教育问题的关注几乎贯穿其整个学术生涯，其中最重要且受到广泛关注的则是其早期的教育思想。这些思想主要体现于他和帕斯隆合著的《继承人》和《再生产》这两部研究法国高等教育的作品中。在这两部著作中，布迪厄和帕斯隆对法国现代教育体制进行了深入剖析并提出学校是"一个生产与再生产社会与文化不平等的主要场域"的观点。这一主张颠覆

[①] 一种由帕森斯和杨（Young）所指导的，通过强调个人能力、机会均等和社会变迁等因素来把握现代社会的社会学理论。

了迄今为止将教育视为一股自由的动力以及促进社会流动的工具的固有观念，成为当今社会科学界最具震撼力的教育社会学思想之一。

一　文化的再生产

从某种意义上讲，布迪厄社会学就是揭示社会不平等的社会学。尽管支配阶级表面上一再宣称任何人都享有"平等"获取各种机会和资源的权利，并将此作为一种制度确定了下来，但行动者却仍然无法平等地获取各种机会与资源，从而产生不公平感。[1] 换言之，不平等意识即指在"平等性"原则下，行动者仍然感受到某些难以察觉的障碍时所产生的一种不愉快感。布迪厄的文化再生产理论之所以能在文化和教育领域内引起强烈反响，主要因为这种理论揭示了隐藏在平等性幻想之下的社会不平等现象。对于欧美等国来说，20世纪60年代既是经济高速成长和起飞的时期，也是中高等教育得到迅速发展和普及的年代。在此期间，法国社会也经历了同样的发展和变化。20世纪50年代末，法国步入了经济高速成长期，国民经济总产值（GDP）的增长连续多年保持在5%左右。随着经济的高速增长和国民收入的持续增加，教育尤其是高等教育也得到了迅速普及。1950年，法国大学入学考试合格者仅为32363人。而到了1985年，这一数字激增至252050人。在短短的30多年时间内，大学入学合格人数竟然猛增了6.8倍。[2] 但令人遗憾的是，以上数据并不意味着法国社会已在很大程度上实现了平等，表明"教育民主化"的理念业已深入人心。尽管20世纪50~80年代，专业技术与管理人员的需求出现大幅增长（约增至原来的2倍），但增幅却远小于同期大学生毕业人数。因此，许多法国青年虽然拿到了大学毕业文凭，却仍然很难找到适合自己的工作。而且在法国，以培养社会精英为目标的特殊教育机构，即各类高等专门学校并未解体。这类学校的招生人数也没有出现大幅上升的趋势，仍然维持在每年100~300人。换言之，各种精英岗位和通往这些岗位的途径事实上并未出现任何实质性改变。显然，尽管大学入学合格率增长了，但这一数据却无法证明法国社会已经实现了平等。

---

[1] 宫岛乔:《文化の再生産の社会学》，载北川隆吉・宫岛乔编《20世纪社会学理论の检验》，日本：有信堂，1996，p.161。
[2] Ministérede l'Education Nationale, Repères referrers statisticques, Edition, 1987, p.223.

尤为重要的是，大学生社会出身的结构分布也没有随着入学人数的剧增而发生根本性的改变。布登（Raymond Bourdon）在《机会的不平等》一书中，曾对20世纪60年代法国大学生的社会出身（父母的职业）做过一项调查，结果显示大学生中上层阶级子女占绝大多数（见表1）。[①] 而且这一分布状况在高等教育已经普及的20世纪80年代也并没有出现明显的改观。据一份对1985~1986年度法国国民教育的调查报告显示，上层阶级子女在大学生中所占比例虽然略有下降，却仍然维持在较高水准。每4名学生中就有1人来自仅占就业人口10%的专业人员（医生、律师和建筑师等高收入人群）和高级职员家庭。而另一方面，劳动者阶层虽然约占总就业人口的35%，却仅有15%的大学生来自劳动者阶层。而且在大学的最后一学年（大学四年级），这一差距居然扩大至36%:7%。[②]

表1　高等教育的不平等（法国）

单位：%

	社会——职业范畴	学生(1964~1985年)	1964年男性的劳动人口
1	农场主	5.5	13.7
2	企业家、手工艺人、商人	15.2	9.8
3	专业人员、中高等教育人员	14.3	2.6
4	高级管理人员	15.9	2.8
5	中级管理人员、小学教师	17.7	7.5
6	其他办事员	9.4	9.8
7	农业劳动者	0.7	5.3
8	劳动者	8.3	44.8
9	其他	13.0	3.7
	合　　计	100.0	100.0

显然，尽管高等教育在过去几十年间得到了迅速普及，但社会等级秩序并没有因此被打破。不仅如此，在以"民主化"为基本理念并大力倡导"机会均等"的现代社会，大学的阶级再生产功能对于支配阶级和阶层而言反而比以往任何时代都显得越发重要了。也就是说，如今高等教育已转变为生产与再生产社会不平等并使这一不平等合法化的主要手段之一。

但必须指出的是，教育的不平等并不完全是经济因素造成的。事实上在

[①] R. ブードン（Boudon, R.）：《機会の不平等》（1973年），日本：新曜社，1983，p.104。
[②] Ministre de l'Education National, Repereser references statisticquss, Edition, 1987, p.223.

法国，国家公立义务教育的理念根深蒂固，凡是能通过中学毕业会考的学生原则上都可以免试进入大学深造，所以大学的入学门槛很低。而且即便设有大学入学考试的各类高等专门院校也不承认除个人"能力"之外任何其他形式的不平等。简言之，法国高等教育体系至少在表面上是一个对社会所有阶层开放的公平的系统。西方其他发达国家的情况也和法国大致相同。① 因此可以这么认为，随着经济的高速成长以及随之而来的中产阶级队伍的不断壮大，"机会均等"的理念至少在经济领域已深入人心。但尽管如此，不同社会阶级与阶层成员接受高等教育的机会仍然存在着巨大差距，普通民众进入大学学习的机会——尽管并非出于经济原因——依然非常之少。

为了弄清现代大众社会的教育不平等机制，许多社会学家和教育学家将目光集中到了文化障碍的问题上。他们认为在现代社会，文化和经济一样，同样是生产和再生产阶级秩序以及不平等的主要因素。英国教育学家伯恩斯坦从语言技能的角度出发对教育的不平等现象作了深入剖析。他指出，来自不同家庭背景的孩子在早期生活中会发展出不同的符码（codes），即不同的说话方式。这种符码直接影响到他们此后的学校经验。伯恩斯坦着重考察了贫困儿童和富裕儿童在使用语言方式上存在的系统性差异。他认为工人阶级子弟通常使用的是被称为"限定符码"的语言。限定符码是一种与说话者自身文化背景有着密切联系的言语类型。工人阶级子弟大多生活在亲密的家庭和邻里环境中。在这种文化氛围中，价值观和规范被认为是一种理所当然、无需通过语言表述的东西。因此，限定符码更适合实际经验的沟通，而不适宜抽象概念、过程及关系的探讨。

另一方面，中产阶级子女却拥有一套"精密性符码"。精密性符码即指一种"使词语的意义个体化，以适应专门情景要求的说话风格"。这一说话风格使得来自中产阶级家庭的儿童们能够更加容易地概括和表达抽象的观念。伯恩斯坦由此得出结论：由于与精密性符码截然不同的限定符码和学校的学术文化之间存在着明显的冲突，所以相比较而言，掌握了限定符码的工人阶级子女更难适应正规的学校教育。②

威利斯从实证的角度揭示了学校教育中的文化再生产现象。1980年代，他曾在伯明翰地区的一所中学做过一项重要的社会调查。此次调查的主要目

---

① 宫岛乔：《文化的再生产与社会学》，日本：藤原书店，2002，pp. 28 - 29。
② 参见安东尼·吉登斯《社会学》，李康译，北京：北京大学出版社，2003，第649~650页。

的在于揭示文化再生产的发生机制。借用他本人的话说，便是"工人阶级子女是如何获得工人阶级工作"的问题。他把目标锁定在一群特殊男孩上并花费大量时间和他们在一起。结果发现，这些自称"弟兄"的男孩全部为白人。他们对学校权威体系怀有一种敏锐的洞察，并以此为武器与这一权威制度展开了抗争。他们把学校视为一个陌生但可以掌控的环境，并且从与教师们无休止的冲突中寻找乐趣。此外，男孩们还善于发现教师们的弱点。

这些"兄弟们"为了挣钱，盼望着能尽快参加工作。他们不会因为自己所从事的工作——安装轮胎、铺地毯、修理管道等——而感到羞愧。相反，正如对待学校那样，孩子们对待工作也有一种轻视的优越感。毫无疑问，蓝领文化和男孩们创造出来的反学校文化有着许多共通之处：开玩笑、违背权威人物所需要的一些小聪明和伎俩。因此，工人阶级子弟之所以愿意从事发展前景有限的蓝领职业，并非如许多教育学家和社会学家主张的那样，是由于学业失败的经验教会他们认识到自己在智力上的局限性，并接受了自己是"低人一等"的观念造成的。相反，他们并未因为自己接受了非技术性工作而感到自卑，也不认为这是自己人生的失败。威利斯指出，他们之所以能够克服这种自卑心理，主要得益于在校学习期间创造出的一种与蓝领文化有着惊人相似之处的反学校文化。[1]

布迪厄的教育理论同样是从揭示教育的不平等机制出发的。他指出，"我们在文化惯习上看到的教育，是在意识形态上把学校教育看作一股自由的动力以及增加社会流动的工具。这种看法是可能的。但是它实际上则是最有效的使既存社会模式永久化的手段，也是使社会不平等正当化和提供人们对文化继承的认知。换言之，教育将社会所赋予的或附加的东西，以自然的性质来加以对待"。[2] 因此，学校教育并非如某些信奉"教育民主化"的教育学家及社会学家鼓吹的那样，是一种铲除社会不平等的社会制度。相反，它是一个以"遗传"方式生产和再生产社会不平等，并使此类不平等正当化和永久化的重要手段。

布迪厄不像某些经济至上主义者那样，片面地强调经济的直接作用。与伯恩斯坦和威利斯一样，他也认为经济因素不足以解释现代社会的这种不平

---

[1] P. ウィリス（Paul Willis）：『ハマータウンの野郎ども』（1977年），日本：筑摩书房，1985。

[2] 参见张意《文化与区分》，《文化研究》第4辑，北京：中央编译出版社，2003，第47页。

等现象。① 在他看来，教育不平等是各种因素共同作用的结果。在诸多因素中，文化起到了至关重要的作用。为此，布迪厄将目光集中在文化障碍问题上，认为如今文化障碍和经济障碍（文化障碍有时甚至比经济障碍更难以逾越）已共同成为生产与再生产社会阶层以及社会不平等的主要因素。

二 作为一种"选择"与"自我选择"的教育

布迪厄认为，我们有必要像研究经济资本那样研究文化资本。正如现代社会的支配性经济体制是按照经济资本所有者的意图制定出来并对支配阶层十分有利那样，教育制度也是根据支配性文化集团的惯习方式制定出来，并对其十分有利的。他分析道，一方面由于学校将支配集团的文化惯习视为一种必然，并假设任何孩子都能平等地接触到它们，所以便将这些支配性惯习转换成一种易于接受的文化资本形式，即学校文化。"精英文化和学校文化是如此的接近，小资产阶级出身的儿童（农民和工人的子弟更甚）只有十分刻苦，才能掌握教给有文化教养的阶级子弟的那些东西，如风格、兴趣、才智等。"② 而另一方面，"有教养、出身高的人……毫不费力地就掌握了知识，他们的现状和前途有保证，可以悠闲地追求风雅，敢于卖弄技巧"。③ 显然，学校文化在等级社会的再生产过程中发挥了巨大作用。它以一种貌似平等的选择方式生产与再生产着社会与文化的不平等。也就是说，社会集团取得成功的可能性并不取决于这些集团之间内在的文化差异，而是学校人为制定出来的标准。学校文化所推崇的技能和礼仪正是一种特权阶级文化、一种精英文化。"对一些人来讲，学到精英文化是用很大代价换来的成功，对另一些人来讲，这只是一种继承。"④ 支配性文化资本所有者正是通过他们在学校的"成功"来进一步巩固其统治地位的。总之在现代社会，学校已演变成生产与再生产社会等级秩序的重要场域。

与此同时，不具备支配性文化资本的行动者在学校教育中则处于明显的不利地位。因为"除了家庭完成的教育工作以外，其他各种教育工作特有

---

① 皮埃尔·布尔迪约、帕斯隆：《继承人》，邢克超译，北京：商务印书馆，2002，第10页。
② 皮埃尔·布尔迪约、帕斯隆：《继承人》，邢克超译，北京：商务印书馆，2002，第27~28页。
③ 皮埃尔·布尔迪约、帕斯隆：《继承人》，邢克超译，北京：商务印书馆，2002，第27页。
④ 皮埃尔·布尔迪约、帕斯隆：《继承人》，邢克超译，北京：商务印书馆，2002，第28页。

的生产力水平都随下面二者之间的距离大小而变化：一个是它试图灌输的惯习（这里指对学者语言的学者式控制），一个是在此之前已经由其他形式的教育工作灌输的、包括最开始由家庭灌输的惯习（这里指母语的实际控制）"。① 因此，对于"学校是接受文化的唯一和仅有途径"的下层阶级后代来说，要想摆脱不利处境，唯有认同并接受支配阶级的文化惯习并想方设法缩小两者的差距。社会学家通常将此认同过程称为"中产化"现象。对"中产化"问题的研究是现代社会学，尤其是大众社会理论和社会变迁理论的核心课题之一。但布迪厄的兴趣显然不在对"中产化"现象的描述上。②他关注的是学校的社会等级再生产机制，即在潜在的白热化抗争中学校是如何为维护既存社会秩序而运作的。布迪厄指出，迄今为止各种古典的教育理论都倾向于把教育体系定义为"保证从过去继承下来的文化（积累的信息）一代代传递下去的所有组织性与习惯性机制的总和"。③ 但这一基本假设却掩盖了教育的社会再生产功能。也就是说，这些理论并没有把文化遗产视为一种仅仅从属于那些有能力和条件继承与获得它们的特权阶级的文化垄断物。相反，他们将文化遗产视为可以为社会全体成员共享的共同财产。所以，由于学校教育具有强化和神圣化由家庭出身造成的最初的不平等倾向，实际上在任何时候，都有助于各阶级和集团之间文化资本分配结构的再生产，即社会结构的再生产，因此可以这么认为：在社会的客观结构中，阶级的主观因素是通过学校教育得以身体化的。

尽管形成于学校内部的各种关系结构表现出了一定的灵活性，却仍然和社会各阶级与阶层间的关系结构具有某种相似性。布迪厄试图利用"选择"（selection）概念来分析这一现象："人们在接受高等教育的机会当中看到了一种选择的结果。这种选择贯穿于整个学习期间，对社会出身不同的学生的宽严程度极不平等。对社会地位最低的阶级来说，简直就是淘汰。"④ 在《继承人》一书中，他列举了大量事实来证明这种选择的不平等性。例如，1961~1962年，劳动者阶层子女进大学学习的机会仅为6%，而同一时期专

---

① 皮埃尔·布尔迪约、帕斯隆：《继承人》，邢克超译，北京：商务印书馆，2002，第24页。
② 譬如拉修（Lashs）就曾经运用布迪厄的文化社会学理论对后现代社会的新中产阶级进行过研究（Scott lash, 1990, Sociology of Postmodernism, Routledge）。
③ 皮埃尔·布尔迪约、帕斯隆：《再生产》，邢克超译，北京：商务印书馆，2012，第19页。
④ 皮埃尔·布尔迪约、帕斯隆：《继承人》，邢克超译，北京：商务印书馆，2002，第5页。

业人员与高级职员子女的入学率则高达27%，①而且这一差距在名牌大学中尤为显著，例如，上述两个群体的子女在法国著名高等专科学校——巴黎高等师范学院的入学率分别为2%和57%。显然，这组数据反映出一种"选择"，即"教育不平等"的事实。如果对照法国当时就业人口的结构分布状况并根据每一千名就业人员中大学生的人数进行测算的话，那么便不难发现，劳动者阶层出身的大学生人数仅为2%，而专业人员和高级职员子女却占据79%，两者的入学机会竟相差近40倍之巨。

显然，对于不同阶级与阶层而言，"选择"的意义截然不同。由于学校文化和精英文化十分相近，所以上层阶级子女可以轻而易举地通过选拔。在学校这一场域内，只有一小部分支配阶级后代可能沦落为落伍者，大部分成员都能获得成功。而且很多时候，"选择"对于他们是一种身份与地位的再确认，一种使文化与教育遗传合法化与正当化的手段。与此相反，对于绝大多数劳动者阶层子女来说，"选择"则意味着"淘汰、放逐和搁置"，甚至是一种"教育死亡"。6%的劳动者阶层出身的大学生，是以同一阶层中其他成员在升学过程中惨遭失败，以及由于种种原因不得不中途辍学的落伍者的"累累尸体"为代价换来的。而且，"选择"也并非局限于能否进入大学深造一个方面，它同时还体现在出生于下层阶级的学生入学晚、进步慢，以及他们对学科及专业的选择上。布迪厄指出，阶级地位越低，标准年龄学生的比例越小。越是高年龄组中，出身低下学生的比例便越大。②此外，在学科和专业选择上，下层阶级出身的学生们所受到的限制也明显大于上层阶级后代，其中尤以工农后代受到的限制最大。③通常情况下，工农子女不太会选择那些对他们来说陌生的学科如法学院、医学院和药学院深造。他们中的大部分人会主动进入文学院和理学院学习。上层阶级子女学习法律、医学或药学的机会为33.5%，中产阶级子女为23.9%，而工人子女为17.3%，农业工人子女则仅为15.5%，而且在最能体现文化因素对教育不平等作用的文学院中，选择社会学和心理学等新兴学科深造的工农子弟也非常之少。这些至少在表面上具有一定社会声望的专业，往往成为上层阶级学生的避难所。

---

① 皮埃尔·布尔迪约、帕斯隆：《继承人》，邢克超译，北京：商务印书馆，2002，第9页。
② 皮埃尔·布尔迪约、帕斯隆：《继承人》，邢克超译，北京：商务印书馆，2002，第9页。
③ 这些很大程度上是由于最初文化方面的不平等造成的，而这种最初的不平等通常又以自我限制的方式表现出来。

那么，工农子女的这种专业选择取向究竟和哪些因素有关呢？从布迪厄对此的零星论述中，我们大致可以概括为以下几点。第一，在工农子女的成长过程中很少有接触医生和律师等专业人员的机会，这些职业对他们来说十分陌生。因此，他们不太可能主动选择进入医学和法学这样的专业深造。第二，医学和法律等专业较长的学习年限也限制了他们的选择。由于受到经济条件的限制，工农子女中的许多人不得不放弃这类需要较长学习年限的专业深造。第三，此因素也和经济因素有关。由于受自身经济条件的制约，工农子女不太可能仅凭个人的兴趣爱好以及对知识的热情作出选择。相反，他们往往倾向于选择那些既实用又容易找到工作的专业。[1]

值得一提的是，在布迪厄那里，"选择"不只是一个表征学校体制内部竞争、升学考试结果以及为了升学而采取的各种合理行为的概念，它还包括根植于文化惯习以及态度倾向的各种无意识行为，以及由此引发的结果。例如在布迪厄看来，部分从未打算进大学深造，主动选择去职业学校学习，或直接就业的学生们的行为也同样属于"选择性"行为，是一种"教育死亡"。显然，布迪厄所说的"选择"不只局限于学校教育过程中出现的各种落伍或辍学现象，它还包括入学之前以某种隐蔽方式进行的漫长的选择过程。因此，"选择"很容易被理解为一个具有强烈客观主义色彩的概念。[2]

不过，当我们站在微观的角度上审视"选择"时，便不难发现它其实并非只是一个片面强调社会决定作用的客观概念，而是一个能够体现行动者主观愿望，并反映其惯习倾向的主观性概念。换言之，"选择"不仅反映了行动者接受选择的一面，它同时也体现了他们的"自我选择"。布迪厄在《继承人》一书中，曾对行动者的自我选择问题作过深入探讨：

> 尽管人们有时并非有意识地评价这些客观学习机会方面的差异，但它们是如此之大，以各种方式反映在日常感觉之中，并且决定着不同阶层对高等教育的看法，即它是"不可能的""可能的"还是"正常的"前途。而正是这些看法决定了对学业的选择。高级职员的儿子和工人的儿子，不可能对将来的学业有共同的体脸。前者进大学的机会超过二分之一，在他周围，甚至在他家里，接受高等教育是很平常的事。后者进

---

[1] 宫岛乔：《文化的再生产与社会学》，日本：藤原书店，2002，p. 55。
[2] 宫岛乔：《文化的再生产与社会学》，日本：藤原书店，2002，p. 53。

大学的机会不足五十分之一，只有通过中介人或中介环境才能了解大学的学业和学生。我们知道，随着社会等级的提高，家庭外的联系也在扩展，但仅限于相同的社会层次。所以，对社会地位最低的人来说，接受高等教育的主观愿望比客观机会还要小。①

显然，"选择"和行动者的主观态度息息相关。在选择过程中，起抑制作用的往往不是外界的排除性力量，而是行动者本人的主观态度，如对高等教育的陌生感、放弃和自卑等心理。尽管有些学生学习成绩十分优秀，却由于认定自己和大学无缘，所以从一开始便主动放弃进大学深造的机会，他们"接受高等教育的主观愿望比客观机会还要小"。不过，尽管布迪厄十分重视"自我排斥"或"自我选择"的作用，却认为"选择"本身并非基于一种纯粹的主观态度。"自我选择"过程类似于"惯习"的形成，是在行动者本人浑然不知的情形下从日常生活环境中获得并被身体化了的主观态度。总之，这是一种体现出身阶级生活方式的态度倾向。对于上层阶级的后代来说，大学是一个十分熟悉的地方，他们的父母和亲朋好友大多接受过高等教育。在他们看来，进大学深造是一件再平常不过的事情。在这种环境下成长起来的孩子，会在不知不觉中以他们的父母兄弟及亲朋好友作为仿效的对象，自觉做好进大学深造的思想准备。布迪厄把这种态度和行为倾向称作"惯习"。他同时指出，这种惯习的再生产方式是构成再生产的一个重要媒介过程。②

表2 不同社会出身的人的学习机会（1961~1962年）

单位：%

家长的社会—职业属类	学生性别	入学机会	条件概率				
			法学	理学	文学	医学	药学
农业工人	男	0.8	15.5	44.0	36.9	3.6	0
	女	0.6	7.8	26.6	65.6	0	0
	平均	0.7	12.5	34.7	50.0	2.8	0
农民	男	4.0	18.8	44.6	21.1	7.4	2.0
	女	3.1	12.9	27.5	51.8	2.9	4.9
	平均	3.6	16.2	37.0	38.1	5.6	3.1

---

① 皮埃尔·布尔迪约、帕斯隆：《继承人》，邢克超译，北京：商务印书馆，2002，第9页。
② 宫岛乔：《文化の再生产の社会学》，日本：藤原書店，2002，p.55。

续表

家长的社会—职业属类	学生性别	入学机会%	条件概率(%)				
			法学	理学	文学	医学	药学
服务人员	男	2.7	18.6	48.0	25.0	7.4	0.7
	女	1.9	10.5	31.1	52.6	4.7	1.1
	平均	2.4	15.3	41.3	37.0	5.5	0.9
工人	男	1.6	14.4	52.5	27.5	5.0	0.6
	女	1.2	10.4	29.3	56.0	2.6	1.7
	平均	1.4	12.3	42.8	39.9	3.6	1.4
一般雇员	男	10.9	24.6	46.0	17.6	10.1	1.7
	女	8.1	16.0	30.4	44.0	6.1	3.5
	平均	9.5	21.1	39.4	28.6	8.6	2.3
工商业主	男	17.3	20.5	40.3	24.9	11.0	3.3
	女	15.4	11.7	21.8	55.1	4.8	6.0
	平均	16.4	16.4	31.8	39.1	8.1	4.6
中间职员	男	29.1	21.0	38.3	30.2	8.5	2.0
	女	29.9	9.1	21.2	61.9	3.4	3.4
	平均	29.6	15.2	30.5	45.6	6.0	2.7
专业人员与高级职员	男	58.8	21.8	40.0	19.3	14.7	4.2
	女	57.9	11.6	25.7	48.6	6.5	7.6
	平均	58.5	16.9	33.3	33.2	10.8	5.8

资料来源：皮埃尔·布尔迪约、帕斯隆《继承人》，邢克超译，北京：商务印书馆，2002，第9~10页。

总之，在布迪厄那里，"选择"过程既受到各种客观条件（经济因素）的制约，同时又受到业已转换成一种惯习的社会阶级的生活方式和条件的限制。

三 文化再生产与学校实践

以上分别从"选择"和"自我选择"两个不同层面，对升学过程中教育的不平等机制作了较为详尽的考察。那么，中下层阶级后代在克服重重困难如愿考上大学后，不利处境是否会发生根本的改变呢？布迪厄认为社会出身的影响虽然在大学学习期间出现了某些形式上的变化，但实质却未发生任何改变，仍然发挥着巨大作用。而且从某种意义上讲，对于那些免遭淘汰并有幸进入大学学习的中下层阶级子弟来说，由最初不利造成的障碍有时甚至会变得更加难以逾越。由于中下层阶级学生所掌握的知识绝大部分来自学校教育，而纯粹的学校知识对于某些专业的学习来说根本不起任何作用，反而从课外特别是通过家庭环境获得的知识、技能和爱好对大学学习更为有利。可是，"除去家庭收入不同……以外，'自由'文化这一在大学某些专业取得成功的隐蔽条件，在不同出身的大学生之间的分配是很不平均的"。① 上层阶级的后代通常是通过随意翻阅家庭藏书的途径，接触到许多学校根本无法接触到的真正具有价值的作品。不仅如此，他们还在校外生活中不知不觉地培养起对前卫戏剧及音乐的兴趣爱好。而对于出身于中下层阶级的大学生来说，学校是他们获取文化仅有和唯一的途径。尽管他们也可以通过教材或某些课外读物阅读到某些古典戏剧作品，却很难像上层阶级后代及巴黎的学生那样，有直接接触前卫戏剧或爵士乐的机会。因此，就算一小部分中下层阶级子女能够侥幸进入大学深造，但由于其知识结构和惯习倾向与大学教育之间存在着明显的差异，等待他们的往往是更为严峻的现实。

此外，教育场域内的社会不平等现象还集中体现在学校本身对纯学校文化的蔑视，即重形式轻内容。通常情况下，大学轻视过于"学院化"的纯学校文化，认为它是一种不完全、低层次的文化。相反，那些"具有嘲弄味道的潇洒，故作风雅的简洁明了，使人态度自如或装作自如的合乎章法的自信"② 却备受推崇。布迪厄在考察上层阶级学生那种天赋的"聪慧"与中下层阶级学生学究式的"勤奋"之间的差异时，曾运用阶级结构这一独特的视角透视了学校教育的"蔑视纯学校文化——重形式轻内容"机制。他指出，中下层阶级学生所掌握的"'学究式'的和'有限的'纯学校文化，实际上恰好证明了他们的一切都是通过学校教育而获得的事实"。③

布迪厄发现，学校场域内的阶级差异具体体现于语言、学校教育和个人兴趣爱好这三大方面。在《再生产》一书中，他着重探讨了语言或语言资本（文化资本）的阶级差异。学校通常被视为竞争和选择的场所。但由于加入竞争行列的行动者起点不同，所以这种竞争和选择从一开始便是不平等的。布迪厄指出："语言不单单是一种交流工具，它除或多或少的词汇之

---

① 皮埃尔·布尔迪约、帕斯隆：《继承人》，邢克超译，北京：商务印书馆，2002，第20页。
② 皮埃尔·布尔迪约、帕斯隆：《继承人》，邢克超译，北京：商务印书馆，2002，第22页。
③ Bourdieu, P. and Monique De Saint-Martin, "Scholastic Excellence and the Values of the Educational System," in John Eqgleston (ed.), *Contemporary Research in the Sociology of Education*, London Methuen, 1974, p. 355.

外，还提供一个复杂程度不同的类别系统，以使辨别和掌握诸如逻辑学或美学方面复杂结构的能力在一定程度上取决于家庭传授的语言的复杂性。"① 然而，这些源自家庭的语言或语言资本却由于出身的不同而表现出很大的差异：拥有丰富语言资本的参加者们从一开始就成竹在胸。部分参加者试图通过不懈的努力来弥补自己语言方面的不足。而另一部分参加者却没有任何有价值的语言资本可以利用。

布迪厄分别用"资产阶级语言"和"粗俗的语言"来形容处于社会等级两端的人们所使用的语言。资产阶级通常习惯于使用"抽象化、形式主义、唯理智论和委婉适度"的语言，而劳动者阶级（大众）的语言却具有"直接从个别到个别，从现象到语言，或者通过轻佻、玩笑、放荡等某些阶级特有的言行方式，避免夸张那些重要的讲话或强烈的感情"②的特征。很明显，学校的语言规范和资产阶级语言之间有着某种天然的联系，也即它们之间存在着某种亲和性。而与此形成鲜明对比的是，无产阶级语言却与学校语言截然不同，它根本无助于"语言资本"的积累。而且"随着一个阶级与学校语言距离的增加，它在学校中的死亡率也必然增加"。③ 因此从某种意义上讲，教育的成功恰好体现了一种阶级差别。"各阶级的学习机会与不同专业和学校提供的以后成功的机会的结合"造成了"社会方面的不平等。"④ 劳动者阶层的后代因为缺乏与语言、学校教育和个人兴趣爱好相匹配的"惯习"而遭到放逐。反之，上层阶级尤其是巴黎出身的上层阶级子女由于仅将此类"惯习"视为一种规范，所以他们运用自如。与此不同的是，出身于中产阶层的大学生们尽管本身并不拥有此类"惯习"，却将其视为一种"最为正确、最深刻的形式"而孜孜以求。布迪厄总结道，语言形式、学校教育和个人兴趣爱好这三个方面都"具有轻真理重雄辩、轻内容重形式的倾向"。⑤

此后，布迪厄在《区隔》中，又从家庭和学校两个不同市场的运作方式出发进一步对此现象进行了深入探讨。他指出，那些被家庭和学校同时视

---

① 皮埃尔·布尔迪约、帕斯隆：《再生产》，邢克超译，北京：商务印书馆，2002，第87页。
② 皮埃尔·布尔迪约、帕斯隆：《再生产》，邢克超译，北京：商务印书馆，2002，第128页。
③ 皮埃尔·布尔迪约、帕斯隆：《再生产》，邢克超译，北京：商务印书馆，2002，第87页。
④ 皮埃尔·布尔迪约、帕斯隆：《再生产》，邢克超译，北京：商务印书馆，2002，第171页。
⑤ Bourdieu, P., Systems of EducaTion and Systems of Thought, *International Social Science Journal*, 1967, 19 (3).

为"富有价值"的能力和技能,在灵活运用的过程中被行动者所掌握并被标上具体"价格",即被资本化了。不过,布迪厄尤为重视这些能力和技能的获取方式。他认为某些"富有价值"的能力及技能的获取方式至少与这些能力和技能本身同等重要。人们在消费诸如艺术、文学、电影等文化产品时,所选产品的价值很大程度上取决于选择者自身的价值。而选择者的价值又在很大程度上取决于选择方式。布迪厄认为选择方式是文化资本的最高形式,而且它只有通过家庭环境才能获得。"如同每天呼吸空气那样,正统文化是在自然而然的状态下渗入我们体内并为我们所获得的。成功是明摆着的。由于正在进行正统选择这种感觉本身就是极其真实的实在,所以它的效果只能由实行方式本身所决定。"[①]

四 文凭的获得

文化再生产的最后一个环节就是文凭的授予,即学校通过颁发各种资格证书和学历证书的方式来维护社会不平等。布迪厄指出,在现代资本主义社会,特权阶级的继承人既不能援引血统权利,更无法援引用来证明自己业绩、说明自己成就的艰苦奋斗美德。因此,他们必须求助于既可证明他们的天资又可证明他们的成绩的文凭。[②] 而学校则将由家庭出身所决定的、绝非平等的各种才能视为一种"天赋",并通过授予自称公平的各种资格证书将这种实际的不平等转换成一种法律上的不平等,将经济和社会的差距转换成实质性差异并使文化遗产(精英的惯习)的继承得以正当化。显然,在社会特权的取得越来越依靠文凭的现代社会,"学校的功能便不仅是保证不再会以一种直接和公开的方式传递的资产阶级权力的隐蔽性继承。学校是特别受资产阶级社会重视的工具,它赋予特权者不以特权者面目出现这一最高特权"。[③]

不仅如此,学校为了说服每个社会成员都能"待在他天生便有的位置上"坚持做自己的事情,设置了一个信用骗局。"天赋"这一作为教育和社会体系基石的意识形态,不仅可以帮助精英们获得合法身份,而且

[①] ピエル・ブルデュー『ディスタンクシオンⅠ』(Bourdieu P., La Distinction, 1979)(石井洋二郎訳),日本:藤原書店,1990,p. 143。
[②] 皮埃尔・布尔迪约、帕斯隆:《再生产》,邢克超译,北京:商务印书馆,2002,第225页。
[③] 皮埃尔・布尔迪约、帕斯隆:《再生产》,邢克超译,北京:商务印书馆,2002,第225页。

还能迫使人们相信非特权阶级和阶层的形成并不是因为这一群体低下的社会地位造成的，人格因素和智力水准才是形成阶级和阶层的真正原因。更为令人惊叹的是，它甚至还可以使那些处于弱势地位的人们相信自己的不利处境完全是由于自身客观条件的限制以及个人天赋的缺陷所造成的。显然，学校正是通过这一途径达到使弱势群体成为逆来顺受的顺民这一目的的。[1]

布迪厄将那些统治与支配弱势集团的权力称作象征权力——一种难以识别和得到承认的暴力，并把象征暴力的行使称作"象征暴力"。他并且认为这种把建构现实尤其是社会现实的原理强加于人的权力是一种重要的政治权力。不仅如此，客观结构与内在结构之间也呈现高度的一致性。"既存的宇宙论或政治秩序并不是一种恣意的东西。也就是说，它不是可能发生的几种方式中的任意一种。相反，它是作为一种众所周知、毫无异议的明确而自然的秩序被感知的。在此情形下，不论是行动者的主观愿望还是制造这一愿望的客观条件都具有一定局限性。"[2]

尽管如此，这种一致也不是绝对和一成不变的。事实上，越来越多的中下阶层后代的确已经通过学校教育取得了"成功"。但布迪厄指出在教育大众化时代，学校颁发的文凭和各种资格证书的价值已大不如前。也就是说，毕业文凭本身已经大大贬值了。由于文凭的获取变得越来越容易，所以选择标准也随之发生了变化，开始由文凭转向表现力、形式、闲情逸致等与支配精英的惯习派生物紧密相连的各种判断标准上。在这种情形下，文凭以外的其他各种选择标准便成为象征资本的一个重要组成部分。这些象征资本大大提高了通过学历证书和资格证明书获得的教育资本的生产性。

至此，布迪厄揭示出如下事实：在权力与特权的世袭制普遍受到质疑的现代资本主义社会，教育体系在对各种阶级关系的再生产作出巨大贡献的同时，还作为掩盖这一事实的一个有效途径发挥着重要作用。[3] 因此在法国社会，仅仅拥有教育资本是远远不够的，为了使教育资本能够成功转换成一种社会或文化资本，行动者还必须同时拥有一定数量由支配精英的惯习（只

---

[1] 皮埃尔·布尔迪约、帕斯隆：《继承人》，邢克超译，北京：商务印书馆，2002，第31页。
[2] 皮埃尔·布尔迪约、帕斯隆：《再生产》，邢克超译，北京：商务印书馆，2002，第166页。
[3] Bourdieu, P., Cultural Reproduction and Social Reproduction, in R. Brown (ed.), *Knowledge, Education and Cultural Change* (London tailstock, in French 1971), 1973, p.72.

能通过家庭所获得）生产的象征资本。

  以上着重对布迪厄早期教育理论进行了较为详尽的考察。布迪厄的观点在西方社会科学界产生了巨大反响，英、美、德、日等国的许多社会学家和教育学家在其理论的启发下进行了大量相关性研究。但与此同时，他的教育社会学理论也遭到众多学者特别是英美学者的质疑。第一类批评是针对布迪厄过分强调教育的社会等级秩序的再生产功能，从而忽略了教育所具有的促进社会阶层流动功能的。卡诺依（Carnoy）把布迪厄称为"制度性功能主义者"，认为他把学校视为一个有别于其他社会制度的相对"自律"的体系，因而忽视了作为一种生产装置和政治体制的学校内部所出现的某种与变动和纠葛之间的相互关系。[1] 尼思（Nice）的批评则更为直接，他指出布迪厄的教育社会学理论仅仅从训练和选择的角度来理解教育，完全无视英语圈的理解中教育所具备的促进个体发展的能动的一面。[2]

  那么布迪厄是否如其批评者指责的那样，对教育导致的社会变动视而不见呢？答案显然是否定的。如上所述，1960年代是教育、文化以及职业结构发生剧烈变动的时代。如同其他社会学家一样，布迪厄也同样敏锐地觉察到这一变化并对此予以了充分关注。他发现尽管从宏观数据上看社会确实发生了相当大的变化，但教育的阶级再生产功能并未因此发生任何实质性的改变，依然发挥着重要作用。虽然不可否认的是，社会的确发生了很大变化。大学教育也的确促进了社会阶层的流动并出现许多劳动者子女进大学深造从而跻身白领阶层，或者小业主子女进各类高等专门学校学习从而跻身企业管理层的事例。不过只要对这些"变化"稍加留意便不难发现，要克服收入这一不利条件已实属不易，而要想克服由此导致的文化上的不利则更是难上加难。尽管经济的高度成长和大众社会的来临确实给法国社会带来了巨大变化，但教育的阶级再生产功能并未因此削弱。相反，在以能力主义为价值取向的现代社会中，作为一种掩盖阶级"世袭"和"遗传"手段的教育，比以往任何时候都发挥着更为重要的作用。正因为如此，布迪厄才会把视线投向教育的不平等问题，并得出现代社会的支配性文化模式不仅没有发生任何实质性改变，而且由此造成的经济尤其是文化方面的障碍依然存在的结论。

---

[1] Carnoy, M., Education, Economy and the State, in Aapple, M. (ed.), *Cultural and Economic Reproduction in Education*, R. K. P, 1982.

[2] Nice, R., lnterviewerl by C. Mahan (mimeo), 1985.

第二类批评主要针对布迪厄教育理论的普遍性问题。阿齐（Archer）在点评布迪厄和帕斯隆的《再生产》时指出，站在英语圈的角度上看《再生产》无疑是一部特殊的作品。它和高度中央集权制的法国教育体系之间存在着紧密的联系。[①] 阿齐的指责尽管有失偏颇却不无道理。毋庸置疑，不同的社会体系具有不同的结构特征。在不同的社会中，场域与场域的联结方式和组合方式也不尽相同。而且社会不同，家庭和学校在教育中所占据的地位，以及家庭和学校各自生产的资本种类与数量也必然有所不同。当然，不同社会的经济、政治和文化状况也十分不同。因此从这一意义上讲，阿齐的批评是正确的。也就是说，以法国教育尤其是法国高等教育为主要考察对象的布迪厄教育理论尽管相当准确地刻画出法国教育体制的真实状况，但如果要运用这一理论框架来研究其他国家教育体系的话，必须对其进行必要的修正。但尽管如此，我们决不能因此而否定布迪厄教育理论的普遍意义。因为即便在有将近60%的大学入学率、阶层间流动程度相对较高的美国社会，文化与教育的再生产功能也依然发挥着重要的作用。[②]

作为一个有效的社会学分析框架，文化再生产理论同时对我们把握当代中国的教育现状、教育体制乃至当代中国社会具有深刻的现实意义。尽管处于现代化进程中的中国社会和业已进入后工业社会的西方发达国家之间存在着很大差别，但在全球化背景下，中国同样出现许多发达国家面临的问题。经过三十多年的改革开放，中国社会取得了巨大进展，但与此同时，各种社会矛盾也接踵而至，其中较为突出的正是教育机会的不平等以及与此密切相关的贫富差距问题。如同发达国家一样，在中国，教育向来被视为增加社会流动性的一个重要手段，现代中国教育体系的选拔主要以个人的学习能力为标准，并不承认文化与教育的代际传承。但大量经验与实证研究表明，现代中国教育机会的分配并不公平，身份因素尤其是家庭出身对教育机会的获取具有重要作用，教育机会明显偏向于家庭出身较为优越的人。

李春玲在一项关于家庭背景及制度因素对教育影响作用的研究（1940~2001年）中发现，1940年代至1990年代，家庭背景对个人教育获得的影响程度总体呈现由高到低又由低到高的变化趋势。1940~1970年代，家庭背

[①] Archer, M., Process Without System, *European Journals of Sociology*, 21, 1984, pp. 196 – 221.
[②] 参见 Cohen K. Albert, *Delinquent Boys: The Culture of the Gang*, Free Press, 1971, *Deviance and Control*, Prentice – Hail, 1966.

景对教育获得的影响持续减弱,到 1970 年代达到最低点,随后出现转折。在 1980~1990 年代,家庭背景对教育获得的影响明显上升,并达到 50 年内的最高点。她具体从父亲职业(社会资本)、父亲学历(文化资本)、家庭收入(经济资本)以及家庭成分(政治资本)四个方面,分析了家庭资源对教育获得的影响作用。研究发现,父亲职业及父亲学历对教育机会产生的影响最为直接。研究发现,在过去 60 年中,父亲的职业地位始终影响着子女的教育机会,以改革开放后的 1980~1990 年代为例,管理人员及专业人员家庭子女接受教育年限比农民家庭子女高 3.6 年,办事员家庭子女平均接受教育年限也比农民家庭子女高 2.9 年,而工人家庭子女平均受教育年限则比农民家庭子女高 1.3 年。显然,1990 年代,出身于职业地位较高家庭的子女在接受教育的机会方面占有明显的优势。另一方面,家庭文化资本对个人教育获得的影响在 1980 年代以前变化趋势并不明显,但自 1980 年代起呈现出直线上升的态势。父亲学历的影响从 1970 年代开始变得较为显著,到 1980~1990 年代,这一影响达到最高点,父亲文化程度在高中或高中以上者平均受教育年限比父亲无学历者多 2.3 年,父亲初中文化程度者接受教育的年限比父亲无学历者多 1.0 年,父亲文化程度为初小或初小以下者比父亲无学历者多 0.8 年。

研究同时表明,1980~1990 年代,总体而言,家庭经济收入对个人教育机会获得的影响并不明显,但对于某些处于弱势地位的群体而言,家庭经济收入的影响是十分显著的。而曾经对教育机会产生过重大影响的家庭成分,则在进入 1990 年代后基本失去了其影响力。[1]

以上数据充分证明,布迪厄文化再生产理论对我们研究中国教育问题同样具有重要的意义。如前所述,布迪厄教育理论的基本前提之一,就是认为个体在家庭与父母直接影响下的早期社会化过程,对以后学校教育的成功起着决定性作用。教育的"成功与失败……实际上取决于早期引导。归根到底,这是家庭环境作用的结果……来自家庭出身的文化习惯和才能,在最初指导(产生于早期决定论)的作用下,影响成倍增加"。李春玲的研究从实证的角度证明了布迪厄以上结论对中国教育的适用性。这些数据表明,改革开放后,教育的代际传承,即文化的再生产开始发挥出巨大作用,父母职业

---

[1] 参见李春玲《社会政治变迁与教育机会不平等》,载李培林、李强、孙立平《中国社会分层》,北京:社会科学文献出版社,2004,第 401~406 页。

（与李春玲不同，在布迪厄那里，职业是一个表示阶级与阶层的概念）与父母学历（文化资本）对子女教育机会的获得具有重大影响，而且这一影响呈加速趋势。这一切不仅助长了教育的不平等、降低了社会的流动性，而且还可能使贫富差距进一步扩大并使这种差距永久化和世袭化。因此，我们必须对当前中国社会文化再生产进程的快速推进保持高度警惕。而以强调文化和经济因素共同影响并以揭示教育不平等为主旨的布迪厄文化再生产理论，则为我们认识中国的教育现状、揭示现存教育体制中存在的弊端，如弱势人群的文化障碍、学校文化的精英化、大学文理学科中的性别偏差等问题，以及造成这些问题的制度性缺陷，提供了一个有效的理论分析框架。

与此同时，我们也必须充分认识到中国社会的特殊性与复杂性。几千年科举制的影响，"文化大革命"造成的教育断层，中国社会特有的由户籍制度造成的城乡二元结构以及国家规模的、严格的高等院校入学考试制度……所有这些都对中国现行教育体制产生了不容忽视的影响。因此，我们在运用布迪厄文化再生产理论解读中国教育问题时，必须将以上这些因素考虑在内，并对其进行必要的修正。

总之，作为"一种最富启发性的方式"（吉登斯语），布迪厄的文化再生产理论不仅为我们解读现代西方教育体制，进而认识与理解西方晚期资本主义社会提供了一个崭新的视角，而且也必将成为我们把握中国社会的教育现状，发现其中存在的问题，进而改进和完善教育体制的有力帮手。

象征差异与权力

——试论布迪厄的象征支配理论

自20世纪80年代起,"差异"问题开始跃居现代思想和社会科学研究的前沿位置,并以不同的方式被不同学科和流派所谈论。语言学的符号差异理论、后现代主义的差异化策略、女权主义的性别差异理论以及各种建立在"文化差异"之上的分类理论已然成为当代思想与社会理论中最具活力的一部分。在社会学领域内,"象征差异"是一个主要用来理解文化与社会结构之关系、揭示根植于品位、生活方式、消费模式、风俗习惯、社会规范以及社会等级制度之上的各种结构性不平等的分析概念。埃利亚斯、汤普森以及布迪厄等众多社会学家意识到,文化绝非传统社会科学所理解的那样,是一个相对独立于政治和经济的自律性要素。相反,它与社会总体结构及其结构内部其他各部分之间存在着千丝万缕的联系。文化一方面对人类的经济生活以及政治进程与结果产生了重大的影响,另一方面又受到包括政治和经济因素在内的社会结构的制约。文化不仅在很大程度上受到物质条件的约束,而且经常与政治支配和权力纠缠在一起,甚至作为一种隐蔽的政治资源为阶级、性别和社会化模式的再生产服务。总之,文化与社会的关系是一种"双向结构化"的过程,即每一方既结构化对方,又为对方所结构化。深受社会等级秩序影响的文化,同时也通过各种差异化操作再生产着社会的差别。

在各种有关"文化与社会结构"关系的社会学研究中,以揭示象征差异机制为主旨的布迪厄象征支配理论被公认为当代最具影响力的分析框架之一,它通过揭示体现于品位与生活方式的象征(文化)差异来分析阶级差别,进而阐明文化与阶级差距、文化与权力的关系。布迪厄认为,在社会空间内,不同的阶级依据各自的经济与文化资本形成不同的地位,阶级界限按照社会等级制度进行划分。而且任何社会阶级都会形成一整套属于自己的生活方式和品位。换言之，生活方式、品位和消费模式等象征关系是由不同阶级与阶层的社会地位所决定的。同一社会阶层具有类似的品位并实践着共同的生活方式。不仅如此，当前在决定高雅或正统品位的象征斗争中，社会威望的作用已岌岌可危，权力大有取而代之之势。其结果，正统品位体现的总是统治阶级的品位，生活方式的差异则反映了阶级的差别。布迪厄的这一通过阐明象征差异机制，来揭示"文化与阶级结构"关系的文化支配理论，与埃里亚斯的文明理论一起，成为当代社会学、文化人类学、文化研究乃至哲学、教育学把握"文化与社会"之关系的最为经典的两大社会学理论范式。

一 差异与惯习

在语言学中，符号通常指"并非积极地受制于内容，而是消极地决定于它与系统内其他项目之间的关系"。索绪尔认为语言仅仅存在于差异之中，而且只存在于否定性差异之中。语言总是取决于它与其他语言的关系，即与其他语言的差异。构成语言的能指（signifier）和所指（signified）同样无法独立于语言而依赖于先于语言存在的现实。它们只有在语言这一关系网的挑选下，才能确立意义。例如，"兄长"一词只有在与家族、父母、哥哥、弟弟、姐姐和妹妹等单词的关系中才能获得意义。而且这一差别并不是固定不变的，它会随着环境和文化的不同而不同。英语中，不存在兄、弟、姐、妹的区别，只有兄弟（brother）和姐妹（sister）的差异。因此，不论是语言（符号）还是声像（能指）及其意义（所指），都决定于它与其他项目的关系。此类关系的存在必须经常放在它与全体的关系、与其他项目的关系中进行考察。因为只有这样，语言才有可能表现其有限性和对象。[1]

结构主义继承并发展了索绪尔的符号理论。它赞同符号学关于任何给定的文化所使用的特定符号都要受到语境限制的观点，但与此同时，认为所有的文化都会将其符号和谐有序地编织成基本相似的结构，而且必定存在一种关于符号的普遍模式。结构主义将二元对立模式作为其核心观念，认为明/暗、好/坏、积极/消极等相互对立的符号表明，事物可以通过对立双方的差异，而并非其本身作出界定。换言之，意义依赖于对立双方的差异。后结构

---

[1] 小阪修平など：『現代思想入門』，日本：JICC 出版局，1990，p. 116。

主义哲学家德里达则站在更为本质的立场上，审视了运用二元对立结构把握差异的问题。他认为不能把所有差别都隐没在僵化的二元结构中，因为现实世界几乎不存在中性的二元对立结构。二元中的一极总是处于支配性地位，而且，通常情况下，它总是把另一极作为反衬纳入自己的操作领域。在二元对立的各极中，始终存在着一种权力关系，[1]因此，符号的差异同时体现了一种权力结构。我们只有以"支配/被支配"的方式来理解这些对立结构，才能把握住隐含于此类话语中的权力关系。[2]

而另一方面，布迪厄象征支配理论是一个从社会学层面揭示隐含在各种符号差异（文化或象征差异）中的社会等级秩序和权力结构的阐释框架。它假设依据经济资本与文化资本的数量和结构差异组织起来的社会阶级状况与品位、生活方式和文化消费等象征关系之间存在着某种同源关系。象征差异反映了阶级的差别。

那么，在布迪厄的象征体系中，"差异"究竟具有怎样的涵义？阶级差别又是通过怎样的机制被转换成品位、生活方式和文化消费等象征差异的呢？在法语中，"distinction"（差异）原本是动词"distinguer"（区别）的名词型，具有区别、辨别和识别之意。不过在 *Distinction*[3] 中，布迪厄大大丰富了"差异"的内涵，赋予了其更深刻、更广泛的意义。布迪厄的"差异"概念至少包括了三大内涵：①区别，以及区别于他者；②高贵、有格调；③关系性。首先，distinction 不仅具有区别之意，而且还包含"将自己区别于他者"之意。也就是说，"差异"是一个具有双重涵义的概念。一方面，它可以用来表征一种客观判断，即行动者以超越的视点俯瞰对象（他者），并对其作出客观的判断；另一方面，又可以指涉一种主观选择，即行动者按照自身的主观意愿，将对象化了的自己与他者进行区分，并给两者的差异标上标记。尤其值得一提的是，distinction 体现的是一种正向差异，它通过强调自身的优越性来显示自己比他者更优秀，并借此从平庸和匀质化的集体中脱颖而出。不难看出，"差异"的首要任务就是通过区别自己与他者，以达到使自己更受瞩目的目的。行动者试图通过此类区分行为，尽可能

---

[1] 斯图尔特·霍尔：《表征：文化表象与意指实践》，徐亮、陆兴华译，北京：商务印书馆，2005，第236页。

[2] 斯图尔特·霍尔：《表征：文化表象与意指实践》，徐亮、陆兴华译，北京：商务印书馆，2005，第237页。

[3] 在汉语圈内，*La Distinction* 一书通常被翻译成《区隔》。

在作为一种差异化系统的社会空间内占据更高的位置。

其次，distinction 还可作"高贵"或"有格调"之解。法语中"某人是差异化的"之意即表示他是"高贵和有格调的"。"distinction"一词包含贵族阶层特有的品位、上流阶级优雅的举止以及高贵的气质等属性。从这一意义上讲，"差异"（区分）是行动者主动采取的一种象征性策略。它不仅可以使行动者区别于周围其他人，而且还能使其成为比他者更高贵、更优雅的卓越性存在。① 在此，"distinction"成了一个表征"差别化"和"具有卓越品位"的概念。

此外，"差异"还是一个关系概念。布迪厄认为差异并非实体，无法单独存在，只体现于事物与事物的关系之中。对于他而言，社会结构中各个不同部分与其他部分形成的相互关系（差异），同时也成为证明其自身存在的依据。不仅如此，只要整体中某一部分发生了变化，其他各部分也必然会随之而改变。构成整体的各个部分除了相互关系以外无法找到自身存在的依据，部分只有在全体中才能发现和证明自己。

总之，差异（distinction）是一个注重关系、兼具"差异化"和"卓越性"双重涵义的概念。不难看出，布迪厄文化支配理论中的"差异"概念与结构主义的符号差异逻辑之间存在着许多相似之处。两者的相似性主要体现在以下三个方面：①强调关系性。如上所述，布迪厄将"差异"理解为一个关系概念。他的这一观点深受结构主义影响。结构主义主张借助事物之间的关系而不是单个事物来观照现实。索绪尔指出语言的所有形式都建立在能指和所指二者之间所形成的关系之上，列维·斯特劳斯则将产生文化差异的根本原因归结于亲属关系系统。另一方面，布迪厄同样主张以关系而非实质来指明真实。他认为一切都是关系的，除了日常经验中可以直觉到的个人与群体以外，不存在任何其他实体。"社会实体乃是不可见的关系的总体。"② ②强调否定性。如我们在前面部分谈及的那样，索绪尔十分强调"差异"的否定性特征，认为符号的意义依赖于它与整体中其他符号之间形成的差异，而且差异通常都是以对立的方式出现的。布迪厄同样认为象征关系行为是以否定他者的方式制造差异，并借此区分自己与他者的。③关注存

---

① 石井洋二：『差異と欲望』，日本：藤原書店，2002，pp. 184 – 185。
② 布迪厄：《社会空间与象征权力》，《后现代性与地理学的政治》，上海：上海教育出版社，2001，第 295~296 页。

在于符号（象征）差异体系中的等级与权力关系。结构主义的二元对立模式不是一个没有等级之分的中性结构，在各种对立符号中占据首位的一项通常被看作正面的概念，享有特权；而第二项则被看成是负面概念，受到排斥。换言之，符号差异结构构成了一个"阶层化体系"，这其中必然隐含着权力的作用。布迪厄同样将象征差异视为阶级差异的标志。在他看来，符号的差异不仅总是从属于它们所表达与改变的经济的差异。而且在象征体系中，上层阶级的生活方式总是占据着支配性地位，下层阶级则始终处于被支配的从属地位。① 上层阶级的生活方式作为一种合法品位被广泛用来对下层阶级实施"象征权力"。显然在布迪厄那里，象征差异体现了一种等级关系和权力关系。

不过，存在于社会空间结构内部的等级关系与权力关系，并非如部分结构主义马克思主义者主张的那样，以一种直接的方式决定着品位、生活方式和文化模式等象征关系。布迪厄指出，社会阶级状况与品位、生活方式和文化消费之间虽然存在着某种对应关系，但两者并非以直接的方式产生联系，而是通过阶级惯习——一种反映不同阶级与阶层性情倾向的体系——以间接的方式相联结的。一方面，它产生于由资本的数量和结构差异构成的阶级状况的差异；另一方面，又生产着品位、生活方式和文化消费的差异。布迪厄在 *Distinction* 一书中，谈及了如何通过惯习把握象征差异的问题。

> 由于不同的生活条件生产不同的惯习，所以由不同惯习所产生的惯习行动体现于以辨别性隔差体系的方式表征生活条件中客观差异诸特征的、作为一种系统性的配置构成。这一隔差体系通过由具备判断、解释与评价关系性特征所必需的知觉·评价图式的行动者的感知，作为生活方式发挥着作用。②

显然在此，惯习既是被形塑的结构，即阶级差异的产物，同时又是制造象征差异——品位、生活方式和消费模式——的形塑的结构。因为，作为一种建构社会知觉的分割原理，惯习本身便是阶级分割的身体化的结果。从这

---

① ピエール・ブルデュー（Pierre Bourdieu）：『ディスタンクシオンⅠ』（*La Distinction*），日本：新評論，1989，pp. 261–268。
② ピエール・ブルデュー（Pierre Bourdieu）：『ディスタンクシオンⅠ』（*La Distinction*），日本：新評論，1989，p. 263。

一意义上讲，社会同一性尽管受到差异的制约，却又体现于差异之中。

那么，"社会同一性"及其各集团的固有价值是通过怎样的机制与行动者的主观态度发生联系的呢？通常情况下，社会行动者自觉遵守的各种行为规范、风俗习惯是一种关系、一种差异。差异根植于惯习并生产着符合惯习特征的象征世界。在此，惯习指一种由行动者所属阶级的社会位置，以及与其他阶级的位置关系所产生的性情倾向，它以身体化的方式存在。对于布迪厄而言，惯习是一个同时连接社会差异结构与惯习行动的心灵与身体结构。它不仅可以使社会差异内化为行动者的固有特征，同时也可以通过表征行动者与结构内其他成员关系（差异）的象征行为，使此类根植于社会差异的固有特征外在化。

"惯习"概念对布迪厄摆脱结构主义的束缚起到了至关重要的作用。布迪厄由于大量借鉴结构主义的概念和方法而经常被称为"迟到的马克思主义者"，但事实上，他却为克服结构主义的影响做了大量的工作。惯习概念的形成直接源自其对结构主义的质疑。在《实践感》中，布迪厄对仅仅将行动者视为结构执行者的结构主义观点提出了批判。他指出，结构主义虽然没有将行动者的个人行为视为一种独立的存在，而是将其放在与他者的权力关系中来加以把握，忽略了关系形成过程中主体的积极作用。事实上，个体的行为既不完全受制于结构，个人也并非纯粹的结构执行者。但反之，行为主体也不像某些主观主义者宣称的那样，是有意识和目的的。因为他们并不是按照自己的自由意志来操纵和生产结构这一社会法则的。显然，"惯习"是一个可以同时超越以上两种把握社会行为方式的概念。[①]

为了形象地描述惯习概念，布迪厄提议应该将其理解成一种"游戏的感觉"而非"游戏规则"。游戏规则指"行动者有意识地制定并驾驭的法则性原则"。与此不同的是，游戏感觉则是关于"游戏逻辑的实践性控制"，是"通过游戏经验获得的，在意识与言说之前发挥着作用的身体技法"，是一种"实践感"。[②] 惯习尽管受到结构规则的制约，但同时也享有在此约束的范围内，自如运用规则的即兴自由。行动者可以驾驭被身体化了的规则制造出无限的游戏行为。总之，惯习是行动者在结构的制约下，驾驭结构规则

---

① 朱伟珏：《文化视域中的阶级与阶层》，《社会科学辑刊》2006 年第 6 期。
② ピエール・ブルデュー（Pierre Bourdieu）：『構造と実践』，日本：新評論，1988，pp. 98 – 99。

所采取的能动的和富有创造性的行为。不过，尽管布迪厄十分重视结构形成过程中行为者的能动作用，但他同时承认惯习的能动性和创造性十分有限。在他那里，结构始终处于首要的位置，而行动者的建构作用是第二位的。因此从这一意义上讲，惯习仅仅是一种潜藏于行动者身体内部、同时受到社会现实与历史条件双重制约的性情倾向。

"惯习……吸收了体现于存在状况中的差异，并以在被分类的同时进行分类（作为惯习的产物）的惯习行动的差异形式，把握此类差异。"① 分类以发现差异的方式进行。差异的发现是以维系差异的知觉，即生活意识为基础的。发现差异的基础，即生活意识早已存在于权力关系的弊端中，存在于以此类基础为前提的各种差异之中，而且由于它隐藏在日常差异之中，因此人们根本无法觉察到它的存在。布迪厄进一步指出，"生活方式是惯习体系的产物，它通过惯习的图式在其相互关系中获得知觉，成为社会的限定性（限定为'杰出的''粗俗的'等）象征系统。存在状况与惯习的辩证关系，将作为权力关系最终结果的资本分配，转换成已被知觉的差异及辨别特征的体系。这正是一种将权力关系转换成在客观的真实状况中无法把握的、象征资本、正当的资本分配的炼金术的根本所在"。②

二 文化的正统性

在文化人类学中，差异经常被理解为一种分类方式。杜盖伊和霍尔等人指出，文化取决于赋予事物以意义。而且，在通常情况下，它是通过在一个分类系统中给事物指派不同的位置实现的。对差异的标志，就是被称为文化的符号秩序的依据。③ 布迪厄同样将象征关系（差异）行为视为一种区分（分类）行为。在同名作品 *Distinction* 一书中，布迪厄将自己的工作理解为"趣味科学与文化消费科学"。他认为体现于生活方式的嗜好准则产生于总是试图潜在地制造文化区分或差异化效果的社会规则。这种区分行为是由整

---

① ピエール・ブルデュー（Pierre Bourdieu）:『ディスタンクシオンⅠ』（*La Distinction*），日本：新評論，1989，pp. 263 - 264。
② ピエール・ブルデュー（Pierre Bourdieu）:『ディスタンクシオンⅠ』（*La Distinction*），日本：新評論，1989，p. 264。
③ 斯图尔特・霍尔：《表征：文化表象与意指实践》，徐亮、陆兴华译，北京：商务印书馆，2005，第 238 页。

体性性情倾向（惯习）生成的文化实践。审美差异揭示了社会空间内各个不同的位置（position）。①

> 社会主体由于其所属的类别而被分类，因他们自己所制造的区隔区别了自身，如区别为美和丑、雅和俗；在这些区隔中，他们在客观区分之中所处的位置被明白表达或暗暗泄露出来。②

社会主体通过区分美与丑、雅与俗等差异化操作，区别了自己。那么，行动者是如何进行文化区分，即他们是按照怎样的标准对生活方式、品位和文化消费实施差异化操作，并将其按好坏、高低、美丑和雅俗进行分类的呢？此外，具有不同品位或实践着不同的生活方式的行为主体之间的优劣关系（等级关系）又该如何划分？换言之，怎样的文化才能成为体现行动者卓越身份与地位的文化资本呢？显然，这是一个涉及文化判断的问题。我们知道，文化的意义与作为判断标准的评价图式之间存在着紧密的联系。象征层面的任何区分行为都必须以这些作为判断标准的评价图式为基本前提。而且通常情况下，它都是通过自然的方式将文化差异转换成文化资本的差别的。布迪厄用"文化的正统性"来描述此类评价图式。③

"正统性"（légitimité）不是"异端性"的反义词，而与"合法性"相近。它原本作为一个研究"人们对统治地位的确认和服从"（韦伯语）的政治学概念而被广泛应用于政治社会学领域。政治支配尽管总是伴随着强权，并以军队及警察等强制性力量作为其固有手段，但由于这些手段必然会招致民众的反感，所以支配阶级为了维护其统治地位，不得不将此类只有通过权力垄断方能维持的支配转换成一种当然，并赋予其一定的理论依据。政治学家把这种将政治权力的支配作为正当的事物加以承认，并使其合法化的依据称为正统性。④ 另一方面，布迪厄则将这一揭示政治生活领域内权力结构的概念扩展至品位及生活方式等象征领域。在此，象征行为通过是否合乎正统

---

① Harker, R., Mahar C. Wilkes C. (eds.),『ブルデュー入門』, 滝本往人他訳, 日本：昭和堂, 1993, p.178。
② ピエール・ブルデュー（Pierre Bourdieu）：『ディスタンクシオンⅠ』（La Distinction）, 日本, 新評論, 1989, p.11。
③ 石井洋二：《差異と欲望》, 日本：藤原書店, 2002, p.225。
④ 濱嶋朗・竹内郁郎・石川晃弘：《社会学小辞典》, 日本：有斐閣, 1997, p.365。

性这一潜在的选择标准被赋予不同的价值,并因此被差别化。文化的等级使我们能够对艺术品的好坏作出判断。不过,正如政治领域内的正统性总是有利于支配阶级一样,文化正统性反映的同样是一种权力关系。换言之,文化正统性并不以客观的评判标准为依据,而纯粹是一个战略性概念,而且在社会场域内,只有支配阶级才有资格参与文化的区分游戏,而被支配阶级除了无条件接受统治阶级强加给他们的正统性定义之外,别无选择。不仅如此,支配阶级在对文化实施差异化操作的过程中,必然会体现其自身特征的品位、生活方式以及文化消费模式作为正统性依据,将其作为评价文化优劣、实施文化差异化的判断标准。因此在任何情况下,根植于不同阶级与集团的文化实践的差异,即文化资本的阶层化原理总是有利于支配阶级与阶层的。

为了进一步说明文化正统性的强制性特征,布迪厄导入了"专断性"概念。他将文化正统性视为彻头彻尾的专断性产物,认为在建构社会空间的过程中,支配阶级与阶层必然会实施将文化资本的专断正统性强加于其他阶级与阶层的操作。布迪厄以"象征暴力"一词来形容此类强制性行为,但他同时指出,尽管作为专断性产物的"文化正统性"具有强制性特征,却具有相当的隐蔽性。因为只有当"强制性"这一事实被掩盖,并作为一种"自然赐予物"被人们所普遍接受时,换言之,只有在"强制性"这一事实真相不为人知的情形下,它才能发挥其真正的作用。[1] 布迪厄曾在《再生产》中以教育为例具体说明了专断正统性的隐蔽功能。他指出,教育机构不仅具有将本来只对支配阶级有利的内容和方法转换成社会各阶层普遍接受的通识教育的功能,而且还可以使转换过程以一种隐蔽的方式进行。也就是说,被支配阶层非但没有将这股强迫性力量视为一种强制,反而将其看作理所当然的事实欣然接受。布迪厄分析了其中的原因,他认为人们之所以没有意识到这种被他称为"象征暴力"的强制性力量存在,是因为人们在包括家庭在内的日常生活领域里,早已开始了某种"教育"。这种教育不但可以使所有社会成员都彻底认同产生于支配阶级的教育体系,而且还能使他们对其产生一种正当的感觉。人们在浑然不觉的状态下被灌输的内容和方法,转换成一种身体化与内在化的惯习,并对他们此后的学习生涯产生了实质性影响。这些影响最终以"自我选择"——一种对于自身前途的认识以及对待

---

[1] 皮埃尔·布尔迪约、J.-C 帕斯隆:《再生产》,邢克超译,北京:商务印书馆,2002,第 5~23 页。

学习的态度之面目出现。布迪厄认为，作为这一选择结果而获得的学历，如果能够决定其所从事的职业和所属阶级的话，那么这恰恰是一种通过"教育"的选择与排斥。显然，看似普遍适合于社会各阶层的教育方法与教育内容，实际上却作为一种"选择与排斥"发挥着固有的作用。

象征层面的"文化专断性"具体是通过"分类＝阶级划分"的方式实现的。艺术爱好、品位、生活方式、文化消费模式等象征形式依据其与支配阶级单方面规定的"正统性"的符合程度，被标上高低不等的顺序，并被划分成不同的等级。例如，在受收入影响较小的艺术领域里，正统/非正统基本对应于学校的教育内容和方法以及它们培养精英的标准。音乐、绘画和文学等学校通识教育中必不可少的内容被视为正统艺术，而排斥在学校教育体系之外的肥皂剧和漫画等象征形式则被视为非正统艺术。由于电影和摄影的历史较短，所以直至最近仍然被视为非正统艺术，但随着文化批评的普及以及实验手法的成熟，近年已得到广泛认可，步入了正统领域。按照同样的方法，我们还可以对音乐、美术和文学等艺术形式作进一步划分。音乐领域里的古典音乐普遍被视为正统艺术，流行音乐则属于非正统艺术的范畴，爵士乐介于正统与非正统之间。即使是同一风格的音乐也有正统与非正统之分。如在古典音乐中，巴赫的作品显然要比约翰－斯特劳斯的更为正统……总之，运用正统/非正统的对立图式，我们可以逐一对艺术形式、艺术内容、艺术流派、艺术手法、艺术家，甚至每一件作品进行分类。通过诸如此类的差异化操作，所有艺术都被标上等级的印记，被序列化与阶层化了。

分类（差异化）过程不仅仅局限于艺术领域，它同时也体现于行动者的日常文化实践中。例如，我们习惯于将去音乐厅欣赏古典音乐会，或者去美术馆参观艺术展览视为正统的文化惯习行为，而将去饭店进餐和去时装店选购服装看成非正统的惯习行为。即便像选购家具这一日常的消费行为，也同样存在正统与非正统之分。例如，在古董店选购具有民间艺术风格的家具就比在超市购买大量生产的成品家具来得正统。体育运动也可以分成三六九等，游泳比足球正统，网球比游泳正统，而高尔夫球则比网球更正统。行动者正是通过诸如此类的"分类＝等级划分"的差异化操作，被区分并因此被接纳或遭到排斥的。显然，差异化机制不仅区隔了社会空间的客观结构，而且还通过各种惯习行为区隔了行动者的主观结构。在 *Distinction* 中，布迪厄在揭示生活方式空间和作为一种差异化体系的社会空间之间的同源关系时指出，由于差异化＝卓越化过程只有在特定价值体系的介入之下方能有效运作，所以我们不得不预设一个维护社会差异秩序的主观等级制度。这一制度以阶级惯习为媒介，它和维护社会空间秩序的客观等级制度保持着高度的一致。① 由此可见，包含在任何差异化原理之中的价值表象（价值观）都并非出自行为当事人的"本性"，它形成于行动者所处的社会空间位置的关系特征中。

布迪厄的观点与主张"天赋"论的达尔文主义完全相反。在他看来，"与生俱来的卓越性"完全是建立在将自身存在作为优秀性定义强加于其他阶级与阶层的支配者的权力之上的。而且由于优越性正是支配者自身的存在方式，所以"它一方面是辨别的、差异的，总之是一种专断物，另一方面则完全是必然和绝对的，是一种自然所赐之物"。②

总之，文化正统性是一种被自然化的社会差异，它通过支配关系中围绕着阶层化与差别化的文化资本展开的强制性效果，将专断的东西正当化和合法化，直至无法辨认其专断性特征为止。因此，这不是真正意义上的自然差异，而是一种以自然差异的面目出现的、被"误识"的社会差异。③

三 象征差异与权力

将阶级斗争理解为社会层面的象征分类斗争，是布迪厄文化支配理论的又一主要特征。布迪厄④指出，品位及生活方式等象征关系行为具有"包容与排斥"功能。它可以通过对社会系统的象征性翻译，将经济财富转换（翻译）成符号，并将以追求经济效益为目的的经济行为翻译成一种沟通行为。换言之，此类象征行为不仅可以将人类划分成"我们"和"他们"两大阵营，而且还制造"共同体"（communauté）和"差异"（distinction）。而且这种制造同类与异类的分类行为服从"差异逻辑"，因为它"总是按照社会结构的逻辑来表现社会地位"。象征关系反映的是一种等级关系与权力关系。

---

① 参见朱伟珏《文化视域中的阶级与阶层》，《社会科学辑刊》2006年第6期，第83~88页。
② ピエール・ブルデュー（Pierre Bourdieu）：『ディスタンクシオンⅠ』（La Distinction），日本：新評論，1989，p.395。
③ 石井洋二：《差異と欲望》，日本：藤原書店，2002，pp.189-197。
④ Pierre Bourdieu, Condition de classe et position de classe, Archives européennes de sociologre, 1966, p.215.

不仅如此，在不同的社会与不同的阶级内部，人们用以判断自己和他人究竟属于哪一阶级的标准也随着所属阶级的不同而不同。布迪厄引述戴维斯和戈德纳的观点具体说明了阶级归属问题，即不同的阶级成员如何运用不同的符号来表征阶级和阶层的问题。他指出，在进行阶级划分时，下层阶级通常以金钱为标准；中产阶级以金钱和道德为标准；而上层阶级则主要以出身和生活方式为分类标准。显然，这里涉及"阶级差距"的问题。事实上，这一差距也体现在阶级与身份的差异中。布迪厄认为阶级与身份的关系同样伴随着社会阶级的不同而不同。对于下层阶级而言，身份差异（阶级地位）——代表产生于表面看来非物质性差异的象征斗争——直接反映了由于极度有限的物质资源而导致的社会化，在此，身份完全对应于经济状况。而对于经济上占据极大优势的上层阶级而言，身份差异主要体现于反映阶级差异的象征差异中。中产阶级由于具有一定的物质基础，所以其身份同样不那么直接地取决于经济状况，他们的地位更多取决于阶级间差异的动力学。布迪厄由此得出结论，有限的物质生存状况对于经济上极度匮乏的阶级具有更大的约束性，而对于物质上优越的阶级而言，身份则显得更加重要。可见身份与阶级的关系符合以下原则：象征差异随着与必然性的距离的增长而显得更为重要[①]。以上阶级分类标准的差距同样根植于这一原则。由于下层阶级极为有限的物质资源，致使其必须不断面对实际的需要，因此经济因素（金钱）而非象征关系便成为他们划分阶级的唯一标准。相反，上层阶级由于拥有大量的资本，远离必要性的困扰，对于他们而言，出身与生活方式等象征差异才是阶级分类的唯一标准。中产阶级虽然具有一定的经济基础，但由于缺乏文化资本，所以充满了"文化的善意"。在此，"文化的善意"指中产阶级出于对精英或上层阶级文化——反映品位和生活方式的教养——的敬意和羡慕之情而发自内心的"同一化追求"，对权威的盲从，以及他们面对高级文化时，交织着嫉妒与向往的不安心态。也就是说，文化对于上流阶级和精英阶层而言，是一种被"身体化"了的极为自然的东西，但对于中产阶级而言，"文化＝教养"则必须通过刻意的模仿来获取，而且稍不留神就有可能败露自己的身份。这种"文化的善意"最终使中产阶级成了以"实用性"和"认真的态度"为基本信念的"道德的严格主义"者。一方面，他们对不必通过自身努力就能轻易获得成功的上层阶级满怀嫉妒和憎

[①] 斯沃茨、戴维:《文化与权力》，陶东风译，上海：上海译文出版社，2006，第173页。

恨；另一方面，又对无法或不屑通过努力去获取成功的下层阶级充满蔑视和愤怒。总之，中产阶级是能力主义——一种使作为努力的奖赏的现有"地位"正统化的理念的忠实信徒。在他们看来，勤勉、努力、刻苦、节俭、节制等"品德"才是衡量阶级的主要标准。

今天，决定阶级归属的标准本身已成为"阶级斗争"的对象和"分类斗争"的焦点，但布迪厄指出有权参加并享受这种"差异或差异策略游戏"的只有极少数富裕的"特权阶层"。[1] 因为没有经济能力的阶级根本无法加入诸如流行和卓越化游戏的行列，他们充其量只能充当"配角"。

象征性卓越化游戏由于受到经济条件的限制，所以只能在有限的范围内进行。而且这种游戏通常也是在意义对立的状况之下按照就事论事的方式进行的，也就是说它是一种可以视权力之对立而不顾的、奢侈的特权社会中特权者们的游戏。[2]

可见，运用"卓越化"（差异化）理论把握阶级差异的方法，既不是"一种认为所有的差异只有从经济层面出发才能还原为象征性差异的单纯化操作，也不是一种将权力关系简单地还原为意义关系的方法"。[3] 此后，布迪厄正是从这一立场出发，展开对波德里亚单纯强调从"物质的使用价值"转变成"作为一种符号的物质消费"观点进行批判的。波德里亚将现代社会身份符号的泛滥看作是生产、营销与消费模式剧变的结果，并认为这些身份符号已不再是阶级的表征，象征差异不再对应于稳定的社会等级差异。但布迪厄反对这种将现代社会完全理解成符号化与意义化社会的观点。他认为阶级与消费实践息息相关，当前生活方式和品位等象征形式的剧增同样根植于社会等级秩序。在社会空间内，特权阶级与阶层竞相使自己的趣味合法化，并将"合法趣味"作为标准强加于其他阶级与阶层。从属于特定阶级的社会行动者通过一系列消费实践使自己卓越化，并区别于他人。

---

[1] ピエール・ブルデュー（Pierre Bourdieu）：『ディスタンクシオンⅠ』（*La Distinction*），日本：新評論，1989，p. 96。

[2] Pierre Bourdieu, Condition de classe et position de classe, *Archives européennes de sociologre*, 1966, p. 223.

[3] Pierre Bourdieu, Condition de classe et position de classe, *Archives européennes de sociologre*, 1966, p. 223.

另一方面，尽管布迪厄承认许多消费行为与收入水平有关，但他反对过分强调物质财富的意义及其象征性，反对仅用收入这一项指标来解释消费行为。"收入在决定与必需品的距离中起着重要的作用。然而，它无法解释相同收入，完全不同消费模式的情况。"① 例如工厂的基层管理人员（工头）虽然比办事员和商业雇员赚得多，但他们基本上仍然保持着"大众化"的品位。在此，消费与收入的联系并不遵从简单函数的理论。布迪厄分析道，经济学家通过将消费者还原为购买力，并进一步将购买力还原为消费者的收入的方法，使消费与收入产生直接的因果效应，但实际上，只有当收入与收入所产生的惯习发生联系时，这种因果的有效性才实际存在。② 换言之，收入只有在惯习的调节下才能对消费行为产生影响。行动者的选择出于作为一种身体化惯习图式的品位，而并非成本—收益的核算。"因为支持偏好的真正原因是品位，一种由需要组成的品德。"③

布迪厄质疑此类观点无疑"是为了强调未曾被关注或者即便已经得到关注却未曾被表征出来的、有关社会现实的真实的一面"。因为他既没有将现实社会视为一个纯粹的符号化与意义化的社会，也没有将其看成是一个完全建立在经济利益之上的物质社会。而且在回答关于阶级分析中"结构论式的方法是否有效"的提问时，他着重指出，"社会关系是无法还原为主体的主观'动机'的。④ 因为它是存在于社会条件与社会地位之间的一种关系"。总之，社会关系"比主体更具真实性"。但尽管如此，此类象征关系的自律性也只是相对而言的，因为"意义关系最终表现的是一种权力关系"。⑤ 在此，布迪厄所关注的已不再仅仅是各个不同场域（经济、政治、文化）之间所存在的某种"同源"关系，他同时将目光集中在由阶级关系

---

① 例如，在食物领域中，消费行为普遍符合收入上的差别（皮埃尔·布迪厄：《差别：关于品位鉴赏的社会证券》，载戴维·格伦斯基编《社会分层》，北京：华夏出版社，2005）。
② ピエール・ブルデュー（Pierre Bourdieu）：『ディスタンクシオンⅠ』（La Distinction），日本：新評論，1989，p. 90。
③ 皮埃尔·布迪厄：《差别：关于品位鉴赏的社会评判》，载戴维·格伦斯基编《社会分层》，华夏出版社，2005，第441页。
④ 布迪厄反对凡勃伦关于消费实践来自一种有意识的身份追求策略的观念。他认为如果消费实践同样可以用类似于阶级区分的方式被区分的话，那么这种关系是通过惯习而并非有意识地计算产生的（斯沃茨、戴维：《文化与权力》，陶东风译，上海：上海译文出版社，2006）。
⑤ ピエール・ブルデュー（Pierre Bourdieu）：『ディスタンクシオンⅠ』（La Distinction），日本：新評論，1989，p. 223。

所产生的权力关系,即人类的苦恼和快乐的根源之上。

以上从象征差异与惯习、文化的正统性和象征差异与权力三个不同层面,对布迪厄文化支配理论进行了较为详尽的考察。由此我们可以得出以下结论:体现于品位、生活方式和消费模式等象征关系体系内部的差异,以间接的方式——通过惯习这一媒介——从属于它们所表达与改变的经济差异。而且在象征体系内,上层阶级的生活方式总是占据着支配性地位,并作为一种合法品位被广泛用来对下层阶级实施"象征权力"。总而言之,象征差异体现了等级与权力关系。

作为一种现代社会的阐释理论,布迪厄文化支配理论的贡献十分巨大。我们知道,西方发达国家自 20 世纪后半叶进入高度大众消费社会以来,社会结构发生了重大转变。吉登斯认为文化作用的日益显现是促成这一转变的根本性因素。他分析道,在现代资本主义社会体系内,生活必需品的增加以及由于大量消费所带来的提供产品和服务人数的剧增大大强化了文化的作用。"广告商、专卖商、时装设计师、时尚顾问、装潢设计师、形象设计师、临床医生和网页设计师等都影响着一个日益扩大的消费群体的文化品位和生活方式选择。"[①] 事实上,在被称为大众文化时代和消费社会的今天,教育程度、生活方式、文化品位以及消费模式等文化资本已经同经济资本一起,共同成为反映人们阶级和身份的主要标志。而象征支配(文化支配)也已然成为继经济支配之后出现的又一主要的支配形式。因此,以强调品位、生活方式和文化消费模式等象征差异与阶级差距以及权力之间同源关系的布迪厄的文化支配理论,则在揭示文化在社会结构(各种支配关系、不平等关系)的生产与再生产过程中所起的重要作用,以及理解以各种不同形式影响和制约人们知觉、判断及行为的无形的权力作用,即"文化支配"(象征支配)机制方面为我们提供了全新的视角。

---

① 安东尼·吉登斯:《社会学》,北京:北京大学出版社,2003,第 374 页。

权力与时尚再生产

——布迪厄文化消费理论再考察

当代人文、社会科学的转型很大程度上建立在对政治的重新理解与解释上。这种对政治的理解与解读超越了诸如阶级结构、社会制度、政党、国际关系、官僚机构等传统政治学范畴，将视野扩展到消费、教育、大众文化、性别、日常生活及其文学艺术等各个领域。对于众多学者和研究者而言，任何事物都是政治的，任何事物都是一个被争夺的权力关系问题。①

社会学领域中的政治转向主要是由福柯、吉登斯、贝克和布迪厄等一大批当代社会学家推动的。这些社会学家摆脱了功能主义与马克思经济决定论的双重束缚，从权力和权力关系的角度重新理解社会世界。福柯认为，"权力无所不在；不是因为它包含一切事物，而是因为它来自所有地方"。② 因此在他看来，文化与社会结构之间不存在决定性的关系。相反，权力、话语和客观事物，这三者之间存在着一系列变化不定的关系；③ 吉登斯提出了"生活政治"构想，并用其来理解当代社会。"生活政治"是一个针对马克思主义"解放政治"提出的概念而提出的。"解放政治"是一种旨在消除剥削、不平等和压迫，实现人类自由与解放的宏观政治。而"生活政治"则主要关注性、性别、自我、自我认同、身体、生活方式的选择和生态等微观政治问题，并将其与国家权力、制度、阶级等宏观政治问题结合起来进行思考，以期将人类从现代社会形形色色的压抑下解放出来。而贝克则提出了与

---

① 转引自阿雷恩·鲍尔、布莱恩·朗赫斯特等《文化研究导论》，北京：高等教育出版社，2004，第228~229页。
② 转引自阿雷恩·鲍尔、布莱恩·朗赫斯特等《文化研究导论》，北京：高等教育出版社，2004，第97页。
③ 阿雷恩·鲍尔、布莱恩·朗赫斯特等：《文化研究导论》，北京：高等教育出版社，2004，第31页。

吉登斯"生活政治"相类似的"亚政治"概念，用于理解风险社会并解决由全球生态环境恶化所引发的各种社会问题。

另一方面，布迪厄的社会学则由于从阶级的角度揭示文化、社会结构和行动者三者之间的关系，因而直接被视为一种关于符号权力的社会学。布迪厄指出，在传统社会，社会结构的演变与重构是依靠阶级的分化与对立来完成的。而如今我们已经步入了消费时代。消费社会的社会区隔与重构通过消费活动、生活方式以及生活品位的差异得以实现。① 也就是说，在消费社会中，政治斗争和权力竞争不仅存在于传统意义上的政治领域，而且延伸至消费、休闲、生活方式以及生活品位等日常生活的各个领域。

布迪厄政治理论的独特之处在于，他将权力斗争与不同社会场域结构及其运作机制结合在一起进行思考。在布迪厄看来，现代社会是高度分化的社会，由充满着权力斗争的大量场域所构成，会随着不同社会阶级与阶层之间力量对比的变化而进行调整、演变或重构。换言之，社会并非一个实体，而是动态、不确定及变幻不定的。支配阶级为了维护其统治，必须维护既定的统治秩序，以保证权力的成功实施。但是，在现代社会，要保证权力的成功实施必须依赖于合法化的程序，这是因为，与传统社会不同，现代社会由于统治阶级权力的相对削弱，权力斗争通常并不采取露骨的暴力形式，而是通过正当化形式，完成正当化程序。②

布迪厄指出，所有场域都是依靠权力关系来运作和维系的，但不同场域的权力斗争形式各异，具有自身特有的逻辑，某一特定场域的运行机制与逻辑无法化约成支配其他场域的运作逻辑。也就是说，作为一种社会关系和社会力量的权力在不同场域将以不同方式表现出来，既可以体现为一种政治权力，也可以是经济权力或文化权力。各个不同场域中权力斗争的不同形式，反映出社会正当化程序的复杂性与多样性。

布迪厄的文化消费理论贯彻了其一贯的立场。在他看来，随着社会的现代化，消费活动越来越具备政治、经济和社会权力斗争的象征性质。如今，消费已并非如凡勃伦或齐美尔等早期社会学家所主张的那样，仅仅是体现自我认同的途径。在布迪厄那里，消费同时也是行动者为表达自身社会认同而采取的策略。也就是说，消费是行动者在社会空间内为占据更为

---

① 高宣扬:《布迪厄的社会理论》，上海：同济大学出版社，2004，第78页。
② 高宣扬:《布迪厄的社会理论》上海：同济大学出版社，2004，第75~76页。

有利的位置而采取的社会阶级再生产策略。为此，他从阶级的角度出发，运用其独特的概念体系，即场域、策略、资本等概念，将消费置于场域权力斗争的视角之下进行了深入研究。本论文便是从权力与权力关系的这一角度，尝试对布迪厄文化消费理论的核心内容之一——时尚再生产理论展开较为深入的考察。

一　时尚生产场域的象征斗争

布迪厄的时尚理论是从揭示文化商品生产这一特殊场域的运行机制入手的。他指出，商品具有明显的等级性。任何商品都可以在显示正统性的等级序列中寻找到相应的位置。处于等级序列前端的商品如奢侈品和文化商品，至少隐含两大利益，即卓越化与正统性利益。[①] 因此，消费者为了在社会空间内占据有利位置，必然会选择处于等级序列前端、具有正统性与卓越化效果的商品。一旦此类策略得到广泛认同，便会形成一种消费时尚。但与此同时，商品的象征性收益很大程度上又取决于稀缺性。当某种时尚被大众普遍接受并受到广泛模仿时，也即当时尚的分类功能显露无遗时，便失去了等级区分功能，时尚也就不复存在了。换言之，拥有"卓越性"商品人数的大幅攀升将导致消费者自身象征性收益的急剧下降，进而对既存的商品等级序列构成威胁。因此，商品生产者不得不采取应对策略，通过不断推出新商品的方法来维护商品既存的等级体系，避免其出现大幅波动。在此，生产场域与消费场域共同成为时尚生产与再生产的重要场所。

和消费场域一样，文化商品的生产场域同样以合法性与卓越化为争夺对象。生产场域内围绕着合法性与卓越化而展开的斗争主要体现在传统与现代、高价与低价、古典与实用等区分成年人与年轻人的对立中。布迪厄在《时尚与文化》一文中以时尚设计场域为例，深入考察了设计师们围绕着合法性与卓越化而展开的激烈竞争。为了清楚地说明问题，布迪厄首先对时装生产场域进行了界定。他指出，通常情况下，场域指游戏空间内个人或团体为争夺"赌注"而展开竞争时所形成的客观关系结构。在时尚生产这一特殊场域内，支配者即指那些通过"品牌"策略创造商品稀缺性的设计师。

---

① ピエール・ブルデュー（Pierre Bourdieu）：『ディスタンクシオンⅠ』（*La Distinction*），日本，新評論，1989，p. 349。

换言之，场域的主宰者即是那些有权力给自主品牌标上更高价格的设计师。① 例如，香奈儿品牌的香水，其价格甚至高达普通品牌香水的30多倍。

那么，时尚生产场域究竟按照怎样的逻辑运行？时尚究竟通过怎样的机制被生产与再生产出来呢？流行与时尚又是如何变迁的呢？如上所述，布迪厄主张权力斗争是场域的普遍特征。"场域是各种斗争的场所""场域结构即指加入斗争的行动者之间，或机构同事之间力量关系的一种状态"。② 首先，按照场域的普遍运行规律，场域内占支配地位的先进入者与新加入者之间总是处于相互对立的竞争状态。两者之间的斗争通常围绕着以下两个方面而展开：①控制有价值的资源；②界定什么才是场域内最有价值的资源。在此，资源即指某种特定的资本形式。布迪厄指出，当资源成为争夺的对象并发挥着"社会权力关系"作用的时候，就演变成一种资本形式。场域的斗争首先就是围绕着争夺特定形式的资本如经济资本、文化资本或宗教资本等而展开的。其次，斗争也体现在如何界定什么才能成为场域内最具价值的资源，即合法性的争夺上。这一点在品位与风格急剧变化的文化领域表现得尤为显著，③ 而时尚生产场域的斗争很大程度上也集中在合法性的争夺中。

为了占据更为有利的位置，行动者通常会根据自己的客观状况采取不同的策略。先进入场域的支配者们，为使自己常年积累起来的资本产生出更大的利润，倾向于采取保守的策略。而没有积累起任何资本的新加入者则往往采取颠覆策略。就时尚生产场域而言，处于支配地位的设计师为了实现自身利益的最大化，竭力阻止既存的等级秩序发生任何改变。例如，为了引领时尚潮流以确保自身地位的正统性与优越性，保守派设计师从事着时尚的再生产，他们以合法趣味为标准设计出各种不同的时装款式，源源不断地向消费者提供符合既存正统性等级序列的服装，而这类商品则反过来进一步巩固了其既存趣味的合法地位。

另一方面，新锐设计师为了争夺统治地位往往会采取颠覆性策略。由于他们是场域的新进入者，并未积累起大量特定资本，因此，要有效地对抗既得利益者，就只能另辟蹊径，竭力推广新的时尚理念。一旦这些理念获得认

---

① ピエール・ブルデュー (Pierre Bourdieu)：『ディスタンクシオンⅠ』(*La Distinction*)，日本，新評論，1989, pp. 253 – 254。
② ピエール・ブルデュー (Pierre Bourdieu)：「オート・クチュールとオート・キュルチュール」，《社会学の社会学》，東京：藤原書店，1991, p. 255。
③ 斯沃茨、戴维：《文化与权力》，陶东风译，上海：上海译文出版社，2006，第142页。

可，就有可能颠覆既存观念并导致体现正统性的等级序列发生改变，最终引发消费场域内趣味原理的改变。事实上，流行与时尚的变化，很大程度上正是依赖于生产场域内此类围绕着合法性与卓越化而展开的斗争，以及因斗争而可能出现变化的运行逻辑。

布迪厄以 20 世纪六七十年代巴黎时尚界为例，具体考察了生产场域的变迁过程及促使这些变化的动力学基础。他指出，处于场域内不同位置的设计师通常会使用不同的形容词来表明自己的美学态度和立场。场域的先加入者即占支配地位的设计师经常用"豪华的、独特的、有品位的、传统的、精致的、精心挑选的、恰当的、持久的"等词语来表达自己保守的美学立场。另一方面，新锐设计师则偏爱"特别纯粹的、附庸风雅的、幽默的、令人愉悦的、诙谐的、耀眼的、奔放的、令人着迷的、结构坚实的、功能性的"[①] 等形容词。巴黎时尚界的这一倾向充分体现了文化商品生产场域的运行逻辑。设计师对自己（或所属公司）创建的品牌所持有的态度，同样可以通过服饰、香水等物品来表现。因为在消费社会，物品如罗兰·巴特（R. Barthes）所言，已经"成为一种语言"。事实上，在巴黎时尚界的变迁过程中，设计师之间的斗争正是通过制作或推崇不同的商品（此时商品成了传达某种理念的符号）而体现出来的。随着支配权从保守设计师向新锐设计师的逐渐转移，流行也发生了很大变化。在巴黎举办的各种时尚展览会上，定制服装的数量明显减少，取而代之的是女装喇叭裤的大肆流行；印有家族纹饰的蓝色地毯被身着迷你裙推销铝合金制商品的售货小姐所取代。与此同时，消费者也从塞纳河右岸纷纷涌向了左岸。

面对这种局面，时装界的保守派和先锐派是如何应对的呢？布迪厄发现，时尚生产场域尽管具有相对的自主性，但其对立方式却颇有些类似于政治场域的左右派之争。与前卫时装设计师们的颠覆性策略相对抗的正统性维护者们，也即占据着支配地位的保守派设计师在变化面前处变不惊。他们依然墨守成规，继续从难以言传的"当然的事实"中获取隐晦且自命不凡的言说。[②] 如同阶级关系场域内统治阶级经常采取的保守性防卫策略一样，要维护既存的等级秩序，保守派设计师只需维持现状

---

① ピエール・ブルデュー（Pierre Bourdieu）:「オート・クチュールとオート・キュルチュール」,《社会学の社会学》, 東京: 藤原書店, 1991, p. 255.
② ピエール・ブルデュー（Pierre Bourdieu）:「オート・クチュールとオート・キュルチュール」,《社会学の社会学》, 東京: 藤原書店, 1991, p. 255.

即可。因此,他们缄口不语,一如既往地以合法趣味为依据从事着时尚的再生产活动。

相比之下,左岸设计师的处境则要艰难许多。因为,任何场域都有一定的准入条件。要想获得加入竞争游戏的资格,他们必须遵守某些基本底线。事实上,布迪厄认为,场域内斗争双方在事关场域的根本利益,即在确保场域存续的问题上保持着高度一致,两者形成了一种客观的共犯关系。这种一致可以通俗地表达为在"什么才是值得争夺的对象"的问题上所达成的共识。布迪厄认为它实际上是作为一种信念(Doxa)。[1] 因此,斗争虽然可以颠覆既存的等级秩序,却不允许破坏游戏本身。例如在艺术这样一个部分革命的场域里,改革者经常使用"你们是背叛者,必须重归本源、重归启示"[2] 等言辞攻击占支配地位的艺术家群体。在布迪厄看来,诸如此类的攻击不过是变革者采取的颠覆策略,即假借追求更纯粹、更接近本源的定义之名,以夺取既有的支配者以各种名目支配至今的统治权而采取的策略。

时尚生产场域的运行逻辑就是这样。虽然左岸设计师采取了改变游戏规则的颠覆性策略,但此类策略只有在游戏的名义之下才能奏效。不仅如此,为了参加场域内的竞争游戏,新锐设计师必须恪守游戏精神。因此,尽管他们采取所谓的重返游戏本真状态的回归策略旨在制造支配者与游戏规则的对立,但策略本身却不得不遵从支配者的原则,即支配者为了使自己的支配合法化而制定出来的规则。所以,在信奉者与挑战者的激烈争斗中,后者总是处于不利的位置。左岸设计师不得不冒更大的风险。布迪厄指出,正是此类斗争构成了时尚生产场域独自变化的基本动因。

---

[1] "信念"(Doxa)由柏拉图和亚里士多德所提出,是一个与"认识"——作为一种学术性理性知识——相对立的概念,特指某种感觉性知觉和日常意见,亦可称为臆测与臆断。"信念"在布迪厄的思想体系中占据着独特的位置。在他那里,信念指一种思想和行为,是行动者对"自然和社会世界"所持有的一种不言自明的接纳态度。"不言自明"指行动者无时无刻不在进行着诸如"什么是不证自明的,什么才是值得争夺的对象"的基本分类斗争。"信念"经常被布迪厄用来分析具体的场域斗争。实践逻辑意义上的基本信念通常以某种成员知识的形式存在于场域斗争中。它不仅导致场域中利害关系的秩序发生改变,而且在根本上达到符号权力的效果(田耕:《社会学知识中的社会意向:Doxa 概念与布迪厄的社会学认识论》,《社会学研究》2005 年第 1 期;刘拥华:《从二元论到二重性:布迪厄社会观理论研究》,《社会》2009 年第 3 期)。布迪厄指出,作为一种符号权力的"信念"普遍有利于支配阶级。支配阶级正是通过对"信念"的操纵来维护和强化其统治地位的。

[2] ピエール・ブルデュー(Pierre Bourdieu):「趣味の変容」,『社会学の社会学』,東京:藤原書店,1991,第 215 頁。

二 时尚与流行的再生产

如上所述，布迪厄花费大量笔墨描述了文化商品生产场域的运行逻辑。他通过对其中所隐含的、复杂的象征性权力斗争过程的考察，试图揭示时尚生产场域的自律性。但如同布迪厄对其他场域的研究一样，他总是在强调特定场域自律性的同时，关注其与外部社会空间的联系。布迪厄指出，任何场域都与环绕着它的社会空间之间存在着对应关系。"哲学场域、政治场域、文学场域等与社会空间（或阶级结构）之间……在组成结构和运行过程方面都存在着全面的对应关系：二者都存在支配者和被支配者，都存在旨在篡夺控制权与排斥他人的争斗，都存在自身的再生产机制。"① 因此，尽管场域各自按照自身的逻辑和轨迹在运行，但特定场域的革命性变迁必然与外部世界的变化存在着对应关系。"特定场域内部产生的划时代革命，必然与环绕着场域的外部世界，即场域外部革命发生在同一个时代。"②

时尚生产场域的变迁同样与外部消费社会空间的变革密不可分。例如，20世纪60年代，法国著名时装设计师安德烈·库雷热（André Courrèges）因设计"迷你裙"而掀起的时尚变革，不论从何种角度看，都不同于以往每年出现的诸如裙子"再短一些或再长一些"③ 的流行变化。库雷热出生于普通家庭，曾服务于高级时装品牌"巴黎世家"（Balenciaga）。在"巴黎世家"工作了11年之后，他对时装的理解发生了变化，认为20世纪50年代的紧身窄腰华美女装并不适合20世纪60年代现代女性的需要。因此，他要设计体现现代女性风格的时装，"现代女性是积极而富有活力的，我要设计适合她们的时装"。④ 为此，库雷热离开"巴黎世家"创立了以自己名字命名的、旨在塑造自由、休闲和运动型现代女性形象的时尚品牌。显然，库雷热的革命大大超越了时尚的范畴，他是在提倡一种全新的生活方式。也就是

---

① 布迪厄·皮埃尔、华康德：《实践与反思：反思社会学导引》，李猛等译，北京：中央编译出版社，1998，第144页。
② ピエール・ブルデュー（Pierre Bourdieu）:「オート・クチュールとオート・キュルチュール」,《社会学の社会学》，東京：藤原書店，1991，p. 257。
③ ピエール・ブルデュー（Pierre Bourdieu）:「オート・クチュールとオート・キュルチュール」,《社会学の社会学》，東京：藤原書店，1991，p. 257。
④ ピエール・ブルデュー（Pierre Bourdieu）:「オート・クチュールとオート・キュルチュール」,《社会学の社会学》，東京：藤原書店，1991，p. 257。

说,库雷热的个人品位是特定社会条件的产物。对于他而言,迎合新兴资产阶级的偏好等同于忠实于"自己的品位"。新兴资产阶级抛弃了传统资产阶级的繁文缛节,抛弃了以优雅雍容见长的风格所打造的古典女性形象时尚品牌巴尔曼(Balmain),转而选择显露身体、不加修饰地展示身体的时尚。此类时尚通常以黝黑肤色的运动爱好者为消费群体。由此,布迪厄得出结论:库雷热在时尚生产场域内掀起的这场革命之所以能够获得成功,很大程度上是由于场域内部的卓越化逻辑与场域外部(消费社会空间)出现的生活方式与品位变化相一致的结果。①

不难看出,在布迪厄那里,时尚的生产与再生产并非遵循"向下渗滴"原理。所谓"向下渗滴"原理是由早期社会学家齐美尔提出的。持此类观点的社会学家认为时尚总是只为一小部分特定人群所追逐和拥有。上层阶级通过时尚实现阶级区隔并展示其优越的社会地位。而且,时尚具有自上而下的传播功能,总是从较高阶层向较低阶层传递。对较高阶层时尚的模仿是较低阶层提升社会地位的重要策略。不过,时尚存在这样一种悖论,即它一旦被大众广泛接受并被纷纷模仿,便会失去其新锐性,不再成为时尚了。② 因此,支配阶层只能通过不断更新所消费的商品来体现独特的风格和时尚,以此显示和证明自己的身份与社会地位。时尚的生产与再生产成为一种周而复始的行为:下层阶级模仿较上阶层、较上阶层模仿更上阶层……逐级上升的模仿游戏迫使上层阶级不得不抛弃旧时尚,创造一种新时尚和流行来区别于下层阶级。总之,时尚和流行形成于消费场域内如此周而复始的循环。

与强调消费者单方面对时尚再生产贡献的"向下渗滴"理论不同,布迪厄十分重视与强调时尚生产者的作用。在《区隔》一书中,他着重研究了时尚与流行的形成机制,并提出了如下的观点:时尚是生产场域的逻辑与消费场域的逻辑相遇之后两者产生共振的产物。

文化商品——其他领域的商品也一样——供需关系的调节,既不能理解为是生产者将自己的意志单方面强加于消费者,也不能理解为是他们事先对消费者的需求进行刻意研究后导致的结果,而是生产场域的运作逻辑与消费

---

① ピエール・ブルデュー(Pierre Bourdieu):「オート・クチュールとオート・キュルチュール」,《社会学の社会学》,東京:藤原書店,1991, pp. 256 - 257。
② 齐奥尔格・西美尔:《时尚的哲学》,北京:文化艺术出版社,2001,第 74 页。

场域的运作逻辑这两个相互独立的运行逻辑客观上共同协作的结果。①

显然，时尚的生产与再生产，既不能仅凭生产者的个人意愿，也并非完全遵从消费者的品位，而是两者相"契合"的产物。在布迪厄看来，无论是生产者还是消费者，都在自己所属的场域内为争夺有利位置而展开激烈竞争。换言之，不论是生产场域还是消费场域，"合法性"与"卓越化"都是行动者争夺的最终目标。

在研究消费场域，即社会阶级场域或支配阶级场域②时，布迪厄仍然沿袭了齐美尔的观点，主张消费需求产生于支配阶级。他指出，消费场域遵循的是"支配阶级场域内部的斗争逻辑""是支配阶级内部支配集团与被支配集团，更准确地说，是（资本）所有者与（资本）所有志愿者之间的对立"，③也就是说，消费需求产生于消费场域内支配阶级内部不同阶层团体之间围绕着物质与文化消费品而形成的一种敌对关系，更准确地说，是消费者（支配阶级）围绕着趣味变化原理——导致支配阶级内部不同阶层团体相互对立的趣味变化原理——展开激烈竞争过程中产生的需要。④不过，由于在通常情况下，经济实力（经济资本拥有量）在人数的一定阶段内会随着行动者年龄的增长而提高，所以消费场域内部的对立往往以成年人与年轻人之间社会性格特征差异，即里斯曼所谓的"传统导向型"与"他人导向型"社会性格差异的形式出现。成年人自然而然地选择与自己年龄相称的传统款式，对新锐设计师的作品毫无兴趣。反之，年轻人则抵制保守的服装，转而追求价格适中、样式新颖的大胆装束。

因此，当消费场域内基于阶级与阶层对立的品位差异遭遇生产场域内制造出来的趣味体系时，特定的消费群体便与特定的商品系列表现出某种相似性。借用布迪厄的话来说，时尚产生于消费者与适合自己的商品邂逅之时，是两种不同的逻辑客观上协作的结果。

布迪厄使用"亲和力"一词来描述时尚生产场域与消费场域之间存在

---

① ピエール・ブルデュー（Pierre Bourdieu）：『ディスタンクシオンⅠ』（*La Distinction*），日本：新評論，1989，pp. 352 - 353。
② ピエール・ブルデュー（Pierre Bourdieu）：『ディスタンクシオンⅠ』（*La Distinction*），日本：新評論，1989，p. 353。
③ ピエール・ブルデュー（Pierre Bourdieu）：『ディスタンクシオンⅠ』（*La Distinction*），日本：新評論，1989，p. 357。
④ ピエール・ブルデュー（Pierre Bourdieu）：『ディスタンクシオンⅠ』（*La Distinction*），日本：新評論，1989，p. 357。

的这种逻辑上的"同源"关系。① 他指出，尽管消费者习惯于按照日常惯习进行选择，但在其意识深处却隐藏着"通过找寻同类，发现自己"的意图。也就是说，在消费选择中，隐含着自我表现的意图。而且，尽管消费者的惯习行动与其所拥有的资本数量之间有着密切而直接的联系，但如果这是占支配阶级地位的个人或群体以卓越化为主旨的一种自我表现的话，那么，拥有文化产品本身就成为一种卓越化主张。在此情形下，消费同时意味着具备选择某件商品的判断力，以及具有消费此件商品的经济实力。

换个角度说，生产场域内通过激烈竞争而胜出的商品与消费需求之间存在着某种共谋关系。一方面，占支配地位的设计师为了满足传统资产阶级的需求，并回击可能对自身统治地位构成威胁的新锐设计师，在设计上通常采取质朴与节制的保守策略。另一方面，年轻的设计师与造型师则与支配集团内部的年轻人及其新兴资产阶级结成了天然同盟，形成布迪厄所谓的"客观的同志"关系。因为，以大胆的装束与化妆造型等流行方式展开的年轻人的象征性革命，为其摆脱物质上的窘境，即只能作为富裕年长者们"穷亲戚"的尴尬境地提供了理想平台。②

就这样，时尚创造者们一方面遵循生产场域特有的运行逻辑，以及作为场域动力学基础的合法性与卓越化策略，另一方面，又以消费场域的合法趣味为依据向消费者提供了样式极为丰富的商品等级序列。此类商品序列能满足各种品位消费者的需求。与此同时，消费者则依据自己的生存状况和阶级地位选择适合自己的商品。通过对商品的选择，消费者构筑起自身的生活方式体系，并在商品的选择过程中呈现自己的品位。

值得一提的是，生产场域所提供的商品序列具有一种限制性倾向，它否认在特定的时空内存在多元经验形式（美学的、伦理的和政治的等）的可能性。但布迪厄指出，正是经验形式的多样性向我们提供了各种客观可能性。生产场域的限制性倾向最终导致以下结果：支配阶级所认可并体现其一切特征的卓越化，实际上是通过根植于分类符号体系的各种形式得以体现的。在此，分类符号体系是一个以"阶级＝集团"为特色、具有可操作性

---

① ピエール・ブルデュー（Pierre Bourdieu）：『ディスタンクシオンⅠ』（*La Distinction*），日本：新評論，1989，p. 371。
② ピエール・ブルデュー（Pierre Bourdieu）：『ディスタンクシオンⅠ』（*La Distinction*），日本：新評論，1989，p. 357。

的象征系统。①

布迪厄在探讨财富生产场域与消费场域的对应关系②时，尤为关注文化财富的象征意义。他指出，与其他场域相比，文化尤其是高级文化生产场域具有高度自主性。文化商品提供者们经常采用象征性强制手段向消费者推行自己的理念，这使得供需双方有时会形成以生产者为主导的特殊关系。文化的这种半强制功能很容易让人联想起宗教信仰或巫术信仰。事实上，在现代社会，文学与艺术等高级文化本身就具备宗教般的神圣性。时尚尽管缺乏高级文化所特有的宗教特征，却类似于巫术，同样具有神圣性，提供一种整体感。莫斯指出，巫术是作为整体被信仰的，"巫术是被相信的，不是被理解的"。巫师的力量正是来源于信仰：要么不信，要么就全信。信仰让人们体验到一种孜孜以求的整体感。"'信仰'意味着所有的人都坚持一种观念，进而坚持一种情感状态、意志活动，并同时坚持一种思维过程的表象。"因此，巫术信仰体现了一种集体表征，一种"存在于共同体当中的情感和普遍意志"。③

但在布迪厄那里，神圣性，即时尚生产者的权力则来自场域自身，即"创造社会关系总体的系统"。这是一种不受外部世界制约的、建立在对场域本身信仰之上的权力。④ 因此，文化产品更多地反映了生产者在场域内部所处的位置及其惯习倾向，而不是消费者的需求。如此一来，文化商品便具备了双重涵义。首先，它是由生产者建构出来的趣味。由于生产者承载着将生存体验客观化的使命，因此，文化商品是一种源自个体无意识的欲望，并使其客观性趋于完美的趣味。其次，文化商品也是一种隐含着"合法化，正统化和强化"的权力。此类权力通过结构的相同性逻辑，使生产物归属于特权阶层，当各种以集体认同的方式呈现的性情倾向作为权威发挥作用的时候，客观化行为本身便演变为一种权力。另一方面，当趣味被置于建构各种生存状态的消费社会空间内时，其本身便成为一种分类体系。此类体系具

---

① ピエール・ブルデュー (Pierre Bourdieu)：『ディスタンクシオンⅠ』(*La Distinction*)，日本：新評論，1989，p. 353。
② ピエール・ブルデュー (Pierre Bourdieu)：『ディスタンクシオンⅠ』(*La Distinction*)，日本：新評論，1989，pp. 353 – 355。
③ 马塞尔·莫斯、昂利·于贝尔：《巫术的一般理论·献祭的性质与功能》，桂林：广西师范大学出版社，[1902] 2007，第116页。
④ ピエール・ブルデュー (Pierre Bourdieu)：「オート・クチュールとオート・キュルチュール」，『社会学の社会学』，東京：藤原書店，1991，p. 262。

有强制的作用。它们不仅支配着由客观化资本所构成的各种社会关系，而且也支配着由阶层化，或由阶层化的对象物交织而成的符号世界所构成的象征关系。①

不过，在布迪厄那里，生产场域与消费场域是相互重叠与相互渗透的。在消费场域内，由设计师所构建的客观化趣味也必然受到财富体系的左右。根植于客观化资本的各种社会关系不仅能使此类趣味更具个性化、更富有现实性，而且也可能引发对趣味的重新定义。② 总之，由生活条件以及与此相关的性情倾向的改变所导致的趣味变化，将在不同程度上引发生产场域的变革。

显然，生产场域与消费场域之间形成的这种"奇迹般"的对应关系，既不能解释为是生产者对消费者"至高品位"的迎合，也不能解释为生产者对消费者的强加。对于布迪厄而言，此类对应关系源自"生产者与其他生产者的竞争逻辑，以及与他们在生产场域内所处位置相关的利害关系（将他们指引到此位置的惯习）。而商品则是生产者与消费者在文化层面的多重利害关系邂逅的产物，这些利害关注反映了消费者的生存状态及其所处的阶级位置。他们（生产者）向消费者提供了能够满足其需求，也有能力购买的产品"。③

布迪厄更进一步从阶级结构的角度来理解时尚生产场域与消费场域之间存在的客观对应关系。他指出，生产场域与消费场域之间显现的某种协作关系并不是刻意追求的结果，而是由于两者各自的运行逻辑具有一种同源性，即它们都与构成社会阶级场域的对立关系（支配阶级与被支配阶级），以及形成支配阶级场域的对立关系（支配阶层与被支配阶层）基于同一种原理，"都是由特定种类的资本数量组织起来的"。在消费场域中，围绕着奢侈品这一表示"上流性"标识而展开的斗争，实际上是支配阶级为了将支配性原理强加于其他阶级与阶层而采取的一种斗争方式。此类斗争之所以需要采取某些策略，完全是因为此类策略能够帮助支配阶级最大限度地获取象征利

---

① ピエール・ブルデュー（Pierre Bourdieu）：『ディスタンクシオンⅠ』（*La Distinction*），日本：新評論，1989，pp. 353 – 354。
② ピエール・ブルデュー（Pierre Bourdieu）：『ディスタンクシオンⅡ』（*La Distinction*），日本：新評論，1989，p. 354。
③ ピエール・ブルデュー（Pierre Bourdieu）：『ディスタンクシオンⅡ』（*La Distinction*），日本：新評論，1989，pp. 354 – 355。

润，在此，象征利润即指行动者通过独占文化商品的途径实现自身的"卓越化"。另一方面，生产场域要想生产出表示"上流性"的符号，只需遵从自身的运行逻辑，即卓越化逻辑即可。此类根植于特定结构的卓越化逻辑使场域不断地向着系统化的方向发展。这里的结构指生产场域通过自身运作建立起来的象征体系。不过，此类象征体系与具有差异化功能的象征体系在结构上表现出了高度的一致性。[①] 如此，生产场域以曲折的方式与权力场域联系在了一起。至此，布迪厄将行动者围绕着文化消费而展开的斗争这一微观政治问题同宏观社会阶级结构有机结合在了一起。

三 结语

通过以上对构成布迪厄文化消费理论的核心内容之一——时尚与流行再生产理论所进行的考察，我们不难发现，布迪厄的研究是建立在其关于符号权力的政治学之上的。在他那里，由阶级关系所产生的权力关系贯穿于时尚与流行再生产的每一个环节。他运用指向斗争的概念——"场域"来揭示隐藏在轻松愉快的时尚与流行现象背后的阶级斗争和社会分化斗争。他指出，时尚与流行的再生产是生产场域与消费场域这两个相互独立的场域共同"协作"的结果，在此，权力斗争分别以不同的形式显现。生产场域遵循自身的运行逻辑，权力竞争发生在占支配地位的资深设计师和处于被支配地位的新锐设计师之间，两者为争夺合法性的垄断权而展开激烈的象征斗争。不过，布迪厄认为，生产场域的自主性只是相对而言，它必然受到权力场域的影响。生产场域的权力关系同样根植于社会等级秩序。另一方面，消费场域则是一个"被称为竞争的斗争空间"。消费者在此进行着无休止的分类斗争（阶级斗争）。但必须指出的是，只有支配阶级才有权参加时尚与流行的再生产，没有经济能力的中下阶层是无法加入此类卓越化游戏的，他们至多只能作为一种反衬而存在。事实上，反映统治阶级合法品位的时尚被广泛地用来对下层阶级实施"符号暴力"。"符号暴力"问题在布迪厄符号权力政治学中占据着重要的位置，但由于篇幅有限，笔者在此不再展开，将留待其他论文中再作详细的阐释。

布迪厄的文化消费理论对于我们理解当代消费社会具有十分重要的意

---

① 朱伟珏：《象征差异与权力：试论布迪厄的象征支配理论》，《社会》2008 年第 3 期。

义。波德里亚提出"消费社会",已经过去了近半个世纪。这期间世界经历了许多重大变化,其中最为显著的改变之一就是全球性贫富差距的再度扩大以及由此引发的"中产阶级的消失"。"消费社会"特指这样的时代:物质丰裕;高福利;中产阶级(大众)大量形成,不论在规模还是影响上都开始占主导地位。然而自 20 世纪 90 年代起,新自由主义市场经济开始在全球范围内广泛推进。一方面,在西方发达国家,高福利政策被市场经济原则所取代。这最终导致了贫富分化的加剧以及作为消费社会支柱的中产阶级的大规模消失。另一方面,波德里亚意义上的消费社会从未真正在发展中国家实现过。尽管随着经济的崛起,包括中国在内的部分新兴工业国的物质生活水平得到了很大提升并显示出某些消费社会的特征,但经济的发展和物质的极大丰富并没有填平鸿沟,相反贫富差距在日益扩大,中产阶级占主导地位的社会至今仍未如许多学者预期的那样如期来临。

但尽管如此,我们依然可以把当代社会视为一种消费社会。按照鲍曼的理解,消费社会即是消费取代生产的社会。他指出,在某种意义上,"消费"是一个存在于任何时代的普遍现象。任何时代的任何人都必须消费,人类要生存下去不得不消费。不仅如此,作为区别于动物的标志,人类的消费除了必须满足生存所需之外,还要满足各种社会需求,如体面、礼仪和"美好的生活"等。因此,人类的消费需求总体高于单纯的生理性需求。而当代社会之所以被称为消费社会,很大程度上是由于消费已经逐渐取代生产,成为占据人类社会生活的主导力量。换言之,社会的重心已然从生产转向了消费。"如同有史以来人类便开始从事生产活动并将直至消亡的那天为止,但我们仍然把现代社会称为'生产社会'那样,从本质上讲,我们的社会是一个'消费社会'"。[1]

因此,要把握纷繁复杂的当代社会,就有必要构建一种不同于以往的、能够描述贫富分化时代消费特征的理论范式。而从阶级与阶层角度出发、揭示隐藏在文化商品生产与消费背后的政治、经济和社会权力关系的布迪厄文化消费理论则为我们全面了解当代消费社会及其特征提供了独特的理论视角。

---

[1] 齐格蒙特·鲍曼:《寻找政治》,洪涛等译,上海:上海人民出版社,2006,第 49 页。

文化资本与人力资本

——布迪厄文化资本理论的经济学意义

近年来,环境问题和经济的可持续发展问题,已引起包括经济学在内的人文社会科学界的广泛关注。同时,经济发展过程中出现的各种新的社会现象和问题,如教育和医疗的产业化现象,网络和大众传媒产业的迅速发展,以及随之而来的经济和文化资源分配的公平性问题,由教育不平等及信息鸿沟等因素造成的贫富差距问题,使经济学家面临着前所未有的挑战。文化已成为社会的可持续发展和经济增长的新要素。在这一背景下,经济学家开始尝试将文化纳入经济学的研究范畴。布迪厄的文化资本理论则为经济学家建立新的理论范式提供了独特的视角。

一

"文化资本"是布迪厄对马克思主义经济学中的资本概念进行扩展后提出的一个社会学概念。布迪厄指出,资本是一种积累的劳动,它需要通过时间的积累,并且需要以一种具体化、身体化的形式进行积累。与此同时,资本也是一种以同一或扩大的方式获取生产利润的潜在能力,即一种进行自身再生产的潜在能力。不过和经济学家通常只认可单一形式的资本,即物质资本(经济资本)不同,布迪厄认为,资本并非仅限于经济资本,若要全面认识和理解社会世界的结构与功能,就必须引进资本的一切形式。[1] 为此,他将资本具体划分为经济资本、文化资本和社会(关系)资本三大形态。经济资本

---

[1] 布迪厄在接受美国社会学家华康德的采访时,就其理论和经济学的区别做了如下说明:由于经济学本身是一个高度分化的场域,即使是主流思潮中也包括许多不同的流派,所以,他所指的主要是和正统经济学观念的区别(皮埃尔·布迪厄、罗克·华康德:《实践与反思》,李猛、李康译,北京:中央编译出版社,1998,第160~161页)。

是经济学家普遍认可的资本形态,它不仅可以直接转换成金钱,而且其转换过程通常是以私人产权的形式制度化的。文化资本是一种表现行动者文化上有利或不利因素的资本形态。它在特定的条件下可以转换成经济资本,整个转换过程是以教育资质的形式制度化的。社会资本则主要由社会义务所构成。社会资本同样可以转换成经济资本,转换的过程通常以某种高贵身份的形式被制度化。在这三大资本形态中,布迪厄尤为关注文化资本对现实社会的影响。

布迪厄指出,在当今社会,文化已渗透到社会的所有领域,并取代政治和经济等传统因素跃居社会生活的首位。现代政治已无法仅凭政治手段解决问题,现代经济也无法只依靠自身的力量而活跃。假如没有文化的大规模介入,那么,无论是政治还是经济都将是缺乏活力的。[1] 文化资本正是布迪厄在研究文化问题时,作为一个理论假设而提出的社会学概念。这一假设旨在"通过学术上的成就来解释出身于不同社会阶级的子女所取得的学术成就的差别"。[2] 显然,文化资本概念同时摆脱了常识性观念以及人力资本论的理论假设。常识性观念常常将学术的成功归结于个体的天赋条件。而经济学家尽管明确提出教育投资与经济投资的收益率关系问题,但在具体计算学术投资的产出时,往往只考虑可以直接转换成金钱的那部分收益,而忽略了阶级因素对投资—收益的影响。与此形成对比的是,布迪厄坚持认为,不同的社会阶级或阶层集团的后代,在学术市场上所获取的收益,并非仅仅取决于教育投入,它在很大程度上依赖于社会阶级与阶层集团之间经济资本与文化资本的分布状况。

文化资本泛指任何与文化及文化活动有关的有形或无形资产。它在日常生活中和金钱及物质财富等经济资本具有相同的功能。有学者认为,文化资本可划分为三种形态。[3]

(1) 身体形态文化资本。通常指通过家庭环境及学校教育获得,并成为精神与身体一部分的知识、教养、技能、品位等文化产物。它的积累必须经历具体化与实体化的过程,正如行动者可以通过劳动获得物质财富那样,

---

[1] 高宣扬:《布迪厄的社会理论》,上海:同济大学出版社,2004,第14~15页。
[2] P. Bourdieu, The Form of Capital, in J. G. Richardson (ed.), *Handbook of Theory and Research for the Sociology of Education*, New York, 1989, p.243.
[3] P. Bourdieu, The Form of Capital, in J. G. Richardson (ed.), *Handbook of Theory and Research for the Sociology of Education*, New York, 1989, p.244.

他也能够通过学习积累知识和提高文化素养。不过,由于身体形态文化资本的获取不仅需要花费大量的时间和付出极大的精力,而且,最终只能体现于特定的个体身上,所以,它"无法通过馈赠、买卖和交换的方式进行当下传承"。以此类方式获得的文化资本和物质财富一样也可以投资于各种市场,如学校市场、学术市场、社交市场和劳动力市场并获取相应的回报。而且,这种回报既可以是金钱与社会地位等物质利润,也可以是他人的尊敬或好评等"象征利润"。

(2) 客观形态文化资本。具体指书籍、绘画、古董、道具、工具及机械等物质性文化财富。显然,这是一种可以直接传递的物化形态文化资本。但必须指出的是,客观形态文化资本并非与身体化过程毫不相干。布迪厄认为不存在纯粹意义上的物质形态文化资本,任何事物若想要作为文化资本而发挥作用,就必须具备某些身体形态文化资本的特征。换言之,通过文化资本所获得的利润"与他(行动者)所掌握的客观形态(文化)资本以及身体形态(文化)资本的多少成正比"。[1]

(3) 制度形态文化资本。制度形态文化资本是一种将行动者的知识与技能以考试的形式予以认可,并通过授予合格者文凭等方式将其制度化的资本形态。这是一种将个人层面的身体形态文化资本转换成集体层面客观形态文化资本的方式。文凭是制度形态文化资本的典型形式。布迪厄指出,学历资本的积累只有通过经济层面的教育投资才能实现。父母若要把孩子送入更好一些的学校就读,就必须投入大量的金钱,而且,投入时间越早获得的利润就越大,回报也越高。通过此种方式——布迪厄称之为社会炼金术——获得的文化资本具有"一种文化的、约定俗成的、经久不变的、合法化的价值"。

文化资本的积累通常是以再生产的方式进行的。"文化再生产"是一个体现代际文化资本传递方式的概念。"再生产"着重强调资本积累过程中"反复生产与复制"的特征。换言之,文化资本的积累并非通过从无到有的创造性生产,而主要以传承的方式实现。不过,再生产也不同于纯粹意义上的复制或拷贝,它必然受到各种外在因素——时间、转换和实践行为——的制约。因此,文化资本的再生产可以被理解成一种具有有限自由的重复性生

---

[1] 包亚明:《布迪厄访谈录——文化资本与社会炼金术》,上海:上海人民出版社,1997,第199页。

产。文化再生产主要通过早期家庭教育和学校教育实现。在充分反映父母文化素养和兴趣爱好的家庭环境中，他们的一举一动都将成为孩子们竭力仿效的对象。孩子们正是通过这种无意识的模仿行为继承父母的文化资本并将其身体化的。这种被布迪厄称为提前执行的遗产继承或生前馈赠的资本转移方式，显然不同于经济资本的继承。它不需要履行任何法律手续，而且，由于这种转移发生在家庭这一私密空间内部，所以，它是在秘密状态之下完成的。因此，以继承的方式所进行的文化资本的再生产更具隐蔽性、更容易被人们所忽略（被误认）。此外，文化资本的传承也经常发生于各种公共场域内，其中最典型的方式就是教育市场的学历再生产。布迪厄指出，学校是除家庭以外最重要的生产文化资本的场所，但和家庭不同，孩子们只有等到法定年龄才能入学。也就是说，如果达不到年龄要求，他们是无法接受学校教育的。而且，与个性化的家庭教育不同，孩子们在学校接受的是一种经过预先设计、内容统一的集体教育。在此情形下，文化资本的传递必然以第二种方式，即"从较晚的时期开始，以一种系统的、速成的学习方式"进行。在现代社会中，家庭和学校所承担的传承功能不尽相同，家庭和学校有着不同的培养目标。在通常情况下，家庭主要是培养"教养"和"规矩"等广义品位与感性的地方，而学校则是传授系统性专业化知识与技能的场所。孩子们从学校获得的主要是系统性知识及社会技能等文化资本。这些知识与技能往往通过考试的形式正式获得社会的承认，并通过颁发文凭的方式被固定与制度化。身体化文化资本正是通过这种方式被转换成一种制度形态的资本的。

二

人力资本是一个与文化资本息息相关的经济学概念。美国经济学家舒尔茨指出，人力资本是相对于物质资本或非人力资本而言的。它是一种体现于特定个体身上，可以被用来提供未来收入的资本；是人类自身在经济活动中获得收益并不断增值的能力。此前马歇尔曾对人力资本概念作过初步界定，认为它是一种由知识和组织权威组成的资本。舒尔茨在此基础上提出了自己的定义：人力资本专指个人具备的才干、知识、技能和资历。他同时指出，人力资本需要通过投资才能形成。贝克尔进一步把人力资本与时间因素联系起来。在贝克尔看来，人力资本不仅意味着才干、知识和技能，而且还意味着时间、健康和寿命。如此一来，人类所必然面临的稀缺，就不仅与人的无限需求和物质资本的有限存在相联系，而且还与人的无限能力和人的有限存在相联系。人力资本和物质资本一样属于稀缺性资源，尽管它们或多或少具备某些先天的成分，但根本问题仍在于如何生产和再生产这两种资本，并把它们的存量有效地分配到个人需求的各个方面以求得效用最大化。据此，贝克尔对人力资本作出如下修正：人力资本包括"知识、信息、教育、思想、技能、观念、精神状态……和卫生健康"①等多方面内容。

显然，文化因素在人力资本中占据着十分显著的位置。事实上，很多经济学家都将文化因素视为人力资本的核心所在。例如，科斯坦萨（Costanza）和戴利（Daly）就曾直接把人力资本定义为人类本身所具有的教育、技能、文化知识以及经验的积累。泽亨哈夫特（Zweigenhaft）在一项关于文化资本和社会资本如何影响哈佛大学毕业生行为的研究中，则将文化资本完全等同于经济学中的人力资本。②布迪厄也认为，文化资本和人力资本的范畴十分相近，"被某些人视为人力资本的教育或任何的培训，都可以被另一些人视为文化资本（身体形态文化资本）"。③

那么，作为一种经济学理论的人力资本概念和布迪厄文化资本理论之间究竟存在哪些内在联系呢？林南从宏观层面出发，分析了这两大概念的相似性。他指出，相对于马克思的古典资本理论，布迪厄的文化资本理论和人力资本理论同属于新资本理论。此类理论至少在以下两个方面存在着相似之处。第一，与从客观层面出发的古典马克思主义不同，尽管各种新资本理论明确强调资本化过程背后统治阶级的影响，但并未直接把资本视为阶级剥削的一部分，而是偏向于微观层次。第二，行动和选择已成为新资本理论的一个重要考量因素。在古典资本理论中只有资本家拥有行动和选择的权利，普通劳动者是没有选择权的。他们只能为了换取维持生存所必需的物品提供廉价的劳动。但新资本理论却认为，劳动者可以获得和保留部分劳动的剩余价值，并在一定程度上以自由选择的方式将自己的知识和技能"转卖"给资本家以获取剩余价值。不过，新资本理论并未因此而否认结构的重要性，它所强调的是结构制约下的个人选择行为。人力资本理论较为关注性别、种族

---

① 贝克尔：《知识、人力资本、人口和经济增长》，北京大学演讲稿，2005。
② 转引自薛晓源、曹荣湘《全球化与文化资本》，北京：社会科学文献出版社，2005，第550～551页。
③ 林南：《社会资本》，上海：上海人民出版社，2005，第14页。

和家庭的制约作用，而文化资本理论则注重阶级结构对选择行为的影响。①

那么，具体而言，文化资本和人力资本究竟具有哪些共同特征呢？如前所述，布迪厄认为存在三种形态的文化资本，即身体形态、客观形态和制度形态文化资本。这其中身体形态文化资本呈现出与人力资本十分相近的结构特征，两者的相似性主要体现在以下三个方面。

（1）对人的身体的依附性。不论是身体形态文化资本还是人力资本都必须依附于人的身体而存在。布迪厄指出，身体形态文化资本指存储于人体内部的知识、技能、习惯和修养。另一方面，人力资本则专指与个人素质有关的内容，如知识、技能、资历、经验和熟练程度等等。可见，人力资本同样只能依附于人的身体而存在，无法与其拥有者相分离。这一明显不同于物质资本或经济资本的特征，具体体现在如何利用的问题上。布迪厄指出，文化资本由于无法脱离个人而存在，所以资本的交易很难完全抛开其拥有者。② 同样，人力资本的有效利用问题，也始终是经济学的主要研究课题。周其仁指出，人力资本的天然属于个人的特性使之在产权发生残缺时，以俨然不同于非人力资本的方式作出反应。此时产权的主人可以将相应的人力资本关闭起来，以至于这种资产似乎从来就不曾存在，从而其经济利用价值顿时一落千丈。③ 因此，积极意义的激励问题始终是人力资本理论的核心课题之一。

（2）有限性。文化资本和人力资本的有限性与其身体性特征密不可分。身体性特征使得此类资本无法超越个体而单独存在。无论是文化资本还是人力资本，都必然伴随着其所有者的衰落和消亡而自动衰落和消亡。以人力资本为例，人在幼年时期无人力资本，进入劳动年龄后人力资本开始产生并不断增加，人死亡后人力资本也随之灭亡。总之，个体的有限存在致使文化资本与人力资本也和物质资本一样，成为一种稀缺性资源。

（3）不可视性和难以度量性。文化资本和人力资本都具有不可视和难以测量的特征。与经济资本或物质资本不同，我们难以直接观察到行动者所拥有的文化资本或人力资本。人力资本的测定经常必须借助于考试制度、技

---

① 林南：《社会资本》，上海：上海人民出版社，2005，第 16～17 页。
② P. Bourdieu, The Form of Capital, in J. G. Richardson (ed.), *Handbook of Theory and Research for the Sociology of Education*, New York, 1989, p.245.
③ 周其仁：《市场里的企业：一个人力资本与非人力资本的特别合约》，《经济研究》1996 年第 6 期。

能鉴定、经历和长期的观察等方法来完成。但这些方法都存在着不同程度的缺陷，考试制度很难精确测量出人力资本的数量与质量；技能鉴定由于鉴定方法难以科学化，所以很难真正反映人力资本的数量。同样，我们也很难对文化资本进行定量化研究。而且，与人力资本相比，文化资本特别是其中反映行动者感性、气质以及兴趣爱好等个人修养的部分更加难以测量。因此，尽管布迪厄提议可以将获得收益所需时间的长度作为测量文化资本的标准，但在社会学领域内，文化资本更多的时候往往是作为一个功能性概念而被认识与理解的。①

尽管如此，文化资本与人力资本之间仍然存在着本质的差别。人力资本主要包括两方面的内容：①通过投资于教育和各类培训所获得的资本，具体包括知识和技能等与文化有关的内容；②通过医疗和保健等途径获得的资本，主要体现于个人卫生、健康和寿命。布迪厄的文化资本也由两部分组成：①与知识有关，主要指通过学校教育掌握的知识和技能；②与个人的教养有关，专指通过早期家庭环境获得的品位、感性和气质。可见，人力资本和文化资本既有相互重叠的部分，也有相异的部分。相同部分是两者都通过投资于学校教育（也包括各种培训）获得知识和技能，而两者有差异的部分主要反映在以下方面：人力资本中通过医疗保健和流动或迁移获得的资源，以及文化资本中的教养。

关于人力资本和文化资本的共通部分，也有部分学者对这一分类方法持有不同意见，认为它们是两种截然不同的资本形态。教育程度较高的行动者，其知识结构大致由两部分组成：一部分可以被描述成人力资本，另一部分则被描述为文化资本。拥有人力资本的行动者可以通过技能的稀缺性，获得某种特权并成为剥削阶级较低级别的合伙人。而文化资本的所有者提出与自身权威有关的要求。②

人力资本理论和布迪厄文化资本理论的另一个重大区别体现在资本的获取方式上。人力资本理论强调个人投资的重要性，认为人力资本的获取方式主要是通过劳动者个人的投资行为实现的。根据舒尔茨的分析，人力资本投资具体包括教育和培训支出、医疗和保健支出、用于劳动力国内流动的支出和移民入境支出。其中，教育投资是最为重要和基本的人力资本投资。它可

---

① 冯子标：《人力资本运营论》，北京：经济科学出版社，2000，第50页。
② 比尔·马丁等：《超越文化资本：走向一种符号支配的理论》，载薛晓源、曹荣湘主编《全球化与文化资本》，北京：社会科学文献出版社，2005，第296~304页。

以转化为知识的存量,从而提高劳动者的知识、智力和技术水平。与此不同的是,布迪厄主张再生产是文化资本的主要获取方式。文化资本的再生产具体可以通过早期家庭教育和学校教育两大途径实现,其中布迪厄尤为关注早期家庭教育的决定性影响。他发现,尽管文化资本无法直接通过馈赠、买卖及交换等方式获得,却可以通过教育尤其是早期家庭教育传承和积累。布迪厄的观点显然不同于强调劳动者自由投资的人力资本理论,他所关注的是能够反映父母文化和经济资本总量,即反映其在社会空间内所处位置的文化资本的再生产。[1] 文化资本的传承和积累具有以下两大特征:①主要取决于出身家庭拥有文化资本的数量和质量。文化资本的原始积累和快速积累的先决条件,就是行动者能否从出生之日便开始起步。因此,那些出身于具有丰厚文化资本家庭的孩子从一开始便处于极为有利的地位。②文化资本的主要投资方式之一是时间的投入。布迪厄认为,时间是测量文化资本最精确的方法。[2] 他指出,行动者是否有条件延长获取资本的时间,取决于其父母可以提供的自由时间的长短。自由时间指可以从经济束缚中摆脱出来的时间,它是资本积累的前提条件。可见,文化资本的传承和积累带有鲜明的阶级印记。那些拥有较多文化资本和经济资本的家庭,不仅可以通过潜移默化的方式传承给子女较多的文化资本,而且也能够以经济援助的方式,让他们享有充裕的自由时间来积累文化资本。

布迪厄对人力资本理论家忽略资本形成过程中早期家庭教育的影响深感不满,将其视为重大的理论缺陷。他指出,由于经济学家"在计算学术投资的产出时,只考虑金钱方面投资与收益,或者那些可以直接转换成金钱的东西",所以"没有把学术投资策略与总体教育策略、再生产策略综合起来考虑"。如此一来,他们"便无可避免地忽视了最不显眼,却最具社会决定性作用的教育投资,即家庭所付出的文化资本"。这一疏忽造成的直接后果之一,是经济学家"无力解释不同的行动者或不同的阶级为什么在经济投资和文化投资上分配的比率会如此悬殊"。[3]

---

[1] 朱伟珏:《资本的一种非经济学解读——布迪厄"文化资本"概念》,《社会科学》2005年第6期。
[2] P. Bourdieu, The Form of Capital, in J. G. Richardson (ed.), *Handbook of Theory and Research for the Sociology of Education*, New York, 1989, p. 245.
[3] P. Bourdieu, The Form of Capital, in J. G. Richardson (ed.), *Handbook of Theory and Research for the Sociology of Education*, New York, 1989, p. 243.

经济学家和布迪厄在资本获取方式上的主要分歧还体现在两者对待学校教育的不同态度上。从以上的分析中我们不难发现，学校教育无论对人力资本还是文化资本的获取来说都是至关重要的。但是，布迪厄和人力资本理论家在如何看待学校教育的问题上却表现出截然不同的态度。由于经济学家通常把教育视为提高劳动者个人竞争力的一个主要来源，所以他们往往把注意力集中在教育的经济收益上，认为劳动者接受教育的动机基于对自身成本—收益的计算，是一种理性选择。[①] 而布迪厄则将学校视为生产与再生产社会等级秩序的重要场域。他指出，学校通常将支配集团的文化惯习视为一种必然，并假设任何孩子都能接触到这些惯习，所以便将这些支配性惯习转换成一种易于接受的文化资本形式，即学校文化。换言之，作为文化资本的学校文化，实际上是一种体现主流意识形态和价值取向的精英文化。在此，任何非主流文化，如女性文化、少数族裔文化，尤其是被统治阶级文化，均被视为异类而遭到排斥。总之，学校教育从一开始就凝聚着社会不平等。学校文化（精英文化）对处于有利地位的上层阶级子弟、都市学生或男性而言，可能是轻而易举就能掌握的东西。但它对学校是其接触精英文化（文化资本）唯一和仅有途径的下层阶层子弟、来自农村或边远地区的学生以及女性而言，却绝非如人力资本理论家想象的那样简单易学。因为，文化资本的获得不仅仅只是知识和技能的积累，它同时也意味着必须放弃原有的生活方式和价值观念，认同并接受支配阶级的文化惯习。因此，布迪厄认为，在绝大多数情况下，教育投资不是受教育者按照自身的成本—收益计算所作出的理性选择。相反，它以貌似平等的选择方式生产与再生产着社会与文化的不平等。

综上所述，文化资本和人力资本是两个既相似又有着显著区别的概念。造成这些差异的原因是多方面的，而其中学科性质的不同与环境的差异是两个不容忽视的要因。首先，我们来考察一下学科性质不同所带来的影响。我们知道，学科不同侧重点便不同。社会学和经济学作为两门完全独立的学科，其认识范式和研究范畴自然不同。美国经济学家贝克尔曾对经济学和社会学的区别做过形象的比喻，认为"经济学是关于选择的科学，而社会学是关于为什么人们无法选择的科学"。[②] 的确，由于经济学

[①] 林南：《社会资本》，上海：上海人民出版社，2005，第11页。
[②] 加里·贝克尔：《口味的经济学分析》，李杰等译，北京：首都经济贸易大学出版社，2000，第21页。

（主流经济学）是一门建立在"经济人"和"理性行为"两大基本前提之上的社会科学，所以，它将任何社会行为都理解为行动者个人为追求利益最大化而采取的合理行为。作为一种经济学理论的人力资本论，同样将行动者为获取知识和技能而进行的投资，视为基于其自身利益的理性行为。从这一意义上讲，人力资本的获取便是一种能够充分体现行动者自由意识与意志的投资行为，而学校教育则是行动者获取人力资本最重要和最有效的途径。

社会学（主流社会学）本质上则是一门专门研究社会结构的科学。尽管布迪厄为摆脱社会决定论做了大量的工作，但总体而言，文化资本理论仍然将社会结构的制约作用放在首要位置。在布迪厄看来，"选择"根本不是普通劳动者为追逐个人利益最大化而采取的合理性行为。它是支配阶级为维护社会等级秩序再生产设立的一种社会淘汰机制。总之，文化资本的积累是一种基于传承之上的"选择与淘汰"的再生产活动。在此，作为一种"选择"过程的学校教育，被视为支配阶级进行文化资本再生产的主要场所。

此外，环境因素，即布迪厄所说的"所处客观状况"的影响也是造成这一差异的主要因素之一。美国社会学家迪马格在论及布迪厄文化资本理论的普遍性问题时，曾着重强调了美国社会的独特性。他认为美国由于和英、法、德等欧洲大陆国家的社会环境十分不同，所以两者对教育的理解很不相同。相对于等级观念森严的欧洲大部分国家而言，美国作为一个新兴资本主义国家不仅文化规范化程度较低，选择和评判标准较为灵活和宽松，而且其公民的平等意识也较为强烈，更注重个人奋斗。[①] 因此，较之于强调社会结构制约作用的文化资本理论，诞生于美国的人力资本理论必然会更注重行动者个人的自我奋斗，即强调学校教育的作用，而较少考虑早期家庭教育的影响。

通过以上对布迪厄文化资本理论及其与经济学的关系进行的考察，我们不难发现，尽管布迪厄从未将文化资本视为一种纯粹的经济现象，并对其经济价值进行系统的思考，但其理论仍然对经济学具有重要的借鉴意义，为各种新资本理论，如社会资本理论、人力资本理论和文化资本理论（文化经济学）的形成和发展作出了独特贡献。他将文化资本理论运用于经济学领

---

① 朱伟珏：《超越社会决定论》，《南京社会科学》2006 年第 3 期。

域是一件有益而富有挑战性的工作。因为，它不仅对经济学家寻找新的经济增长点、促进社会的可持续发展具有启示性作用，而且也便于经济学家从与经济学理论不同的角度重新审视经济发展过程中出现的各种新问题，如经济与文化资源的合理分配问题，由文化因素所造成的贫富差距问题，以及工业化过程中出现的环境问题，并为包括经济学家在内的社会科学家提出富有建设性的政策建议提供有效的理论依据。

社会科学新境界

——《布迪厄"文化资本论"研究》导论*

当今世界发生了深刻的变化。政治、文化和经济秩序的剧烈变化以及诸如大学教育体制改革等一系列社会制度的变革,致使当代西方社会呈现与现代性秩序完全不同的景象。而另一方面,作为一种受制于现代性话语的社会物理学式社会科学以及社会符号学式文化理论则早已无法准确把握这一时代的脉动了。为了摆脱这一困境,最近二三十年来社会科学界掀起了反思现代性的后现代主义思潮。在此期间涌现出诸如福柯、哈贝马斯、吉登斯、贝克尔和鲍曼等一大批重要的后现代思想家,而法国当代社会思想家皮埃尔·布迪厄(Pierre Bourdieu,1930-2002)则是社会学领域内最具影响力的后现代社会学家之一。

一

布迪厄1930年出生于法国一个名为贝亚恩(Pyrénées)的偏僻的小山村,父亲是当地一名乡村邮递员。他通过自身的努力于1950年考入巴黎高等师范学院攻读哲学专业并于1954年获得哲学博士学位和"哲学教师资格文凭"。20世纪50年代初的法国,正是萨特的存在主义和法共的斯大林主义双足鼎立时期。当时活跃在法国思想界的除了萨特和波伏娃等存在主义大师以外,还有海德格尔、莫斯、罗兰·巴特、美洛·庞蒂和列维·斯特劳斯等一大批哲学家和思想家。而且当时也正是萨特存在主义逐渐走向衰退,列维·斯特劳斯的结构主义开始抬头的交替时期。

在存在主义全盛时期,尤其在现象学式存在主义大为流行的当时,布迪

---

* 本文系《布迪厄"文化资本论"研究》(经济日报出版社,2007)一书的导言。

厄却埋头于科学史和数学的研究。多年后,他在回忆当时这段经历时曾特意谈及这些学问带给他的启示,认为从中发现了哲学的可能性并对其学术生涯产生了深远的影响。① 进入巴黎高等师范学院的第二年,他就在哲学史学家安利·古理埃(Henri Gouhier, 1898 – 1994)的指导下,撰写了阐释莱布尼兹对笛卡儿的批判文章。尽管当时布迪厄对存在主义并无兴趣,却对马克思、美洛·庞蒂和胡塞尔等思想家十分敬佩并花费大量时间研读他们的学术著作。他甚至还专门阅读了胡塞尔的德文原著。胡塞尔对客观结构的严密把握给他留下了深刻印象。而另一方面,布迪厄对马克思的关注却仅限于学术范畴,并非出自政治上的关心。当时正是斯大林主义盛行的时代,法国共产党具有巨大的号召力。在此背景下,大学生们纷纷投身于前卫的政治运动并踊跃加入共产党。但与此形成鲜明对比的是,青年布迪厄对现实的政治活动毫无兴趣,没有参加过任何激进的社会政治远动。

大学毕业后,布迪厄去一所中学教了一年哲学。1956 年,他应征入伍并被派赴正值独立斗争运动高涨的阿尔及利亚服役。在阿尔及利亚,布迪厄并没有继续从事哲学研究,而是开始了对卡比尔族的人类学研究。此后每当谈及这段经历时,他都把卡比尔族婚姻关系的人类学研究视为其学术生涯的一个重要转折点。正是通过这一研究,布迪厄完成了向社会学的转变。

作为一名普通士兵在阿尔及利亚服役一年半后,布迪厄进入阿尔及利亚大学任教。1960 年代初,他返回巴黎并先后在巴黎大学和里尔大学担任助手和讲师。在此期间,他始终没有中断阿尔及利亚的研究工作。在整理有关阿尔及利亚的大量资料时,布迪厄得到结构主义人类学家列维·斯特劳斯的悉心指导并拜他为师。被列维·斯特劳斯视为结构主义方法加以推崇的关系论给他留下了深刻印象。此后,尽管布迪厄对列维·斯特劳斯的结构主义颇有微词,但对"关系论"倍加赞赏并发展出著名的"关系主义思考方法"。从《实践感》序言中对导师列维·斯特劳斯稍带批判的赞扬中,我们能够真切感受到他对关系主义的重视。不过,尽管列维·斯特劳斯成为布迪厄学术生涯的出发点,但与此同时,他也对结构主义持怀疑态度并从认识论层面提出一个超越其认识方法的新理论——建构论结构主义。

从学生时代起,布迪厄便养成了良好的读书习惯。他在大量阅读各种思

---

① ピエール・ブルデュー:『構造と実践』(Pierre Bourdieu, Choses Dites),日本:新評論,1988,第 1 章を参照.(http://www.tecn.cn)。

想和学术著作的同时,也将认为具有价值的观点和理论吸收进自己的理论体系中。对马克斯·韦伯思想的借用充分体现了这一学术特色。当时,韦伯由于被法国思想界认定为"右翼社会学家"而倍遭冷遇,所以一开始他并未引起布迪厄的关注。但在学习的过程中,布迪厄逐渐对韦伯社会学理论产生了浓厚兴趣,最后甚至发展到"没有韦伯便无法工作"的程度。尤其值得一提的是,布迪厄敢于在当时激进的学术氛围中公开重新评价韦伯确实是需要相当勇气的。出于上述理由,韦伯学说在相当长的一段时期内在法国学术界并无任何的地位。

尽管如此,布迪厄通常仍然被视为一名马克思主义者。如上所述,布迪厄从学生时代起就开始接触马克思并深受其思想的影响。这可以从他对马克思许多重要概念——"实践""资本"等的借鉴中略见一斑。此外,他的"象征暴力理论""社会空间理论"以及"惯习"概念也在很大程度上继承和发展了马克思的"意识形态理论""阶级理论"和"社会决定论"。但必须指出的是,布迪厄对马克思学说的理解深受法国结构主义大师阿尔都塞的影响。换句话说,许多时候布迪厄对马克思的解读是通过阿尔都塞进行的。从某种意义上讲,在马克思主义普及程度较低的法国,解读马克思便等同于解读阿尔都塞。布迪厄在论述马克思阶级理论的局限性时,采纳的同样是阿尔都塞的结构主义式马克思主义观点。通过阿尔都塞从结构主义视角出发的阐释,马克思主义成为一种包含着新的权力概念的学说。也就是说,阿尔都塞并没有单纯从政治的权力结构,或者从经济基础和上层建筑的关系中来把握支配与被支配的关系,而是将其放在更为广泛的人际诸关系中来加以理解。布迪厄站在同样的立场上对马克思主义进行了批判性解读。他认为马克思的认识论错误主要在于过分简单地把握阶级,即将按照生产关系划分的阶级视为一个实体,并认为它将直接成为集合性行为的主体。但布迪厄却将此类阶级与集团称为"纸面上的阶级",认为它缺乏实践意义。他指出,阶级的形成既非仅仅取决于经济因素,阶级的范畴和边界也不可能事先预设,它是在经济、文化等多重因素的共同作用和制约下,通过实践逐步形成与建立起来的。显然,在布迪厄对马克思的这一解读背后,我们不难发现阿尔都塞结构主义式马克思主义的身影。

自 20 世纪 60 年代初开始,布迪厄进入欧洲社会学研究中心从事教育、文化和社会统治阶级状况的调查研究工作,并开始陆续在《社会科学研究集刊》发表文章。在此期间,他与帕斯隆(J. - C. Passeron)、圣马丁(M. de

Saint-Martin)、卡斯特（R. Castel）等人合作完成了多项研究，并共同撰写了诸如《继承人》（Les héritiers, Les étudiants et la culture, 1964）和《再生产》（La reproduction, Elément pour une théorie du système d'enseignement, 1970）（均与帕斯隆合作）等重要作品。自1964年起，布迪厄开始担任法国高等社会科学研究院和国家科研中心的文化与教育社会学研究所所长一职。与此同时，他又在高等社会科学研究中心主持社会学理论的研究工作。这是布迪厄学术生涯的巅峰时期，包括《区隔》（La Distinction, 1979）和《实践感》（Le sens pratique, 1980）在内的所有重要作品都是在此期间完成的。自1985年起，布迪厄当选为法兰西学院欧洲社会学研究中心主任，并成为法兰西学院唯一的一位社会学终身教授。2002年他因患癌症不幸去世，享年72岁。晚年的布迪厄除了继续从事社会学研究外，还积极投身于"反全球化"运动并成为这一国际性社会运动的领袖人物。《防火板：用来对抗新自由派入侵的言论》（Contre-feux: Propos pour servir à la résistancecontre l'invasion néo-liberal）一书记录了布迪厄从1992年到1998年从事社会运动的轨迹。

二

布迪厄虽然以从事文化社会学研究著称，却始终致力于社会学的理论构建工作。布迪厄社会学体系主要具备以下几大基本特征。第一，他实现了社会学范式的转换。布迪厄认为社会科学领域内的任何对立都是以主客观二元论为基础的，而且它从根本上决定了社会科学的方法。为了克服并超越主观主义与客观主义的对立，他提出了一个重要的社会学概念——惯习。在布迪厄那里，实践成为结构与惯习的统一体。一方面，社会行为不再直接由结构所决定，而是通过惯习这一"身体化分类图式"间接地决定着社会行为。而另一方面，惯习这一"主体的契机"也反过来影响着结构的再生产并对结构具有一定的制约作用。布迪厄为我们提供了一个可以同时把握结构与主体的社会学方法范式。

第二，布迪厄社会学是一个具有强烈反思性与批判性的思想体系。布迪厄从"反思社会学"出发，试图通过认识论层面对既存学术知识体系的批判来揭示社会行为的现实性（reality），即"人类行为的真理"。他为了超越既存社会学行为模式"僵尸般的抽象性"特征——韦伯的"目的合理行为理论"和列维·斯特劳斯的"结构主义"，力图实现从合理计算（主观主义）和规则（客观主义）转向由惯习所组织生产的"策略"的理论性范式转换。在布迪厄看来，现实社会中同时受信息、手段和时间限制的行为者并非孤立和失去个性的"个体"。相反，行动者是带着不同数量和种类的"资本"加入到特定场域中去的。在场域内，他们分别占据着不同的位置并为维护和扩大自身"物质与符号利益"展开了激烈"竞争"。换句话说，行动者是一个在不同"阶级"和不同"场域"内占据着一定地位并运用各种由惯习所指引的"策略"进行"斗争"的存在。从这一意义上讲，布迪厄的实践理论是一个力图恢复社会行为现实性的理论。

第三，布迪厄主张社会科学必须实现从"实体论式思考方式"向"关系论式思考方式"的转换。布迪厄社会学的显著特征之一就是运用"关系主义思考方法"来研究各种社会现象和问题。"关系主义思考方法"即指某一事物的"意义"与"价值"主要并不取决于其内在属性，而是由各事物所处的位置与位置之间的关系"结构"所决定的。从这一关系论视角出发，布迪厄重点探讨了诸如经济与文化、个人与社会、理性与感性、理论与方法论等一系列重大的社会学课题。

第四，布迪厄强调应该将社会行为放在物质/经济层面与象征/文化层面的统一之中加以把握。与以往任何一种社会学思想不同，布迪厄的文化资本理论超越了传统意义上的社会学范畴。为了克服现代性的专业化倾向，布迪厄在研究中融入了不同学科以及不同学术流派的智慧。他不仅将哲学、人类学和历史学等人文学科的思考和研究方法引入其认识论和方法论中，而且还借用了大量经济学概念与术语。例如，其"资本"概念——文化资本、经济资本、社会资本——就在很大程度上继承与借鉴了古典政治经济学和马克思的资本理论。换句话说，布迪厄主要是通过利用经济学隐喻来揭示现实社会中不同阶级与阶层间的不平等关系的。为了体现这一特色，他甚至还在《区隔》的序言中直接将其社会学理论称为总体性实践经济学。总之，试图超越经济因素与非经济因素之对立的文化资本理论，对人文与社会科学克服专业化倾向带来的分裂状况，促进各学科与各流派之间的相互渗透与融合起到了积极的推动作用。

三

作为与福柯、德里达齐名的法国当代思想家和社会学家，布迪厄对社会学乃至社会科学的影响是深刻且广泛的。从 20 世纪 70、80 年代起，对他的介绍与阐释工作就已经在美国、欧洲大陆和日本等世界主要发达国家内展开。截至 20 世纪 70 年代末，布迪厄的四大代表作品 Les Héritiers（1964）、La Reproduction（1970）、Outline of a Theory of Practice（1977）和 La Distinction（1979）已全部被介绍到英、美等英语圈国家。从 20 世纪 80 年代中期开始，对布迪厄社会学的理论阐释工作也在英美社会学界全面展开。由中央编译出版社翻译出版，在国内学术界广泛流传的美国社会学家华康德（Löic Wacquant）于 1991 年撰写的《实践与反思》，就是一部著名的布迪厄理论研究书籍。英美社会学界对布迪厄的研究主要集中在以下三方面：①布迪厄社会学认识论与方法论；②从品位及生活方式出发的文化社会学；③阶级与教育的再生产。除了前面提到的华康德以外，Richard Harker、Cheleen Mahar 和 Chris Wilkes 等人也以研究布迪厄社会学著称。而另一方面，日本也从 1990 年代起，翻译出版了包括以上四部主要著作在内的 13 册布迪厄作品，并涌现出宫岛乔、石崎晴己、山本哲士和石井洋二郎等一大批布迪厄问题专家。如今，布迪厄不仅被列入当代世界最为重要的四大社会学巨擘（其他三人是吉登斯、哈贝马斯和卢曼）之列，而且由于其理论对包括哲学、经济学、政治学、教育学、人类文化学、法学、传播学以及文化批评在内的人文社会科学领域产生了广泛且深远的影响，而被视为继马克思主义和弗洛伊德精神分析学之后最具影响力的社会理论。

  同样，国内学术界也对布迪厄社会学倾注了极大的热情，自 1996 年起，已陆续翻译出版了 13 部他的作品。它们分别是皮埃尔·布迪厄与汉斯·哈克合著的《自由交流》（桂裕芳译，三联书店，1996），《文化资本与社会炼金术——布迪厄访谈录》（包亚明译，上海人民出版社，1997），皮埃尔·布迪厄与华康德合著的《实践与反思》（李猛、李康译，中央编译出版社，1998），《关于电视》（许钧译，辽宁教育出版社，2000），《艺术的法则——文学场的生成和结构》（刘晖译，中央编译出版社，2001），《男性统治》（刘晖译，天海出版社，2002），《实践感》（蒋梓骅译，译林出版社，2003），皮埃尔·布迪厄与帕斯隆合著的《继承人》（邢克超译，商务印书馆，2002）和《再生产》（邢克超译，商务印书馆，2002），《国家精英》（杨亚平，商务印书馆，2004），《语言意味着什么？》（褚思真、刘晖译，商务印书馆，2004），《科学的社会用途》（刘成富、张艳译，南京大学出版社，2005）以及《人：学术者》（王作虹译，贵州人民出版社，2006）。稍有遗憾的是，布迪厄的代表作《区隔》至今仍然未能与国内广大读者见面。

但与积极的推介形成对比的是，国内学术界特别是社会学界对布迪厄社会学的阐释工作仍然停留在起步阶段。尽管已有部分学者对布迪厄社会学理论进行了介绍，如文学批评领域的朱国华（自 2002 年起发表了一系列布迪厄文化理论的研究文章）和张意（《文化与符号权力》，2005），以及哲学领域的高宣扬（《布迪厄的社会理论》，2005），但由于专业背景不同，这些解读大都偏重于哲学和文化研究。令人遗憾的是，尽管部分社会学家也从某一特定视角对布迪厄社会学理论作过一些理论性研究（如文军对布迪厄反思社会学的研究，以及刘欣对布迪厄阶级理论的阐释），但迄今为止，还没有社会学者从社会学角度对布迪厄文化社会学理论进行过系统的考察。显然，这一现状既与布迪厄对社会科学的巨大贡献极不相称，也不利于中国社会学的建设与发展。要想真正提高中国社会学乃至社会科学的整体水平，就必须在做好对国外社会学理论尤其是社会学前沿理论引进工作的同时，对其进行深入且具独创性的理论研究。而通过对布迪厄文化社会学的研究，来推动中国社会学的建设正是本书的核心目标之一，也是其理论意义所在。

四

笔者与布迪厄社会学的最初相遇是在 20 世纪 80 年代末留学日本，并于 20 世纪 90 年代中期在金城学院大学研究生院文学研究所社会学专业攻读第一个博士课程期间。当时，笔者正在撰写题为《精神分析学与超现实主义》的博士候选人论文。笔者的导师、日本著名社会学家仲村祥一把布迪厄的作品介绍给笔者，并用他的研究经费特意为笔者购入 13 册布迪厄的作品。尽管有恩师的竭力推介，但当时布迪厄的理论并没有给笔者留下特别的印象。由于深受弗洛伊德精神分析学的影响，所以总觉得他的理论社会决定论色彩过于浓厚，对艺术思潮的研究帮助不大。因此，笔者为了阅读布迪厄的代表作《区隔》（*Distinction*）整整花费了一年的时间，其间好几次因为无法接受他的观点而中断学习。现在回想起来，当时若不是为了不辜负恩师的一番好意，可能早就和布迪厄失之交臂了。

真正对布迪厄社会学产生强烈兴趣并尝试运用其理论进行社会学思考，则是在几年后笔者进入日本名古屋大学（以下简称名大）攻读信息社会学博士学位以后。原本打算进入名大后从马克思主义思想对超现实主义的影响这一角度继续从事超现实主义艺术的社会学研究，但两个因素促使笔者放弃了原来的计划。第一，与笔者兴趣的转变有关。进入名大后，在考察超现实主义对当代艺术与思想的影响时，笔者对同样产生于法国的后现代主义产生了极大兴趣，并开始转向对后现代主义理论及其艺术思潮的研究。第二，和第一个因素有关，就是导师贝沼洵先生是一位专门从事后现代主义理论研究的学者。尽管老师精通的是吉登斯和法兰克福学派的理论，但其敏锐的洞察力和问题意识却对笔者产生了巨大冲击，迫使笔者不得不重新审视自己的研究视角。笔者开始逐渐意识到作为一种理论框架的精神分析学的局限性。精神分析理论由于过分强调个人的人格及本能等内在因素，所以很难运用于深受时代影响，即深受文化、经济与社会制约的现代艺术思潮——后现代主义的研究。也正是从那时起，笔者重新发现了布迪厄社会学的价值，开始系统阅读和研究他的理论并花费了大约两年的时间读完包括《再生产》《继承人》《人：学术者》和《实践感》在内的主要作品。他的强调经济与文化制约作用的文化资本理论，尤其是文化资本概念、惯习概念和再生产理论对笔者此后的后现代主义思想与艺术思潮研究提供了很大帮助。

2002年笔者归国，同年底进入复旦大学理论经济学博士后流动站工作，开始了对布迪厄文化资本理论的系统性研究。选择布迪厄文化资本理论作为笔者博士后课题的第一个也是最为重要的理由，是布迪厄文化社会学本身的学术和应用价值。如上所述，在国外对布迪厄社会学的研究工作早已从社会学领域，扩展到哲学、文学研究和历史学等人文学科以及政治学、经济学、教育学和法学等社会科学领域。但与布迪厄在当代社会科学领域内的重要地位与影响，以及他对此所做的贡献相比，国内学术界对他的介绍与研究十分有限。因此，系统地考察与研究布迪厄的社会学体系，除了对我们了解当代西方社会科学的理论动向，进而有选择地借鉴这些处于西方社会科学前沿的学术成果来建设中国的社会科学具有重大的理论意义之外，还对我们认识与理解西方社会本身以及全球化背景下的当代中国社会具有深刻的现实意义。

选择此研究课题的第二个理由，是出于对笔者所从事专业的考量。虽然笔者主攻社会学，但由于当时上海没有任何一所大学设立社会学博士后流动站，所以便进入复旦大学理论经济学博士后流动站从事研究工作。如此一来，笔者所选择的研究课题除了必须与迄今为止的研究具有一定的连贯性外，还应尽量考虑到它与经济学的联系。而布迪厄社会学与经济学的亲和性恰好满足了这一要求。如上所述，布迪厄社会学不仅融入了许多经济学的概念，而且其理论同时也对经济学产生了深远的影响。例如，构成布迪厄社会学基础的重要概念之一——"惯习"就曾对制度经济学重要流派之一的法国调节学派（Regulation School）产生过直接影响。而布迪厄文化资本理论对文化经济学的贡献更是十分巨大，"文化资本"如今已成为文化经济学的核心概念之一。此外，以布迪厄的"惯习"概念为基础的"经济惯习"也已成为文化经济学的一个重要概念。

选择此课题的第三也是最直接的理由是为了保持笔者研究工作的连续性。留日攻读博士学位期间，笔者始终从事文化社会学的研究工作。先后对同样起源于法国并最终成为国际性思想与艺术思潮的超现实主义与后现代主义进行了系统的社会学考察。在迄今为止的学习和研究过程中，尽管布迪厄的文化资本理论为笔者的社会学思考提供了重要的理论依据，却始终没有对此做过深入研究。为此，笔者一直希望能有一个系统学习与研究布迪厄的机会。而复旦大学理论经济学博士后流动站的科研工作恰好为笔者提供了一个难得的机会。从这一意义上讲，对布迪厄文化资本理论进行较为系统的理论性考察不仅仅是笔者研究工作的一种延续，也了却了笔者多年来的一个心愿。

五

本书是笔者以复旦大学理论经济学博士后流动站出站论文《布迪厄"文化资本论"研究》为基础、着重对布迪厄的重要学术成就之一——文化资本理论所做的较为系统的社会学考察。布迪厄为我们留下了极为丰富的知识遗产，在其身后留下的30多部著作和400多篇论文中不仅建构起一整套社会学理论体系，而且还提出许多被利奥塔称为"元话语"的基本概念。这其中，"资本"（经济资本、文化资本、社会资本）"惯习"和"场域"被视为布迪厄社会学的理论支柱。本书共分成两大部分，第一部分着重考察"文化资本论"的基本立场、基础概念和方法规则，并将重点放在"惯习"特别是"文化资本"概念的理论性阐释之上。第二部分主要对布迪厄有关教育、阶级、生活方式以及兴趣爱好的论述做进一步考察。此外，还探讨了布迪厄文化理论与经济学的关系。

第一部分，"文化资本论"的基础性研究工作具体分成4章展开：第1章"社会科学认识论——超越主观主义与客观主义的对立"；第2章"社会学方法论——布迪厄对涂尔干社会学方法规则的继承与超越";第3章"文化资本理论——'文化资本'概念的基本结构与功能"和第4章"文化资本理论再考察——超越社会决定论"。第1章"社会科学认识论"从布迪厄的社会学认识论及其"惯习"概念出发,对其旨在超越主客观二元对立的基本立场做了较为详尽的理论考察。布迪厄指出,主观主义与客观主义的对立是社会科学领域内最根本、最具破坏作用的一对范畴。要克服这一对立并实现其统一,就必须同时放弃主观主义和客观主义的思考方法并建立一种"关系主义的思考方法"。为此,他从认识论的层面分别对主观主义和客观主义进行了批判。与此同时,他还提出一个可以同时弥补这两种认识方式不足的重要概念——"惯习"。他的社会学认识论,以及奠定其理论基础并以独特的方式融合了主观主义与客观主义优点的"惯习"概念,为我们打破存在于社会科学领域内的各种二元对立、建立一种全新的社会科学认识范式提供了崭新的思路。

第2章"社会学方法论"从布迪厄对涂尔干社会学的批判性继承出发,对其旨在超越社会学领域内各种二元对立的社会学方法规则进行了理论性考察。研究具体从以下三个方面入手。首先,对奠定社会学基础、从客观主义立场出发的涂尔干的社会学方法规则进行了简要考察。其次,具体探讨了布迪厄对涂尔干方法论的继承与超越问题。布迪厄在涂尔干社会学方法规则——"要建立独立于任何其他社会科学的科学社会学就必须排除一切常识性认识"——的基础之上,提出了自己的社会学方法新规则,也就是"非意识规则"和"关系暂定性规则"。"非意识规则"将社会规定为对立于行动者的外在与具有强制功能的客观体系。"关系暂定性规则"就是通过赋予历史和社会体系某种优先地位的方法,强调社会关系不能简单地还原为各种客观的关系。最后,布迪厄继承了涂尔干"必须将社会事实看作一个事物"的观点,从超越理论和方法论对立的立场出发,着重探讨了应该如何建构社会学对象的问题。他指出,"事实"不是直接由那些显而易见的经验性资料和数据所构成的,它是理论的建构物。因此,行动者仅凭对现实的观察无法揭示事实的真相,理论才使得无数的经验性数据变得富有意义。以此为依据,布迪厄展开了对经验主义和实证主义的批判。此外,他还竭力推崇可以透过并战胜现象,发现关系间本质关系的"比较法",指出此方法"与由内容的类似性所促发的简单的关联性形成了鲜明的对比,它将不同社会间的比较,或者同一社会内部'表面异质'的子系统间的比较转换成具有生产性的事物，即赋予其普遍化能力"。这种"结构的相同性"才是超越表面相似性的"被隐藏的原理"和"构成惯习的能力"。

第3章"文化资本理论"对布迪厄文化资本理论的核心概念"文化资本"进行了较为深入的探讨。具体将重点放在"文化资本"的结构、生产与再生产及其基本功能之上。布迪厄指出，"文化资本"主要有三大形态，即身体化形态、客观形态和制度化形态。文化资本的身体化形态是一种精神和身体的结合物（如知识、教养、气质、趣味和感性等）；客观形态指具体的文化产品（如书籍、绘画、各种文化用品等）；制度化形态指将个人的身体化文化资本转换成社会层面上的客观形态文化资本（主要指各种学历文凭）。文化资本和经济资本一样，同样可以投资于各种市场（学校市场、人才市场、文化生产市场等）并获得相应的利润。"文化资本"的获取方式通常有"继承"和"获得"两种。"继承"指来自家庭和父母的文化资本，也被称为一种提前遗产执行和生前馈赠。"获得"主要指通过学校教育获取的文化资本。它"从较晚的时期开始，以一种系统、速成的方式进行"。由于行动者的文化资本主要是以"继承"方式获得的，所以它同样凝结着社会成员之间的不平等，体现着社会资源分配的不平等。而且和经济资本不同的是，这种不平等是以一种隐蔽的方式表现出来的。也就是说，文化资本具有一种"隐蔽"功能。"隐蔽"指行动者在获取、投资和持有文化资本过程中表现出来的一种"虚假的非功利性"。这一功能具有掩盖其本身可以和经济资本进行相互交换、进而掩盖不平等的等级秩序和资源分配并使其合法化的作用。总之，布迪厄的"文化资本论"揭示了文化资本的利益取向和它的象征支配功能。

在此基础上，第4章"文化资本理论再考察"从动态的视角对"文化资本"概念做了进一步的探讨。"文化资本"是布迪厄社会学理论中最著名也最具争议的一个概念。对"文化资本"的批判主要集中在以下三个方面。第一，"文化资本"是一个具有强烈意识形态色彩的批判性概念。第二，"文化资本"是一个静态和僵硬、体现着社会决定论倾向的概念。第三，"资本"尤其是"文化资本"一词的用法十分暧昧和模糊。显然，这些批判有失偏颇。尽管"文化资本"在许多场合确实被当作一种揭示不平等的社会关系与不平等的资源分配的有效武器，也经常被用来剖析文化再生产过程中社会结构的决定性作用，并且也算不上一个精确的概念，但它仍然可以成为动态和具有灵活性的分析概念；仍然可以被用来分析行动者个人在文化资本的生产与再生产过程中的能动作用。本章具体从针对"文化资本"概念的几种主要批评、"文化资本"与行动者的主体性作用以及文化资本的隐蔽功能三个方面入手,对文化资本再生产过程中行动者的能动作用以及"隐蔽"功能在其中所起的积极作用进行了详尽考察。

第二部分着重对布迪厄文化资本理论的具体运用及其对经济学的影响进行了社会学考察。第5章"文化再生产理论——一个揭示教育不平等的社会学分析框架"和第6章"社会空间理论——文化视域中的阶级与阶层"试图通过对布迪厄教育理论以及阶级与阶层理论的理论性阐释,进一步加深对"文化资本论"的理解。对布迪厄稍有了解的人都知道,尽管他发明了许多社会学概念,但在实际使用过程中却拒绝给出明确的定义,而喜欢将其视为一种"开放性概念"并通过一系列经验性研究来加以理解。借用布迪厄本人的话说,就是"设计任何概念都应旨在以系统的方式让它们在经验研究中发挥作用"。因此,要想真正认识与理解文化资本理论,就必须对布迪厄有关具体文化现象和社会问题所做的研究进行深入的思考。

对布迪厄教育理论的探讨主要体现在第5章"文化再生产理论——一个揭示教育不平等的社会学分析框架"中。我们知道,尽管布迪厄对教育问题的关注几乎贯穿其整个学术生涯,但其中最重要并受到广泛关注的是其早期的教育思想。这些思想集中体现在他和帕斯隆合著的《继承人》与《再生产》两部研究法国高等教育的作品中。在此,布迪厄和帕斯隆对法国现代教育体制进行了深入剖析并提出学校是"一个生产与再生产社会与文化不平等的主要场域"的著名观点。这一极具冲击性的主张尽管在西方思想界和学术界引起激烈而广泛的争议(如 Boudon 等人的批评),但以文化再生产为基础的布迪厄的教育社会学理论却作为"一种最富启发性的方式"(吉登斯语)对现代教育社会学产生了深远的影响。本章具体通过文化的再生产、作为一种"选择"与"自我选择"的教育、文化再生产与学校实践以及文凭的获得这四大主题对布迪厄的教育理论进行了阐释性研究。

第6章"社会空间理论——文化视域中的阶级与阶层"从布迪厄对马克思阶级理论的继承与超越之视角出发,对他的阶级理论进行了社会学考察。我们知道,在既存的阶级与阶层研究中,布迪厄的阶级理论占据着独特的位置。首先,与各种以经济和职业结构为基础的阶级与阶层理论不同,他的阶级理论是以"文化"为基础的。其次,他的阶级理论呈现极大的包容性和复杂性。布迪厄的理论几乎囊括了迄今为止所有既存阶级与阶层研究的精华，而其中马克思阶级理论对他的影响最为显著。但与此同时，他也对某些马克思主义者不成熟的经济主义和结构主义提出了尖锐批判，指出它们至少存在以下三大问题。第一，马克思主义阶级理论将按照生产关系作出分类的阶级视为一个实体并认为它将直接成为集合性行为的主体。第二，马克思主义阶级理论仅从生产关系的角度来定义阶级，根本无视经济以外任何其他因素，如文化等因素的作用。因此在布迪厄看来，马克思主义阶级理论本质上是一种经济还原论。第三，马克思主义阶级理论认为阶级斗争是按照事先由阶级理论所给定的分类标准而展开的。换句话说，阶级理论或阶级分类只存在于阶级斗争的外部。很显然，他们忽略了分类标准本身正是一个必须争夺的重要目标这一基本事实。本章正是围绕着这三大主题展开对布迪厄阶级理论的考察与阐释的。

第7章"差异化机制——一种有关文化的政治经济学"从政治社会学的角度对布迪厄象征差异理论进行了较为详尽的考察。布迪厄指出，象征差异以间接的方式——通过惯习这一媒介——从属于它们所表达与改变的经济差异。而且在象征体系中，上层阶级的生活方式总是占据着支配性地位并作为一种合法品位被广泛用来对下层阶级实施"象征权力"。象征差异体现了一种等级关系和权力关系。布迪厄的象征差异机制理论，不仅揭示了文化在社会结构（各种支配关系和不平等关系）的生产与再生产过程中的重要作用，而且也为我们剖析以各种不同形式影响和制约人类知觉、判断及行为的无形的权力作用，即"文化支配"（象征支配）的机制提供了全新的视角。本章具体从差异与惯习、文化正统性、趣味的社会功能以及象征关系与权力四个方面，对象征差异机制进行了深入探讨。

第8章"文化资本与人力资本——布迪厄文化资本理论的经济学意义"着重探讨了对布迪厄文化社会学与经济学的关系。我们知道，文化资本理论与经济学之间存在着密切的联系，不仅经济学对文化资本理论的形成曾经起到过重要作用，而且布迪厄文化社会学对经济学的影响也是显而易见的。近年来，随着文化信息产业的飞速发展，文化的经济价值再度引起包括经济学家在内的社会科学家的广泛关注。而另一方面，环境问题的凸现以及由此引发的对经济的可持续发展的反思也使得经济学家面临着前所未有的挑战。文化——包括生活方式、价值观、信仰和品位等精神财富；信息产业、大众传媒产业、旅游业和体育产业等文化产业、文化产品以及文化政策和制度等——已然成为社会的可持续发展和经济增长的新要素。众多经济学家开始尝试将文化纳入经济学的研究范畴。而从文化与经济之关系出发的布迪厄文化资本理论——尤其是其中的社会资本、文化资本和惯习等概念——则为经济学家构建新的理论范式提供了独特视角。本章试图从布迪厄文化资本概念、人力资本与文化资本、作为一个经济学概念的文化资本这三方面入手，对布迪厄文化资本理论与经济学的关系及其经济学的意义做较为详尽的考察。

六

作为一种现代社会的阐释理论，布迪厄"文化资本论"的贡献是十分巨大的。一方面，在被称为文化社会的后产业社会中，文化支配（象征支配）是继经济支配之后出现的又一主要的支配形式。而另一方面，布迪厄的文化资本理论则在揭示文化在社会结构（各种支配关系、不平等关系）的生产与再生产过程中所起的重要作用的同时，为我们剖析以各种不同形式影响和制约人们知觉、判断及行为的无形的权力作用，即"文化支配"（象征支配）机制提供了全新的视角。总之，文化资本理论对我们认识现代资本主义社会的主要矛盾已经从"阶级斗争"转化成围绕着文化资本进行的"象征斗争"，并揭示其背后的利益倾向提供了有效的分析和批判手段。

布迪厄文化资本理论的研究对中国社会学的建设具有重要的理论与现实意义。众所周知，由于种种历史原因，中国的社会学研究尤其是理论社会学研究至今仍然十分薄弱，对国外社会学前沿理论的系统性介绍和阐释性研究则更少。布迪厄作为现代西方世界举足轻重的思想家和社会学家，其理论和思想在社会科学领域内占据着极为重要的地位。但与他的地位和贡献很不相称的是，国内社会科学界特别是社会学界对他的研究却非常之少。尽管布迪厄的绝大部分作品已被陆续翻译出版，但除了少数介绍性文章以外，很少见到深入且具独创性的理论研究。因此，要真正提高中国社会学的整体水平，就必须在做好对国外社会学理论尤其是社会学前沿理论的引进工作的同时，对它们进行深入的理论研究。而通过对布迪厄"文化资本论"的基础性理论研究，来推动中国社会学的理论建设则是本书的一个核心目标。

文化资本理论同时也为我们把握当代中国社会提供了一个有效的社会学范式。尽管正处于现代化进程中的中国社会与业已进入后产业社会的西方发达国家之间存在着很大的区别，但在全球化背景下，它同样也出现了许多发达国家面临的问题。例如，经历了三十多年的改革开放，中国如今早已步入了学历社会。同西方发达国家一样，"文化资本"（学历资本）正成为继"经济资本"之后另一个重要的支配性因素。因此，发生在今日中国社会尤其是大都市激烈的学历竞争，同样可以被理解为是一种典型的"卓越化游戏"（布迪厄）。近年来中国社会出现的一些高消费现象，如都市白领阶层为购买高级住宅、高档轿车以及昂贵的名牌产品不惜大量透支的社会现象，或者不惜花费大量时间和金钱去诸如音乐厅、美术馆这样的文化场所观赏他们根本无法理解的当代艺术等文化消费行为也同样可以通过布迪厄的"惯习"概念及"卓越化"理论来加以理解。此外，文化资本理论还为我们考察权力在财富再分配过程中的作用，即财富与权力的转换机制提供了一个有效的分析框架。

此外，文化资本理论还为我们克服现代性的专业化倾向，实现不同学科之间的融合作出了很大贡献。布迪厄文化资本理论的一个显著特征就是与经济学的亲和性。作为一种后现代社会学思想，文化资本理论超越了传统意义上的社会学范畴。为了克服社会学狭隘的专业化倾向，他在研究中融入许多其他学科和学术流派的智慧。经济学尤其是政治经济学对布迪厄文化资本理论的形成产生了直接作用，不仅其"资本"概念深受马克思"资本"理论的影响，而且他还大量借用了经济学术语。换句话说，布迪厄"文化资本论"的一大理论特色就是借鉴和使用了大量经济学隐喻（如"文化资本""社会资本""生产""再生产""交换"，等等）。因此从某种意义上讲，布迪厄正是通过利用经济学隐喻来揭示现实社会中各个不同阶级和阶层之间的不平等关系的。

此外，布迪厄还通过与经济学的对比确立了他所谓的"总体性实践经济学"。他指出，传统经济学和总体性实践经济学至少存在以下两大区别。第一，一方面，传统经济学通常将能够直接转化为金钱的商品交换视为经济行为，而将其余部分统统视为非经济行为。而另一方面，总体性实践经济学则将文化活动、社会活动和政治活动等象征行为也视为一种经济行为。第二，传统经济学企图掩盖象征活动的利益倾向，而总体性实践经济学则认为象征活动同样属于一种交换形式，只不过它是一种特殊形式的交换而已。从这一意义上讲，总体性实践经济学是一门将迄今为止被经济学所忽略的、非经济的实践形式（主要是文化实践）作为主要研究对象的经济学理论。

一方面，布迪厄的"文化资本""社会资本"和"惯习"等概念也对经济学的发展及其理论建设产生着一定的作用。例如，近年来在经济学领域内受到广泛关注的"社会资本"理论无疑在很大程度上受到布迪厄"社会资本"概念的影响。另一方面，"文化资本"概念也对经济学的发展起到了一定作用。"文化资本"不仅经常和"人力资本"概念一起被广泛使用，而且它本身也成为文化经济学的核心概念之一。此外，布迪厄的"惯习"概念也对制度经济学主要流派之一的法国调节学派（Regulation School）的形成起到了直接的推动作用。同样，以"惯习"为原型的"文化惯习"如今已成为文化经济学的重要概念之一。显然，从"文化资本"和"惯习"等概念与经济学的关系及其对经济学的影响出发的这一研究，为主流经济学的建设与发展提供了理论基础。

总之，系统地考察与研究布迪厄的文化资本理论不仅对我们了解当代西方社会科学的发展动向，并有选择地借鉴这些处于思想与社会科学前沿的学术成果来建设中国的社会科学具有重要的理论意义，而且也对我们认识与理解西方社会本身以及全球化背景下的当代中国社会具有深刻的现实意义。

全球粮食涨价：
风险社会的政治学

"全球正面临着粮食和能源的双重危机，二者相互交织并在气候变化和世界经济滑坡的影响之下以惊人的速度不断恶化。"2008年7月18日，联大主席克里姆在第62届联大举行的粮食与能源危机特别会议上，发表了上述开幕致词。克里姆向我们展示了一幅当今世界风险社会的全景图。这其中，尤为令人担忧的是由粮食涨价所引发的全球性危机。

近年来，世界粮食价格出现了大幅上扬。2005~2007年，国际粮价暴涨了一倍多。进入2008年以后，国际粮价继续攀升，涨势更为迅猛，据世界银行4月9日发表的报告称，从1月份至3月份，美国出口小麦价格从每吨375美元，上涨至440美元，泰国出口大米价格也从每吨356美元，上涨至562美元。3月份，国际小麦价格一度达到19年来最高点，国际大米价格达到28年来的最高点。

世界银行估计，此次的全球粮食价格的上涨将致使世界新增1亿贫困人口。[1] 塞内加尔、苏丹、海地、尼加拉瓜等40多个贫穷国家相继陷入粮食困境。索马里甚至已经举国饥饿。粮食涨价同时加剧了社会的动荡。印尼、墨西哥、埃及、菲律宾等国的国民相继上街示威游行抗议粮价飞涨；在海地、埃及、阿富汗、索马里、苏丹和刚果（金）等国，粮食的上涨引发了社会动荡，海地总理因粮食问题黯然下台。发达国家虽未因粮食涨价而陷入饥饿困境，但美国、西欧和日本等国家与地区，也相继出现了程度不同的粮食危机。而因粮食和能源价格上涨引发的通货膨胀，同样使这些国家的国民

---

[1] 中国新闻网：《联大讨论粮价及能源危机　潘基文强调6项应对措施》，2008年7月19日，http://www.chinanews.com.cn/gj/gjzj/news/2008/07-19/1317713.shtml，2008年7月23日。

深受其害。

可以毫不夸张地说,粮食涨价目前已经演变成一场全球性的、深刻的经济与社会危机。那么,为何一度被认为已经克服的粮食危机会再次袭击全球;与以往的粮食危机相比,此次危机反映了怎样的时代特征;现代意义上的粮食危机,暴露出现代性存在的哪些问题;围绕着究竟谁该对此次全球性粮食涨价负责,即风险的责任问题,发达国家和发展中国家之间,展开了怎样的政治博弈;全球化时代的风险是如何分配的,在粮食危机中,社会公正性问题又是以何种方式显现的。本文试图运用贝克的风险社会理论,对以上这些论题展开深入的社会学考察。

一 风险、风险社会和全球粮食涨价

"风险"和"风险社会"是社会学和政治学的基本概念,也是理解现代性和现代社会的分析框架。贝克指出,风险是一个表述现代性的概念。(世界)风险社会特指现代性的一个阶段。在这一阶段,工业化产生的负面效应开始显现,并逐渐占据主导地位,与此同时,现代科技也演变为一种潜在的危险。工业化产生的副作用,以及由科技引发的风险,不仅深刻地影响和改变了现代社会,而且致使现代社会成为一个充满不确定性的风险社会。

传统的发展理论认为,风险是工业和科技发展过程中所必须付出的不可避免的代价。它在给多数人带来物质利益的同时,也产生了一定的副作用。不过,随着科技的不断进步,经济的进一步发展,工业化带来的负面影响将被控制在一定的范围,环境不会无限制地持续恶化下去。也就是说,当经济发展到一定阶段,环境的地位将会获得相应提高,而不再仅仅是一种可供消费的资源。随着技术的进一步发展和制度的不断完善,将会创造出一种保护生态的伦理,现代社会将必然过渡到生态现代社会。显然,发展理论遵循的是一种线形的思维方式,即随着时间的推移,社会必然从前现代社会发展到现代社会,再从现代社会过渡到生态现代化社会。[1]

贝克对这一根植于线形思维的学说深表怀疑。他对科技进步和制度完善,可以使科技和经济发展产生的副作用变得可以预测和控制的观点提出了

---

[1] Cohen, J. Maurie, Risk Society and Ecological Modernization, *Future*, Vol. 29, No. 2 (1997), pp. 105 – 119.

质疑。他指出，我们根本没有能力预测现代社会的"风险"。例如，1986年，苏联切尔诺贝利核电站的泄漏事故，给欧洲带来了巨大灾难，带有放射性物质的污染物一直扩散到北欧和西欧，甚至美国的东海岸也受到了影响。但当时，德国关于原子能发电站的防灾条例断定，核事故或灾难波及的范围只有28.5公里。而且该条例根本没有将其他国家的灾难也会波及德国的可能性考虑在内。①

贝克指出，正是这种视工业社会的种种副作用具有可控性的现代文明，孕育了风险社会。风险概念表明人们创造出一种文明，它试图通过使因自身决策所造成的不可预测的后果具备可预见性，以此控制各种不可控的事件；通过有计划的预防性行为及相应的制度化措施战胜种种副作用。因此，"风险"是一个很现代的概念，一个与文明进程和不断发展的现代化紧密相连的概念，也是一个指明自然和传统终结的概念。风险社会面临的挑战并非来自自然或自然的破坏，而是来自现代文明自身。总之，风险是"现代化、技术化和经济化进程的极端化不断加剧所造成的后果"。②

吉登斯和贝克持相同观点，也将风险看作人类试图控制和规范未来的方式。③ 他并且以此为依据，对风险进行了分类。他指出，存在两种不同的风险，即外部风险和人为风险。外部风险来自外部世界，是一种由于传统或自然的不变性和固定性所带来的风险。人为风险是由于我们不断发展的知识对这个世界的影响所产生的风险，指我们在没有多少历史经验的情况下产生的风险。"外部风险"贯穿于传统社会和工业社会早期（贝克所谓的第一次现代化时期）。"人为风险"则发生在最近，社会进入高度现代化之后。在这一时期，风险主要指涉一种"人为的不确定性"，是人类试图控制，或试图使风险最小化的科学和政治行为的结果。④

目前，我们正处于这样的时代：它在技术上越发完善，越发能提供完美的解决方案，但这些技术和解决方案同时却制造出种种风险，并产生了各种无法预见的后果。这些危险和后果深深地影响着受害者。正如贝克所言，在

---

① 乌尔里希·贝克、威廉姆斯：《关于风险社会的对话》，载薛晓源、周站超主编《全球化与风险社会》，北京：社会科学文献出版社，2005，第8～9页。
② 乌尔里希·贝克、威廉姆斯：《关于风险社会的对话》，载薛晓源、周站超主编《全球化与风险社会》，北京：社会科学文献出版社，2005，第8页。
③ 安东尼·吉登斯：《失控的世界》，周红云译，南昌：江西人民出版社，2006，第22页。
④ 乌克里希·贝克：《风险社会政治学》，载薛晓源、李惠斌主编《当代西方学术前沿研究报告2005～2006》，上海：华东师范大学出版社，2006，第130页。

现代社会,"风险的来源不是基于无知的、鲁莽的行为,而是基于理性的规定,判断、分析、推论、区别、比较等认知能力,它不是对自然缺乏控制,而是期望对自然的控制能够日趋完美"。①

由科技和制度导致的人为风险,如今已逐渐超过外部风险。② 人为风险的骤增,除了与作为整体的现代性密不可分之外,还与自然与传统的终结、全球化等一系列根本性变革有关。这些变革从根本上加剧了现代社会的不确定性和风险。③ 如上所述,贝克曾将风险定义为一个宣告传统与自然终结的概念。风险社会开始于传统的终结。传统的主要内涵在于"真理的表现意义"和"真理的仪式"意义。真理通过传统惯例和象征得以表现。④ 过去,具有确定性的传统,曾经为人类活动提供了重要基础。传统为人类生活提供了确定性。然而现在,人们对传统的依赖大为降低。传统提供的确定性不再被视作理所当然。传统的消解,使人们面临的风险急剧增大,人们必须在各种难以决断的领域里,不断进行选择并作出决策。

传统的终结与自然终结有着密不可分的联系。在风险时代,物质世界的每一部分都受到了人类的干预。在此,"自然"消失了,任何危机都不可能由纯粹的自然因素所造成。这其中必然夹杂着人为的影响。借用吉登斯的话讲,就是现代人的焦虑已经从自然可以为我们做什么,集中到我们对自然做了什么。风险和决策、选择,科学、政治,工业、市场及资本有着紧密的联系。显然,这已经不是外在的风险,而是存在于个人生活和各种制度中的内在风险,一种人为的风险。在此,存在这样一种悖论,即尽管风险社会的内在风险由现代化过程所引发,现代化过程却试图竭力去控制它们。⑤

风险社会同时也是一个全球化社会。所谓全球化,不仅仅指经济上的相互依赖,更重要的是,它指涉了我们生活中发生的时空的巨变。发生在遥远

---

① 薛晓源、刘国良:《法制时代的危险、风险与和谐——德国著名法学家、波恩大学法学院院长乌尔斯·金德霍伊泽尔教授访谈录》,载薛晓源、李惠斌主编《当代西方学术前沿研究报告 2005~2006》,上海:华东师范大学出版社,2006,第 130 页。
② 安东尼·吉登斯:《失控的世界》,周红云译,南昌:江西人民出版社,2006,第 107 页。
③ 安东尼·吉登斯:《失控的世界》,周红云译,南昌:江西人民出版社,2006,第 107 页。
④ 安东尼·吉登斯:《失控的世界》,周红云译,南昌:江西人民出版社,2006,第 109 页。
⑤ 安东尼·吉登斯:《失控的世界》,周红云译,南昌:江西人民出版社,2006,第 109~112 页;乌克里希·贝克:《风险社会政治学》,载薛晓源、周站超主编《全球化与风险社会》,北京:社会科学文献出版社,2005,第 128 页。

地区的事件，比以往任何时候都更直接、更迅速地对我们产生影响。反之，个人的行为和决定，亦可能产生全球性后果。[1] 例如，在全球化时代，我们个人的饮食习惯，可能对生活在地球另一端的食品供应商产生严重后果。在全球化时代，风险必然成为全球性问题。贝克在《世界风险社会》中，直接把当代称作全球风险社会。他并且在书中论述了风险的全球性特征：新的风险既是本土又是全球性的，或"全球本土性的"。在此，风险没有边界。气候变暖和水污染等环境危险没有边界；在全球范围内，凭借着发达的通信设备进行实时交易的金融流通带来的经济风险同样没有边界。贝克指出，全球性风险导致了这样一个世界：风险变得无法控制和不可计算，以往有效的防范风险的手段——各种保险和保障制度——已经失效；因为无法确定危险的制造者，"谁污染谁治理"原则也无法适用；危险的潜在性、超常规性和广泛性使保险制度失去了任何意义，危险再也不能通过经济补偿来解决。因此，一旦发生灾难，根本没有有效的管理机制可以应对。贝克总结道，在风险社会的世界中，控制逻辑从内部崩溃了。风险社会成为一个政治社会。[2]

　　站在社会学角度审视全球粮食涨价，不难发现，此次全球粮食危机具备了新型风险的一切固有特征。粮食危机原本是个十分古老的问题。历史上，每逢发生大规模自然灾难和战乱，必然伴随着粮食危机。然而，此次的危机，却呈现不同以往的特征。首先，此次的粮食危机并非由于自然灾害所造成。据2007年11月日本农林水产省发布的研究报告称，近年来，尽管局部性灾害不断，但全球粮食总产量并未下降，相反还出现了持续上升的态势。世界农作物年产量从1970年的11亿吨，上升至2007年的21亿吨，产量提高了1.9倍。其间世界总人口从37亿上升至65亿，增长了1.8倍。[3] 粮食增长和人口的增长基本持平。因此可以推断，全球粮价的飙升并非是由自然灾害所造成的。

　　首先，此次粮价上涨，事实上很大程度上应该归咎于"人为的不确定"因素。上述日本农林水产省的报告，将此次粮价飙升的原因归纳为三点：

---

[1] 安东尼·吉登斯：《第三条道路》，郑戈译，北京：北京大学出版社，2000，第33页。
[2] 乌克里希·贝克：《世界风险社会》，吴英姿、孙淑敏译，南京：南京大学出版社，2004，第183页。
[3] 国際食料問題研究会：『食料をめぐる国際情勢とその将来に関する分析』，東京：日本農林水産省報告書，2007，p.4。

①发展中国家人口的持续上升；②生物燃料产业的兴起；③地球温暖化带来的气候环境的异变。[1] 国内有学者在此基础上又增加了三个因素：①经济的全球化导致粮食生产成本的上升；②期货市场的投机炒作；③心理预期造成的上涨。[2] 不难看出，此次的全球粮食危机完全是一种人为风险。全球粮价的大幅上扬，很大程度上是发达国家为了降低原油涨价带来的经济风险，以及为了控制因传统能源消耗造成的环境风险，利用高科技手段研制替代能源并制定相应的政策所导致的。

其次，此次的粮食危机是全球规模的。以往，尽管粮食危机时有发生，但往往只局限于部分国家和地区，很少出现全球性灾难。因为危机主要因当地的自然灾害、战乱等社会动荡所引发。然而此次危机却截然不同。据国际货币基金组织统计，粮食和原油价格的上涨可能严重削弱75个发展中国家的经济。饥饿、增长放缓、通货膨胀以及失业率增高在很多国家正成为现实。[3] 目前，全球有高达10亿人口日均生活费在1美元以下。粮价的不断上涨，将给这部分人的生存带来致命的威胁。例如，中美洲在过去的一年时间里，小麦和玉米价格上升了2倍。据联合国粮农组织的调查显示，萨尔瓦多农村地区的人均卡路里摄入量，与2006年5月的调查相比，减少了40%。在阿富汗，2008年的小麦价格比上年上升了60%，许多人已经因此而无力购买粮食。

粮食危机并非仅仅局限于发展中国家和粮食进口国，发达国家同样无法幸免。以世界最大的粮食输出国美国为例，随着粮价的上涨，肉类、禽蛋、畜产品的零售价格出现了大幅上扬。2007年，美国食品零售价出现了两位数的增长（美国联邦劳动统计局）。牛奶价格上涨了26%，鸡蛋上升了40%。[4] 显然，粮价上涨也给美国国民，尤其是低收入人群的生活带来了巨

---

[1] 国际食料問題研究会：『食料をめぐる国際情勢とその将来に関する分析』，東京：日本農林水産省報告書，2007，"はじめに"，p.1.

[2] 江涌：《直面世界粮食危机：一场"沉默的海啸"不期而至》，2008年7月4日，http://news.xinhuanet.com/politics/2008-07/04/content_8487168.htm，2008年7月25日；明金维：《粮价飙升引发危机担忧：粮价高涨考验世界》，2008年4月23日，http://news.xinhuanet.com/fortune/2008-04/23/content_8034656.htm，2008年7月25日。

[3] 中国新闻网：《联大讨论粮价及能源危机潘基文强调6项应对措施》，2008年7月19日，http://www.chinanews.com.cn/gj/gjzj/news/2008/07-19/1317713.shtml，2008年7月23日。

[4] Naomi Spencer, *US food prices increase sharply*, 12 March 2008, http://www.wsws.org, 25 July 2008.

大冲击。因此，粮食问题目前已经成为包括发达国家在内的几乎所有国家共同面临的全球性问题。粮食危机不仅对发展中国家的经济和民生构成巨大威胁，并引发了巨大的政治和社会风险，而且也对发达国家的经济造成了冲击。由粮食和能源上涨导致的通货膨胀和经济危机正蔓延至整个西方世界。

此次全球的粮价飙升是风险社会面临的、迄今为止最为严重的危机。涉及的范围之广，影响之深远远超出了人们的想象。如果说核危机、化学制品和基因技术所引发的风险还只是潜在和缓慢的，以无法察觉的方式影响和威胁着人类生命和安全的话，那么，由粮食涨价引发的全球性危机，则直接关乎几十亿人的健康和生命，是一种超大规模的、显性的现实风险。贝克曾经认为，风险社会的危险是潜在的，它对于我们日常认识来说具有隐蔽性，是不可追踪的。① 然而，此次的全球粮食危机呈现截然不同的特征。目前，粮食危机已经对人类社会构成了直接和严重的威胁，数十亿人正处于饥饿和营养不良的边缘。② 非洲部分国家，许多人因饥饿和营养不良致死。③

粮食危机涉及了各种不同种类的风险。粮价大幅上扬除了将导致巨大的经济风险之外，还会引发政治和社会风险。2008年春，埃及各地爆发了大规模示威活动，抗议食品价格飞涨。据日本《中东TODAY》报道，自2007年夏天以来，国际小麦价格上涨了3倍，致使埃及供贫困阶层食用的面包最低价格飞涨了10至15倍。④ 骚乱招致了剧烈的社会动荡，有两人在骚扰中死亡。显然，此次全球粮食危机不论从规模还是影响上，已经远远超出了切尔诺贝利核泄漏事件、9.11事件和疯牛病所带来的负面影响。这表明，风险社会已经从贝克意义上的潜在性影响，进入到对人类的生存构成直接威胁的新阶段。

---

① 乌克里希·贝克：《世界风险社会》，吴英姿、孙淑敏译，南京：南京大学出版社，2004，第184页。
② Spencer, Naomi, *Food Prices Continue to Rise Worldwide*, 25 February 2008, http://www.wsws.org, 25 July 2008.
③ Spencer, Naomi, *US Food Prices Increase Sharply*, 12 March 2008, http://www.wsws.org, 25 July 2008.
④ 佐々木良昭："エジプトのパン騒動限界点を超えた?"，東京財団『中東TODAY』No. 955（インターネット版），2008，http://www.tkfd.or.jp/blog/sasaki/2008/03/no_215.html。

二 粮食危机：一种全球性风险

贝克认为，全球性风险可以概括为三类，即经济风险、地球生态与环境风险和国际政治风险。经济风险是由于过度工业化和城市化导致的地球不可再生能源和资源日渐枯竭带来的风险。地球生态和环境风险是因人口爆炸、工业生产和人类活动对自然环境造成的破坏。国际政治风险指由各国发展的不均衡引发的冲突。[①] 此次全球粮食危机，可以视为是以上三种风险的集中爆发。

1. 粮食危机是全球经济风险加剧的结果

经济风险主要来自两个方面：①过度工业化和城市化导致的资源危机和能源危机；②全球化市场导致的金融风险。首先，是不可再生资源和能源大量消耗带来的经济风险。工业革命以来，世界能源消费出现了猛增的势头。尤其在刚刚过去的20世纪，能源消费更是出现了惊人增长。1900～1985年，世界人口增长了3倍，而同一时期，能源消费量却增加了14倍。[②] 贝克给出了一组惊人数字：20世纪人类共消耗掉1420亿吨石油、2650亿吨煤炭、380亿吨铁、7.6亿吨铝、4.8亿吨铜。占世界人口15%左右的先进工业国，消耗了世界56%的石油、60%以上的天然气和50%以上的主要矿产资源。[③]

不可再生资源的日益枯竭和全球经济的进一步膨胀，积聚了巨大的经济风险。事实上，早在20世纪70年代，资源和能源的过度消耗，以及由此带来的枯竭问题已经引起了人们的广泛关注。1972年，罗马俱乐部推出了震撼世界的《增长的极限》研究报告。该报告通过对加速工业化、人口爆炸、粮食生产的限制、不可再生资源的消耗以及环境污染[④]五大世界性课题的深

[①] 乌克里希·贝克：《属于自己的生活》，转引自章国锋《反思的现代化与风险社会》，载薛晓源、李惠斌主编《当代西方学术研究前沿报告2006～2007》，上海：华东师范大学出版社，2007，第92～93页。

[②] 見田宗介：『現代社会の理論—情報化・消費化社会の現在と未来』、東京：岩波書店、1996、p.85。

[③] 乌克里希·贝克：《属于自己的生活》，转引自章国锋《反思的现代化与风险社会》，载薛晓源、李惠斌主编《当代西方学术研究前沿报告2006～2007》，上海：华东师范大学出版社，2007，第93页。

[④] 罗马俱乐部：《增长的极限》，李宝恒译，成都：四川人民出版社，1983，第6页。

入考察，阐述了现代性经济增长模式给地球和人类自身带来的毁灭性后果。报告尤其关注资源和能源的有限性问题，称如果按 1970 年当时的增长率发展下去的话，那么，铝将在未来 21～50 年，水银将在 13～41 年，石油将在 20～50 内枯竭。① 不过报告同时指出，这些资源不一定会消耗殆尽，因为在部分资源行将枯竭时，由于价格的大幅上扬，将会使其不得不退出某些使用领域或被调换成其他可替代资源。

为了避免可能出现的最坏状况，报告提出了"零增长"对策（零增长理论）。零增长理论指这样一种主张：地球资源是有限的，人类必须自觉地抑制增长，否则随之而来的将是人类社会的崩溃。报告发出警告，"如果在世界人口、工业化、污染、粮食生产和资源消费方面按现在的趋势继续下去。这个行星上的极限有朝一日将在今后一百年中发生，最可能的结果将是人口和工业生产力双方有相当突然的和不可控制的衰退"。②

然而令人遗憾的是，《增长的极限》的忠告，未能阻止人们对财富增长的无限渴望。全球经济在此后并没有放慢发展的脚步，资源和能源消费量进一步加大。这一切积聚了大量的风险，并直接导致近年来石油价格的大幅飙升。为了降低经济发展成本，减少能耗带来的环境风险，发达国家开始将目光转向以粮食等农作物为原料的生物燃料。日本农林水产省的报告显示，21 世纪以来，以甘蔗和玉米为原料的生物乙醇燃料产业迅速扩张，产量从 2001 年的 3132 万加仑猛增至 2007 年的 6256 万加仑，整整增长了 1 倍。③ 美国和巴西是生物燃料的主要生产国，世界生物燃料 73% 来自以上两个国家。美国的生物燃料主要以玉米为原材料。自 2005 年 8 月布什签署《能源政策法案》以来，美国拉开了大力发展生物能源的序幕。生物能源政策旨在鼓励利用玉米生产乙醇，以提供汽车的燃料。2006 年，美国为了生产乙醇燃料，总共消耗掉 4200 万吨玉米，相当于 1.3 亿人一年的口粮。按照美国的计划，到 2017 年，乙醇年产量将提高至 350 亿加仑。为此，将消耗掉 3.3 亿吨玉米，大约相当于 10 亿人一年的口粮。巴西是另一个生物燃料生产大国，为了发展生物乙醇燃料工业，大量原始森林遭砍伐，用以种植甘蔗。现在，巴西甘蔗的 50% 用来生产乙醇燃料。近年来，欧洲也开始大力

---

① 罗马俱乐部：《增长的极限》，李宝恒译，成都：四川人民出版社，1983，第 61 页。
② 罗马俱乐部：《增长的极限》，李宝恒译，成都：四川人民出版社，1983，第 19～20 页。
③ 国際食料問題研究会：『食料をめぐる国際情勢とその将来に関する分析』，東京：日本農林水産省報告書，2007，p.7。

发展以大豆和油菜籽为原料的生物燃料工业。目前，年产量已达到400万加仑。[①] 生物燃料工业的超常发展，大大增加了全球的粮食需求。国际货币基金组织最近发布的研究报告称，不利的天气条件和发达经济体增加生物燃料产量是近两年推动粮食价格上涨的主要原因。最近一轮的粮价飙升，15% ~ 30%的涨幅是由生物燃料需求扩大造成的。[②]

首先，城市化、工业化、过度放牧和养殖业的发展，致使世界耕地面积不断流失。尽管人类开荒耕田的努力从未间断过，但全球每年有高达500万公顷的土地沙漠化。自1960年以来，世界总耕地面积始终停留在7亿公顷左右。与耕地面积的极限形成鲜明对比的是，这期间世界人口出现了爆发式增长，几乎翻了一番。人口的增长使世界人均实际耕地面积大幅减少，从1962年的0.2公顷/人下降至2003年的0.11公顷/人。[③] 依据公式"人均粮食产量 = 人均耕地面积 × 粮食单产"，人均粮食产量将主要依靠提高粮食单产来实现。而粮食单产在经历了1960 ~ 1970年代"绿色革命"爆发式增长后，增速开始减缓。自20世纪80年代以来，世界粮食年增长率始终停滞在1.5%左右。显然，粮食单产的增长速度，无法完全弥补人均耕地面积的下降幅度，人均粮食产量长期下降的趋势将很难改观，粮食刚性需求的直线上升，成为引发全球粮食危机的直接诱因之一。

其次，是金融全球化对当前这场粮食危机的影响。鲍曼把全球金融市场看成是"惊奇和不安的主要来源"。[④] 布迪厄向来对"全球化"持怀疑的态度，认为这是新自由主义为了返回"野蛮无耻但理性化的资本主义"而炮制的强势言论。但他还是承认存在一个真实的全球金融市场。他指出，随着某些法律控制的减少和现代通信手段的改善，人们日益走向一个统一的金融市场。不过，"统一并不意味着均匀一致"。在布迪厄看来，全球金融市场是一个弱肉强食的场所，主要受某些国家（美国）经济的统治，并为这些

---

① 国際食料問題研究会：『食料をめぐる国際情勢とその将来に関する分析』，東京：日本農林水産省報告書，2007，p.7。
② 央视网：《解读〈世界经济展望〉更新报告》，2008年7月18日，http://news.cctv.com/world/20080718/105975.shtml，2008 - 7 - 25。
③ 央视网：《解读〈世界经济展望〉更新报告》，2008年7月18日，http://news.cctv.com/world/20080718/105975.shtml，2008 - 7 - 25。
④ 齐格蒙特·鲍曼：《全球化》，周宪、许钧译，北京：商务印书馆，2004，第66页。

国家的利益服务。①

最后，此次世界农产品价格的大幅飙升，并非仅仅是实体经济的真实反映。它在很大程度上是国际游资投机炒作的结果。近年来，为了攫取暴利，国际资本已不再仅仅满足于货币和股票等金融商品的投机，而开始将触角伸向有限资源。游资流向哪里，哪里的价格就出现飞涨。以原油价格为例，石油是国际投机资金长期炒作的对象。国际金融大鳄依仗雄厚的资金实力和信息优势，操纵国际石油期货交易。他们利用美元贬值、地缘政治局势动荡、石油消费量增加、气候变化等因素推升油价，从中牟利。有研究显示，2006 年当时每桶 70 美元的油价中，大约 25 美元是由于金融投机所导致的。② 继石油之后，粮食成为国际游资新的追逐目标。近两年来，对冲基金利用全球粮食刚性需求大幅上升、美元贬值等因素，在国际期货市场上哄抬小麦、玉米、大豆等大宗商品期货价格，从中获取了巨额利润。粮食的投机炒作导致粮食价格扭曲，粮价不断攀升，严重威胁了全球粮食的安全。

鲍曼曾经援引约翰·卡瓦纳的话，说明金融全球化蕴涵的风险。他说，全球化给了巨富更快赚钱的机会。这些人利用最新的技术飞快地在世界各地周转巨额资金而且更有成效地投机买卖。这导致全球化的一大悖论，即在对极少数人极为有利的同时，却冷落了世界上 2/3 的人口或将他们边缘化了。③ 然而，对粮食的金融投机，绝不仅仅只是冷落或边缘化世界大部分人的问题。这是发达国家相关利益集团以"自由市场"作掩护，对穷人和发展中国家实施的一种经济掠夺。少数金融机构和公司通过操纵市场，直接导致全球数以亿计的人陷入饥饿和贫困的境地。

2. 粮食危机是地球生态与环境风险进一步恶化的结果

自工业革命以来，世界人口出现了爆发式增长。工业生产和人类活动使自然遭到了前所未有的破坏。不仅自然资源被大量消耗，原始森林遭大面积砍伐，而且工业化还产生了大量废气。汽车尾气等工业和民用废气的大量排放，导致了地球温暖化。工业污染引发的环境问题，最早由美国环境问题先驱雷切尔·卡逊所提出。1962 年，她撰写了此后被视为环境问题经典之作

---

① 皮埃尔·布迪厄:《遏止野火》，河清译，桂林：广西师范大学出版社，2007，第 36~40 页。
② 江涌:《透视世界粮油危机》，2008 年 6 月 25 日，http://news.xinhuanet.com/world/2008-06/25/content_ 8435439. htm, 2008-7-25。
③ 齐格蒙特·鲍曼:《全球化》，周宪、许钧译，北京：商务印书馆，2004，第 68 页。

的《寂静的春天》。在书中，卡逊揭露了人工化学物质对生态环境造成的毁灭性破坏：由于农药和杀虫剂污染了河流、湖泊、地下水、土壤、森林以及"绿色地表"，因而飞鸟绝迹、河川失色、土壤污染。她用"寓言"的方式，描述了美国中部农村遭受农药、杀虫剂污染后的惨相。

> 一种奇怪的寂静笼罩了这个地方。……鸟儿都到哪儿去了呢？许多人谈论着它们，感到迷惑和不安。园后鸟儿寻食的地方冷落了。在一些地方仅能见到的几只鸟儿也气息奄奄，它们战栗得很厉害，飞不起来。这是一个没有声息的春天。[1]

20世纪人类掌握的"可怕的"人工化学物质，不仅导致了"寂静的春天"，而且还经过动植物的"生物浓缩"在食物链中引发中毒和死亡的连锁反应，直接威胁着人类的健康和生命。《增长的极限》也从地球极限的角度，探讨了环境污染造成的危害。报告认为不可再生能源大量消耗导致的大气污染、核放射污染、城市垃圾，已经对地球的生态平衡造成了巨大威胁，地球极有可能已经达到环境的极限。[2]

如今，《寂静的春天》描绘的景象和《增长的极限》的担忧，已经成为一种全球现象。地球生态与环境面临着巨大的风险。如上所述，此次国际粮价上涨的主要原因之一，源自地球温暖化带来的气候环境的变异。全球性气温上升和气候异常，除了使世界耕地面积大幅减少之外，还造成粮食产量的持续下降及耕地的荒漠化。2007年，IPCC[3]发布了有关全球气候变化的第四次综合评估报告。该报告认为，当全球气温高于平均温度1℃~3℃，并能控制在此范围之内时，世界粮食有望增产，但一旦超过这一界限，粮食产量反而会下降。报告发出警告，如果世界不改变目前这种以石油为主要原料的高成长模式的话，那么21世纪末，世界平均气温将上升2.6℃~6.4℃，海平面将上升26cm~59cm。世界粮食生产将因为温室效应变得更为严峻。[4]以亚洲为例，尽管至21世纪中叶，东亚及东南亚的粮食产量有望提高

---

[1] 雷切尔·卡逊：《寂静的春天》，吕瑞兰、李长生译，长春：吉林人民出版社，1997，第2页。
[2] 罗马俱乐部：《增长的极限》，李宝恒译，成都：四川人民出版社，1983，第88~89页。
[3] IPCC：Intergovernmental Panel on Climate Change（联合国政府间气候变化专门委员会）。
[4] 联合国政府间气候变化专门委员会：《气候变化2007：综合报告——决策者摘要》。

20%，但中亚和南亚的产量则将下降30%。今后，随着人口的继续增加和城市化的进一步推进，亚洲部分发展中国家将面临严重的饥饿风险。①

工业化和城市化同时产生了大量固体废弃物。1990年，经济合作与发展组织（OECD）各成员国应予处理的固体废弃物为90亿吨，其中4.2亿吨为城市废弃物，15亿吨为产业废弃物（含3亿吨以上有害废弃物），其余70亿吨是能源生产、农业、矿业、拆除及疏浚的废弃物和下水道污泥等。②固体废弃物导致地球生态环境持续恶化。如今，自然生态已然成为一种稀缺资源。对生态资源的争夺也已成为新的冲突来源。发达国家为了保护自己国家的生态资源，把污染严重的产业转移至发展中国家，甚至把工业有害垃圾直接出口至发展中国家以转嫁环境风险。兰法尔报告（1992年）把这种现象称为"以邻为壑症候群"。该报告指出，由于发达国家将部分工业垃圾转移至第三世界国家进行废弃物处理，结果，主要供经济合作与发展组织（OECD）诸国使用的铝、钢铁及其他金属的生产所产生的铅、镉、铬、氰化物及氟化物等污染物质，积存在沿非洲西部海岸的大西洋中。印度洋、太平洋、加勒比海、南大西洋也同样不能幸免。③ 可见，发展中国家生态环境的恶化，很大程度上是西方发达工业国转嫁环境风险所造成的。

减轻环境压力的另一条途径是使用清洁能源。如上所述，近年来发达国家为了克服油价高涨带来的经济风险，改善地球环境，开始尝试利用乙醇作为汽车燃料。然而，正如贝克所言，风险与针对工业化的各种利弊以及技术经济的各种利弊所进行的权衡和决策有着紧密的联系。换言之，"风险往往源于人类的重大决策"。④ 显然，正是这项由专家组织、经济团体和政治集团权衡利弊得失之后作出的政治决断，酿成了当前这场粮食危机。风险社会的复杂性和不确定性可见一斑。总之，不论是直接转嫁环境风险，还是利用清洁能源以克服生态危机，最终都给发展中国家造成了巨大损害。前者使发

---

① 国际食料问题研究会：『食料をめぐる国際情勢とその将来に関する分析』，東京：日本農林水産省報告書，2007，p. 32。
② 見田宗介：『現代社会の理論—情報化・消費化社会の現在と未来』，東京：岩波書店，1996，p. 85。
③ シュリダス・ランファル（Shridath Ramphal）：『地球エシックス—将来世代に緑の惑星を』，转引自見田宗介『現代社会の理論—情報化・消費化社会の現在と未来』，東京：岩波書店，1996，p. 90。
④ 乌克里希·贝克：《从工业社会到风险社会》，载薛晓源、周站超主编《全球化与风险社会》，北京：社会科学文献出版社，2005，第64页；乌克里希·贝克：《世界风险社会》，吴英姿、孙淑敏译，南京：南京大学出版社，2004，第67~68页。

展中国家的生态和自然环境遭到严重破坏,粮食产量逐年下降。而后者则直接导致了世界粮食供需的失衡,使依靠粮食进口的发展中国家物价飞涨,民不聊生。

3. 全球粮食危机是国际政治风险的集中体现

发展中国家与发达工业国之间发展不均衡问题,即"南北问题"由来已久。第二次世界大战后,尽管绝大多数非西方国家摆脱了殖民统治并获得了独立,却从未在真正意义上,取得与西方国家平等的地位。[①] 发展中国家与西方发达国家之间巨大的经济差距,直接导致了双方深刻的对立与冲突。

那么,是什么导致南北间巨大的贫富差距? 20世纪60年代后期,"依附理论"的倡导者弗兰克通过对拉丁美洲无法摆脱不发达状况原因的剖析,揭示了南北问题的根源。他分析道,当今世界被划分成经济高度成长的"中心"和经济上仍然处于落后状态的"卫星"两大部分。中心国的"成长"和各卫星国的"低度开发"互为前提,形成了一个系统。中心国的繁荣是建筑在对各卫星国剩余价值的剥削与压榨之上的。而且只要世界仍然以资本主义为前提,那么中心国与卫星国之间所形成的差别性结构就将"永久地被固定下来"。[②]

1970年代,美国著名社会学家沃勒斯坦从全球网络的视角出发,重新审视了中心与卫星之间存在的剥削关系,并提出世界业已形成一个"世界体系"的观点。"世界体系"的本质就在于"中心"与"边缘"之间所形成的差别性结构。在他看来,世界已然不再是一个以国家为单元的复合体,而形成了单一的世界经济体系。任何社会和地区的国内经济进程都无法通过孤立的"国家"来理解。因为一国的事务取决于它在世界系统中的位置。[③]

苏联解体后,沃勒斯坦所说的"世界体系"进入了全新的历史时期。世界步入了全球化时代。在全球化时代,发展中国家与发达国家(中心国与卫星国)之间的经济差距不仅没有缩小,反而进一步扩大了。《世界银行

[①] 厚东洋辅:《后现代化与全球化》,朱伟珏译,《社会科学》(上海)2007年第12期。
[②] 安德烈·弗兰克:《资本主义与拉丁美洲的低度开发》,转引自厚东洋辅《后现代化与全球化》,朱伟珏译,《社会科学》(上海)2007年第12期。
[③] 伊曼纽尔·沃勒斯坦:《现代世界体系》(第1卷),罗荣渠等译,北京:高等教育出版社,1998,第460~472页。

报告（2005 年）》显示，发达国家的人口只占世界人口的 15.5%，收入却占世界总收入的 80%。表示定量收入分配差异的基尼系数也清楚地显示了国家间的不平等。一方面，在全球化开始的最初五年里，全球不平等进一步加剧。基尼系数从 1988 年的 62.8 扩大至 1993 年的 66.0，以每年 0.6 的速度迅速增长。在此期间，世界上 5% 的最贫困国家的实际收入下降了 25%。另一方面，世界 5% 的最富裕国家却更加富裕，在这 5 年间，收入增长了 12%，远远高于 5% 的世界平均收入增长速度。在许多发展中国家，穷人收入的 70%~80% 用于食品支出，而发达国家国民的食品支出只占其总收入的 10%~20%，显然，粮价上涨对于不同国家的影响完全不同。在此，发展中国家再次成为最大的受害者。对于发展中国家的穷人而言，粮价的大幅上扬无疑是致命的。

粮食危机进一步扩大了南北间的贫富差距，激化了南北矛盾。一方面，贫穷的发展中国家因粮食危机陷入困境，民不聊生，社会局势动荡不安。另一方面，粮食主要出口国（美国）却利用粮价上涨牟利，在国际粮食市场和期货市场上赚取暴利，大发不义之财。致使发达国家和不发达国家之间的矛盾不断加深，冲突和纠纷日益加剧。

粮食危机充分暴露出全球化时代国际政治经济秩序的危机。鲍曼把全球化解读为"新的世界无序"。他指出，"全球化概念所传达的最深刻的意义就在于世界事务的不确定、难驾驭和自力推进性"。[1] 在政治经济领域里，不确定乃是一整套"终结一切规则之规则"，它"通过不受控制之金融、资本与贸易"将此规则强加于地方政治权力当局。[2] 这种无序状态，致使全球经济的基础结构"越来越脱离世界政治结构，而且正在超出世界政治结构的边界"。[3]

目前，国际政治经济秩序处于无序的状态，缺少一种公正和平等的机制来有效遏制和制衡霸权。如上所述，此次粮食危机不是歉收导致的。它在很大程度上是美国奉行单边主义政策，执意推进和扩大生物燃料产业，以及代

---

[1] 齐格蒙特·鲍曼：《全球化》，载周宪、许钧主编《现代性研究译丛》，北京：商务印书馆，2004，第 56~57 页。

[2] 齐格蒙特·鲍曼：《寻找政治》，洪涛、周顺、郭台辉译，上海：上海人民出版社，2006，第 162 页。

[3] 齐格蒙特·鲍曼：《寻找政治》，洪涛、周顺、郭台辉译，上海：上海人民出版社，2006，第 31 页。

表西方利益的国际游资投机炒作的结果。布迪厄把"全球化"看作一项旨在统一世界经济场域的经济政策,认为全球化的目的就在于把最有利于统治者(美国)的模式推广于全世界。在他看来,全球秩序完全是为大投资者的利益服务的。① 显然,在目前这种无序、不平等的国际关系架构下,粮食问题根本无法得到有效解决。不论是联合国、世界贸易组织、经济与发展组织等国际机构,还是"七国"集团、亚太经合组织等国际合作组织,都无力化解由粮价上涨引发的全球性危机。国际政治经济风险日显突出。围绕着粮食危机展开的霸权与反霸权斗争必将愈演愈烈。

三 风险社会的政治学

将当前这场全球粮食危机置于风险社会政治学框架下审视时,有两个问题值得关注。一是风险的责任问题,二是风险的分配问题。首先是风险的责任问题。风险的责任涉及灾难由谁引起,谁该对此承担责任等问题,是风险社会政治学的核心要素。贝克指出,作为政治议题的风险,体现于风险社会的定义关系(relation of definition)中。定义关系是一个与马克思生产关系平行的概念,指特定文化背景下的规则、制度和对风险的认定与评估能力,由四组问题组成。

(1)谁将决定产品的危害性或风险的危害?责任在谁?是风险制造者还是风险受益者,抑或风险代理机构?

(2)涉及(风险产生)的原因、范围、参与者等知识与非知识因素,"证据"将呈现于谁?

(3)什么才能算作证据?

(4)如果有危险和损害存在,那么该由谁来决定对受害者的赔偿事宜?由谁来决定用何种合适的方式管理和控制风险,又该由谁来决定必须遵守哪些规则以防范风险?②

然而,正如帕特森所言,目前对风险社会的定义陷入了困境。"当威胁和危险变得更为紧迫时,我们却处于自相矛盾的境地,即我们越发不能借助

---

① 皮埃尔·布迪厄:《遏止野火》,河清译,桂林:广西师范大学出版社,2007,第188~194页。
② Barbara Adam, Ulrich Beck and Joost Van Loon edited, *The Risk Society and Beyond*, London: Sage Publications, 2000, pp. 224–225.

于科学的、合法的和政治的手段来确定证据、归因和补偿"。① 借用贝克的话，就是风险社会在对待责任问题上，普遍采取了一种"有组织的不负责任"的态度。所谓"有组织的不负责任"即指人们在面对风险责任时，往往只探究其原因，却不涉及如何控制与补偿。②

此次全球粮食危机，正是风险社会"有组织的不负责任"的最好例证。自危机爆发以来，发达国家的粮食补贴政策，尤其是生物燃料政策受到了广泛质疑。2008年6月，联合国粮农组织在罗马举行了为期三天的世界粮食峰会，有50个国家的政府首脑出席了会议。会议围绕着危机产生的原因和责任展开了激烈的政治辩论。联合国粮农组织总干事迪乌夫在会上，强烈反对以农作物为原料生产生物燃料。他尖锐地指出，发达国家支持生物燃料产业，"等同于挪用了供人类消费的1亿吨谷物"，世界粮食危机已经在一些国家造成了"悲剧性的政治后果和社会后果"，并有可能进一步威胁到世界粮食安全。

迪乌夫还具体对美国的农业和能源政策提出了批评。他指出，美国制定的促进生物燃料发展的相关政策，将本已短缺的粮食转变成燃料去"满足车辆的奢欲"。尤其令人难以理解的是，美国政府竟然耗费巨资补贴生物燃料的开发，将大量本该供人类食用的谷类用于生产汽车燃料。③

面对指责，美国农业部长谢弗竭力为其政策辩护，声称因生物燃料造成的粮价上涨不超过3%，而生物燃料已经使原油的消费量减少100万桶。他辩解道，美国和世界上其他与美国有类似政策的国家是明智的。因为油价的不断上涨，已经大大超出了人们的预期，而生物燃料正是解决这一问题的有效方法。谢弗的发言反映了美国的一贯立场。早在2008年4月，美国总统布什就不顾世界的反对，宣布将继续大力提高乙醇的产量。令人饶有兴味的是，布什在为自己辩解时，同样援用了风险概念。他在新闻发布会上称，美国的生物燃料政策是基于对国家能源安全和油价高涨的考虑。在回答记者有

---

① 马修·帕特森：《气候变化和全球风险政治学》，载薛晓源、李惠斌主编《当代西方学术研究前沿报告2006~2007》，上海：华东师范大学出版社，2007，第151页。
② 乌克里希·贝克：《风险社会政治学》，载薛晓源、李惠斌主编《当代西方学术前沿研究报告2005~2006》，上海：华东师范大学出版社，2006，第135页。
③ 袁原：《观点难以统一，世界粮食峰会"各说各话"》，2008年6月6日，http://www.news365.com.cn/xwzx/gj/200806/t20080606_1901201.htm，2008-7-28；董楠：《生物燃料政策在粮食峰会成"众矢之的"》，2008年6月5日，http://news.xinhuanet.com/world/2008-06/05/content_8313619.htm，2008-7-28。

关能源安全与世界饥饿之间的矛盾的提问时,布什表示,燃油价格的不断上涨,将会刺激投资流向乙醇等生物燃料的生产,用于替代石油。而且"从国家利益考虑,我们应该让农民生产能源,而不是从世界上不稳定或者对我们不友好的国家购买能源"。

布什的发言意在表明,生物能源政策既是出于国家能源安全的考量,又是一种理性主义的选择。这一辩解和布什政府当初为拒绝签署《京都议定书》而采取的策略如出一辙。当年布什同样从国家利益和经济风险的角度,阐明了美国政府的立场。他说,如果美国遵守《京都议定书》里面的条款,将对美国经济造成不利影响,导致个人失业、物价上涨。因此"限制二氧化碳排放对美国的经济发展没有任何意义"。最终,布什政府以"美国国家利益"为由,退出了应对全球气候变暖的多边政策。布什政府的单边主义行为,受到了世界各国的谴责。英国学者帕特森指责美国政府"打着理性主义的幌子为他们的行为辩护",其目的是"掩盖气候变化等问题的实质,推卸自身应该负担的责任"。[①] 帕特森的批评同样适用于美国政府当前的立场和态度。当全球面临深刻的粮食危机时,美国政府却为了自身的政治经济利益,执意推行和扩大生物燃料产业。在此,能源安全和理性主义不过是布什政府为自己的新能源政策开脱,推卸由此引发的全球粮食危机责任的托辞而已。美国的所作所为是另一种形式的"以邻为壑症候群"。

由于美国和巴西等生物燃料生产国的竭力阻挠,此次峰会最终未能取得任何实质性进展。会议主办方原本计划将"生物燃料产业造成粮食短缺"的内容写入联合宣言,但由于巴西的反对而删除。结果,联合宣言涉及生物燃料的篇章言辞笼统,既不支持也不反对制造生物燃料,只是呼吁继续有关研究。

另外,在峰会开始之前,联合国粮农组织总干事迪乌夫就呼吁西方发达国家应该大力增加对发展中国家农业的援助。他表示,为了应对全球粮食危机,发达国家应当把农业援助增加到目前的 10 倍,即每年应该达到 300 亿~500 亿美元。为了帮助受灾严重的发展中国家克服危机,联合国粮农组织原本打算借此次峰会,为其粮食救援基金募集 300 亿美元的资金,结果响应者寥寥无几,只募集到 30 亿。最终,为解决粮食危机而举行的峰会,未

[①] 马修·帕特森:《气候变化和全球风险政治学》,载薛晓源、李惠斌主编《当代西方学术研究前沿报告 2006~2007》,上海:华东师范大学出版社,2007,第 151 页。

能反映危机直接受害国的任何主张和权益。以美国为代表的发达国家的"有组织的不负责任"态度,在此次峰会中暴露无遗。

其次,是风险的分配问题。贝克指出,风险社会出现了新的矛盾和新的分配模式。在工业社会,冲突主要来源于财富分配的不平等。财富冲突是围绕着共同生产的蛋糕如何分配爆发的。在此,贫富界限分明。而风险社会的冲突却呈现出截然不同的性质。在风险社会里,尽管旧的冲突并未消失,但风险冲突借助文明的推动力变得普遍化即全球化。风险冲突的一个显著特征就是,工业社会的等级式阶级逻辑被打乱,随着风险的不断扩大,将出现风险分布平均化的趋势。风险有朝一日会落到那些始作俑者的身上。大肆制造风险的人迟早会自食其果。总之,在贝克看来,"贫困是分等级的,烟雾是民主的"。[1]

然而,尽管有学者认为贝克的自食其果观点可以用来解释各种类型的全球风险,[2] 但此次全球粮食危机无疑显露出贝克理论的局限性。粮食危机表明,风险对不同国家、不同阶级的影响完全不同。危害和贫困纠缠在一起,在不同的国家和阶级之间形成了不平等分布。在粮食危机的场合,收入的多少、收入和食品支出之比直接影响了受损害的程度。目前,世界的收入差距在日益加大。有关专家的研究发现,全球收入最高国家收入最高的第五人与收入最低国家收入最高的第五人的平均收入比在1960年是30∶1,1990年扩大到60∶1,2003年进一步扩大到66∶1。[3] 另据联合国《2006年人类发展报告》称,全球最富裕的500个人的收入,竟然超过了最贫穷的4.16亿人的总收入。此外,与发展中国家穷人收入的绝大部分用于食品消费形成鲜明对比的是,发达国家国民的食品支出却很低,如美国国民的食品开支仅占其收入的13%。因此,尽管粮价飞涨也对西方国家产生了不利影响,但与发展中国家,尤其是贫穷的发展中国家相比,受到的损害微乎其微。对于发展中国家的穷人而言,粮食危机简直就是灭顶之灾。可见,风险和灾难不仅具有

---

[1] 乌克里希·贝克:《风险社会》,何博闻译,南京:译林出版社,2004;乌尔里希·贝克、威廉姆斯:《关于风险社会的对话》,载薛晓源、周站超主编《全球化与风险社会》,北京:社会科学文献出版社,2005,第19~20页。

[2] 沃特·阿赫特贝格:《民主、正义与风险社会:生态民主政治的形态与意义》,载薛晓源、周站超主编《全球化与风险社会》,北京:社会科学文献出版社,2005,第325页。

[3] 托马斯·W. 博格:《国际法认可却又侵犯了全球贫困人口的人权》,载薛晓源、李惠斌主编《当代西方学术研究前沿报告2006~2007》,上海:华东师范大学出版社,2007,第48页。

等级性，而且风险仍然是按照贫困的等级来分配的。面对粮食危机这一巨大灾难，处于社会不利地位的人处境更为艰难。世界上最贫困的人承受了最为残酷的打击。从这一意义上讲，此次的粮食危机是贫穷的发展中国家的风险，也是穷人的风险。

在此，引发了我们对社会公正性的思考，即发展中国家是否应该承受发达国家所强加的风险。此次全球粮食危机，受灾最深重的莫过于非洲大陆。非洲国家长期以来，饱受贫困和饥饿的折磨。然而，正是这个饥饿的非洲，却是发达国家巨大的食物储备基地。非洲一半以上的耕地并非用来耕种自身所需粮食，而是种植出口的热带作物和农产品原料。以塞内加尔为例，其 2/3 的耕地用于种植本国很少消费的花生。这些土地遍布于灌溉条件较好的塞内加尔河流域。而生存所必需的粮食，如木薯、番薯、玉米、旱稻等却只能在灌溉条件较差的边缘地区勉强维持生产。[①] 最终，这导致了塞内加尔国内粮食的严重短缺。目前，塞内加尔每年所消耗的粮食中，有 80% 依赖于进口。可以想见，国际粮价的飙升，对非洲大陆造成的打击有多么沉重。

社会的不公正还体现在发达国家的双重标准上。自粮食危机爆发以来，西方世界有一种声音认为，此次危机的主要责任应当归咎于发展中国家人口的持续增长，尤其是中国和印度等新兴大国因经济成长带来的饮食结构的改变。他们给出一组研究数据：生产 1 公斤牛肉大约需要 8 公斤谷物饲料，即 1∶8，猪肉大约 1∶3，鸡肉大约 1∶2，并以此为依据，声称当前的粮食危机完全是由于中印两国国民饮食习惯发生改变，开始大量消费肉类造成的。德国总理默克尔的发言极具代表性。2008 年 4 月，她在出席福莱堡市举行的生物燃料精炼厂的落成典礼时，把国际粮价上涨的责任归咎于发展中国家饮食习惯的改变。她说，"现在有 3 亿印度人一天吃两顿饭""和以前相比突然间双倍的食物被消耗掉，再加上 10 亿中国人开始喝牛奶，这当然会改变我们的牛奶和其他（食品）的消费比例"。[②] 此类言论是多么荒谬和霸道。摆脱贫困和饥饿，是人类长期奋斗的目标。现在，当部分发展中国家终于开始克服饥饿时，却招致了西方世界的责难。这完全是一种"欺凌游戏"（贝克语）逻辑。难道发达国家的丰裕和富足，必须以发展中国家人民的温饱为代价吗？

[①] 西川潤：『飢餓の構造』，東京：ダイヤモンド社，1984 年，p.73。
[②] 《当印度人每天多吃一顿饭》，2008 年 4 月 18 日，http://www.n-tv.de，转引自 http://tieba.baidu.com/f? kz=359818074，2008 年 8 月 3 日。

其实，姑且不论这种言论本身有多么荒唐，即使就事实本身而言，也不具备任何说服力。尽管中国和印度人口众多，约占世界总人口的40%，但长期以来，粮食始终自给自足，印度还是粮食出口国。占中国人口90%以上的汉民族历来以消费猪肉和鸡肉为主，很少食用最浪费谷物饲料的牛肉。印度则由于宗教上的理由，人口的80%禁食猪肉和牛肉。因此，尽管随着国民整体生活水平的提高，食物结构发生了很大改变，但正如默克尔所言，大部分粮食也只是用来解决温饱问题。相反，尽管发达国家人口只占世界总人口的15.5%，却享用着全球80%的资源。西方大部分国家都以食用牛肉为主，粮食消费量惊人。近年来，更是为了满足汽车消费，开始利用粮食来生产替代能源，从而导致世界粮食的短缺。因此可以这么认为，此次的粮食危机，正是缺乏公正、平等的全球政治经济秩序带来的结果。

社会公正是确保持久、彻底解决世界发展问题的一个必需且不可避免的组成部分。为此，发达国家应该避免强加给发展中国家不公平的负担，改变把丰裕建立在剥夺贫穷国家资源（自然、人力和社会资源）之上的政策；应该认真反思现代化发展模式和生活方式，使其更具备可持续性，而不是采取双重标准，转嫁责任，以图继续维系全球的不平等结构。总之，发达国家高水准的消费和生活方式，不能以牺牲发展中国家国民的温饱为代价。具体到粮食问题上，就是发达国家应该站在全球的角度上，承担作为地球一员的责任，重新审视目前的生物能源政策，改变汽车与人争粮的局面。

贝克的风险社会政治理论使我们得以从更为宽广的视野，来审视当前这场全球粮食危机。这种解读使我们了解到，粮食危机是迄今为止人类遭遇的、由人为不确定因素导致的最为严重的全球性灾难；是全球化时代政治、经济和环境风险的集中爆发。粮食危机兼具风险社会的一切固有特征。如同其他任何风险一样，粮食危机同样涉及利益的分配。从某种意义上讲，此次危机是全球政治经济利益冲突日益加剧的结果。贝克认为，在全球风险社会里，能够通过风险获益的只有少数人，大部分人都是风险的受害者。粮食危机的场合，跨国粮商（邦吉、ADM、嘉吉和路易达孚）和国际金融游资等少数代表西方利益的组织和集团是直接和最大的受益者。而大部分发展中国家却蒙受了巨大损失。这些利益集团不仅对国际粮价上涨起到了推波助澜的作用，而且还乘人之危，赚得盆满钵满。

然而，跨国粮食企业和国际对冲基金却不会受到任何惩罚。因为全球风险社会在对待责任的问题上，普遍采取了一种"有组织的不负责任"态度。

如上所述，自危机爆发以来，围绕着风险的定义关系，即如何以及由谁来确定证据、寻找原因和补偿等事宜，各国政府和各利益集团之间展开了激烈的政治博弈。可是由于缺乏科学与合法的依据，人们根本无法明确责任关系，也无从确定谁该对此承担责任。各种为解决粮食危机而举行的国际政治聚会，反而成为发达国家回避问题，为其利益集团开脱罪责，转嫁风险责任的绝佳的表演舞台。结果，这也导致粮食危机日益加剧。目前，粮价上涨已经在许多国家演变为一场深刻的社会与政治危机。粮食危机最终导致了"非自愿的政治化"（贝克语）。它将促使我们开始思考，如何才能促成一种负责任的、公正的全球化？

金融危机

——风险全球化时代的归结

来自华尔街的金融风暴虽然已经发生了两年，但对世界各国的影响远远没有结束。不论是欧洲、日本等发达国家，还是中国、印度等新兴工业国，或者是非洲大陆广大的第三世界国家，都陷入了不同程度的社会和经济困境。欧盟和日本自2007年美国次贷危机爆发以来，始终采取隔岸观火的态度。部分政治家和学者曾经天真地以为，美国的次贷危机不仅不会对自己造成重大威胁，反而还可能带来发展机遇。然而，正如贝克所言，在全球风险时代，没有人可以幸免。任何地方的危机都必将波及和影响其他地区。事实证明，不论是欧盟还是日本，都因美国的金融危机而遭受重创。以欧盟为例，受金融危机的影响，欧洲许多国家的银行体系都遭到了沉重打击。由于大量购买了美国的"有毒证券"，英国的布拉德福德—宾利银行、比利时、荷兰合资的富通集团和法国、比利时合资的德克夏银行等金融机构相继陷入困境。据美国《华尔街日报》估计，欧洲最大的30家金融机构在未来15个月内将有超过1万亿美元的债务到期，届时能否偿付面临巨大风险。

不仅如此，金融危机也使本已不景气的欧洲实体经济"雪上加霜"。受金融危机的严重冲击，欧盟经济自2008年下半年起陷入衰退，全年GDP仅增长1%（2006、2007年的GDP分别增长3.1%和2.9%）。2009年衰退进一步加深。欧盟统计局2009年5月15日公布的初步统计数字显示，2009年第1季度欧元区经济环比下降2.5%，创下自欧元区1999年成立以来的最大季度降幅。[1] 金融危机必将进一步导致商业投资大幅减少，也将抑制企业生产和个人消费。此外，全球经济放缓也将打击欧盟出口，欧洲经济举步维艰。目前，欧元区的经济信心指数已经降至7年来最低水平，失业率上升至

---

[1] 《欧洲经济噩梦难醒》，《国际金融报》2009年5月18日第4版。

7.5%，欧盟和各成员国不断调低经济增长预期，欧洲主要大国经济陷入衰退的可能性大增。①

金融危机对中国的冲击同样十分巨大。中国股市2008年总体跌幅深达65%，创下历史纪录。2008年房地产市场也持续低迷。尽管房价没有出现急剧下降，但成交量始终徘徊在历史最低点。金融危机也严重影响到中国的实体经济。2008年国内生产总值（GDP）同比增长9%，比2007年回落4个百分点；2008年四季度GDP同比增长6.8%，自2007年第二季度开始，季度GDP增速已连续五个季度呈回落走势。② 尽管2009年国家出台的4万亿救市措施使股市和楼市出现了大幅反弹，但实体经济形势依然十分严峻。

更为令人担忧的是，源自美国的金融危机对当前中国社会产生了巨大影响。著名学者孙立平在接受《南方周末》采访时认为"中国在这场金融危机中遇到的问题，与美国的次贷危机不同，与1930年代大萧条相近"。③ 笔者个人的观点尽管较孙教授乐观一些，但危机对中国的影响的确不容低估。据中国社科院发布的2009年《社会蓝皮书》预测，2009年中国的就业压力将进一步增大，实际失业率可能上升至10%。这其中尤为突出的是应届大学毕业生的就业状况，失业率将高达12%。可见，美国金融危机对中国造成的打击同样十分巨大，稍有不慎，极有可能和中国固有的问题形成共振，对社会造成巨大冲击，引起社会的不安定。

毫无疑问，当前这场发端于华尔街的金融风暴正逐步演变成一场全球金融和经济危机。那么，美国次贷危机究竟是如何形成的？它具有哪些基本特征？全球化对世界造成了怎样的影响？这其中蕴含着怎样的风险？新自由主义对当前这场危机应当承担怎样的责任？本文试图从全球风险社会的视角出发，对以上问题进行较为深入的社会学考察。

一　失控的时代

德国社会学家卢曼指出，我们生活在一个别无选择的社会，不得不面对风险。当代社会赋予风险新的含义，使它区别于以往任何历史时期。按照贝

---

① 《金融危机中的欧盟》，《北京周报》2008年10月30日。
② 《2008年我国GDP增长9%》，《北京商报》2009年2月27日第1版。
③ 孙立平：《以重建社会跨过经济大坎儿》，《南方周末》2008年12月18日。

克的理解，目前我们正处在从古典工业社会向风险社会转型的过程中，而且这种转型以潜在的方式在全球范围内推进。所谓风险社会，即指伴随着社会的不断发展，人类无法控制的"未来"领域也随之扩大。与此同时，人们陷入"危险"境地的可能性急剧增大。这一切最终导致社会、经济、政治和文化的巨变。贝克把发生在社会、经济、政治和文化领域里的这一系列重大的历史转变称为风险社会。他并且认为这些变化具有一个共同特征，即人为的不确定性。[1]

风险社会从本质上讲是一个充满不确定性的社会。从经济学角度看，风险是一个具有双重含义的概念，同时包含可预测性和不可预测性两方面。"不确定性"一词专门用来描述风险的不可预测性。[2] 社会学家通常也把风险视为一个与可能性和不确定性相关联的概念。吉登斯指出，当某种结果完全确定时我们不能说是在冒风险。风险与冒险或者危险不同，它指涉一种在与未来可能性关系中将被评估的危险程度。因此，风险并非只存在消极的一面，它同时具有积极的意义。吉登斯指出，接受风险本身便意味着激动和冒险，人们可以通过各种冒险行为，如赌博、飙车、登山来获得和体验快乐。不仅如此，积极地接受和挑战风险也是现代经济中创造财富的精神源泉。[3]

风险的双重特征在现代工业社会早期就已经显现。当时"风险"兼具勇敢和开拓之意，[4] 是一种致力于变革的社会推动力。人们希望自己决定自身命运，把握未来并摆脱宗教、传统和自然界的任意摆布。吉登斯将风险概念放在与现代性之关系的框架内进行了解读。他认为风险是一个与现代性紧密相关的概念。在传统文化中不存在现代意义上的"风险"，因为当时的人们并不需要它。现代以前所有的文化与文明都主要存在于过去。人们使用运气、命运和上帝的意志等概念来代替风险。在传统文化中，如果某人遭遇了意外事故或者相反取得了成功，那么就会被归咎于命运、运气或者上帝的力量。与此形成鲜明对比的是，现代资本主义社会是一个着眼于未来的社会。它将未来看作被征服与被殖民的对象。在此，风险暗含着一个企图主动与它

---

[1] 周战超：《当代西方风险社会理论研究引论》，载薛晓源、周战超主编《全球化与风险社会》，北京：社会科学文献出版社，2005，序言（第9页）。
[2] 酒井泰弘：『経済学におけるリスクとは』，橘木俊詔，長谷部恭男など：『リスク学入門1』，東京：岩波書店，2007，pp. 62–63。
[3] 安东尼·吉登斯：《失控的世界》，周红云译，南昌：江西人民出版社，2006，第20页。
[4] 乌克里希·贝克：《风险社会》，何博闻译，南京：译林出版社，2004，第18页。

的过去，即现代工业文明的主要特征不断决裂的社会。①

现代资本主义与前现代所有经济体制的主要区别就在于对待未来的态度。现代资本主义正是通过计算将来的利润与成本，也就是通过计算风险从而将自己融入作为连续过程的未来之中的。贝克指出，风险是一个与保险有关的概念。两者同时出现于16世纪的洲际航海时期。出海航行随时有可能遭遇海难事故。为了规避风险，人们把这种个别遭遇视为某一群体可能遇到的共同经历，即视为一个涉及所有航海企业并危及他们生存的问题。为了解决问题，人们想出一个办法，即所有人都把钱存入同一家银行。一旦发生沉船事故，就可以从上述银行获得赔偿金。这就是最早的海洋保险业务。② 在此，风险被理解为某种损害，某种可以依靠集体力量解决的问题。

另一方面，保险则是人们所能承受风险的底线，是安全的基础。它使人们得以通过对未来的积极运作来取代上帝给予的命运。从这一意义上讲保险是人类试图控制未来的一种手段，它向人类提供可靠性和安全保障。但必须指出的是，保险只适用于人类可控制的未来风险。保险很大程度上依赖于风险以及人们对待风险的态度。保险并不适合于蕴含巨大不确定性（统计学意义上）的风险。譬如地震损失尽管巨大，但由于其特有的不确定性，我们很难计算它的风险，即使能够计算出来也由于其发生几率的高度不确定性而很少有人愿意投保。因此保险公司很少设有地震险。显然，只有当人类能够确定未来风险时保险才能成立。保险是早期工业社会用以对付各种风险、克服工业化带来的副作用的重要手段。从本质上讲，提供保险就是在重新分配风险。人们通过向保险公司支付保险金，将风险转移给保险公司。吉登斯认为，风险的转移与交换绝不仅仅是资本主义经济的偶然特征，"如果没有它，资本主义是无法想象的也是难以运转的"。③

此类风险观念和保险逻辑在对付自然环境的危险方面曾经起到很大的作用，也为工业社会早期（第一次风险社会）控制风险立下了汗马功劳。然而自20世纪90年代起社会步入了贝克所说的第二次风险社会，即全球风险社会。在第二次风险社会中"不明的和无法预料的后果成为了历史和社会

---

① 安东尼·吉登斯：《失控的世界》，周红云译，南昌：江西人民出版社，2006，第19页。
② 乌尔里希·贝克、威廉姆斯：《自由与资本主义》，路国林译，杭州：浙江人民出版社，2001，第119~120页。
③ 安东尼·吉登斯：《失控的世界》，周红云译，南昌：江西人民出版社，2006，第16~22页。

的主宰力量"。这一时期风险的负面效应,即不确定性开始占据主导地位。[①] 贝克从时空限制的角度分析了风险社会的不确定性特征。他指出,第一次风险社会的风险观念是以事故概念为前提的。从统计学意义上讲,事故即指"在空间、时间和社会方面界限分明的事件"。事故总是发生在一定的地点、一定的时刻涉及一定的人群。我们总是可以按照给定的方式来解释各类事故,如交通事故、矿难事故、长期患病或者失业等事故,并从制度层面加以有效的防范和控制。总之,在第一次风险社会,风险总是被限制在一定的时间和范围内,具有确定性。人们能够通过投保来转移风险。

然而,此类控制风险的模式目前已经失灵。第二次风险社会充满了不确定性。不确定性的主要症状之一就是风险不再受限于时间和地域。正如"切尔诺贝利核泄漏事故"所显示的那样,如今我们根本无法确定事故和灾难危及的范围,也无从知道灾难的影响将持续多久。[②] 也因此我们无法通过保险这一传统手段来控制风险并确定事故的性质和范围。借用吉登斯的话讲,风险社会是一个失控的世界。

第二次风险社会的不确定性通常是由人为因素造成的。吉登斯认为存在两种不同种类的风险,即外部风险和人为风险。外部风险贯穿于传统社会和工业社会早期,人为风险则发生在最近,社会步入高度工业化之后。一方面,外部风险主要来自外部世界,是一种由传统和自然的不变性和固定性所带来的风险。另一方面,人为风险则是由于我们不断发展的知识对这个世界的影响所产生的风险,是我们在没有多少历史经验的情况下产生的风险。在这一时期,风险主要源于"人为的不确定性",是人类试图控制或试图使风险最小化的科学和政治行为的后果。[③]

二 金融危机的发生机理

从风险社会的角度看,当前这场百年一遇的全球金融危机完全是由人为因素所导致的,是在世界经济全球化过程中,由于流动性过剩带来的信用创新最终导致了美国不动产市场的泡沫化。换言之,美国次贷危机是此次全球

---

① 乌克里希·贝克:《风险社会》,何博闻译,南京:译林出版社,2004,第20页。
② 乌尔里希·贝克、威廉姆斯:《自由与资本主义》,路国林译,杭州:浙江人民出版社,2001,第124~125页。
③ 安东尼·吉登斯:《失控的世界》,周红云译,南昌:江西人民出版社,2006,第22页。

经济和金融危机的直接元凶。所谓次贷危机即指资信条件较差的按揭贷款人违约事件规模不断扩大，危及大量以次级抵押贷款为担保发行的债务抵押债券（CDOs）所引发的危机。美国社会学家福斯特在《资本的金融化与危机》中，对由金融衍生工具——次级抵押贷款证券所催生的房地产投机性泡沫的形成过程，以及由此引发的巨大人为风险进行了细致入微的考察。他援引查尔斯·金德尔伯格的论述，把泡沫分成新奇的创新、信贷扩张、投机狂热、危机以及崩溃和恐慌五个阶段。[1]

第一阶段是新奇的创新。新奇的创新指"一个全新的市场，一种革命性的新技术或具有创新性的新产品"。在此，新产品指一种被称为债务抵押债券（CDO）的将按揭贷款"证券化"的金融衍生产品。自 20 世纪 70 年代起，美国银行开始以个人的按揭贷款作为资产，并利用这些贷款产生的现金流发行住房抵押按揭证券。随后这些证券化的贷款又被重新包装成 CMOs（担保抵押债券）的形式。当时为了规避风险，银行按照贷款质量将 CMOs（担保抵押债券）划分成不同的信用等级。然而，进入 20 世纪 90 年代，特别是 90 年代末以后，银行设计出一款名为 CDOs（债务抵押债券）的产品。这种产品将低风险、中等风险和高风险的（次级）抵押贷款以及其他类型的债务混合在了一起。CDOs（债务抵押债券）基于这样的假设：将地域和部门分散、风险程度不同的贷款重新组合，将会使原本高风险的投资工具转变成安全的投资。为了进一步降低风险，美国银行又向债券保险公司投了违约保险。如此，CDOs（债务抵押债券）摇身一变成了具有"高度安全性"的金融产品，并获得包括标准普尔、穆迪在内的各大信用评级机构 AAA（AAA 相当于美国政府债券的级别）评级。

一方面，银行方面坚称，这些设计巧妙的金融衍生产品，可以最大限度地控制和防范未来的风险。另一方面，市场参与者，甚至连被视为具有高度风险防范意识的各国大银行也对此深信不疑。如此，美国银行创造出一个巨大的按揭贷款市场。那些先前被按揭市场排除在外的有着不良信贷记录的"次级"贷款人和低收入者也获准进入按揭市场。通过给予此类金融创新产品的高信用评级，美国银行作为债券发行人将这些产品销售给了世界各国的金融机构。

---

[1] Foster, John Bellamy, *The Financialization of Capital and the Crisis*, Monthly Review, Vol. 59, No. 11, April, 2008, pp. 1 – 19 [翻译部分参考了吴娓的译文《资本的金融化与危机》（刊登于《马克思主义与现实》2008 年第 4 期），特表示感谢]。

然而正如贝克所言,风险往往产生于对未来的控制之中,产生于人们试图通过使因自身决策所造成的不可预测的后果具备可预见性,以此控制各种不可控的事件,并通过有计划的预防性行为及相应的制度化措施战胜种种副作用。① 事实证明,正是此类为了分散和降低投资风险,利用复杂的数学模型和金融工学巧妙设计出来的CDOs(债务抵押债券),此后成了诱发当前这场全球性金融危机的罪魁祸首。

第二阶段是信贷扩张。福斯特指出,任何资产价格泡沫都必须通过信贷扩张为之提供资金。低利率②以及随后产生的股市泡沫,加上银行存款准备金的降低,扩大了银行的放贷能力。银行为了盈利,不管借款人的信用历史如何,尽可能将贷款发放给每一位借款人。一方面,在泡沫化的房地产市场里,尽管房价在不断攀升,但廉价的资金供给使得按揭贷款人数也在持续上升。为了进一步吸引人们贷款购房,银行设计出了一种降低首期付款的按揭贷款。此类贷款往往采取极低且具有诱惑力的可调整利率抵押贷款形式,即在规定的初始期间内(通常是3~5年),购房者几乎无需支付任何贷款利息。这样一来,许多低收入者便"有能力"负担得起更高的房产价格。另一方面,由于可以将重新打包的贷款迅速销售出去,次级房贷发起人也有着发放和重新包装尽可能多的贷款的强烈冲动。这一切进一步催生了房地产业的繁荣。"发放的并且已嵌入抵押支持证券的次级房贷数量从2000年的560亿美元膨胀至2005年的5080亿美元。"③

第三阶段是投机狂热。福斯特指出,"投机狂热的特征是快速增长的债务数量和以同样速度迅速下降的债务质量"。④ 大量的贷款被用于购置金融资产,而贷款的发放仅仅凭借这样的假设,即房地产等金融资产的价格会不断上升。经济学家海曼·明斯基(Hyman Minsky)著名的"庞兹财务"或超级性投机指的正是这种疯狂的投机状态。处于次级房贷与金融"毒垃圾"风险之中的CDOs(债务抵押债券)越来越多地采取了这种典型的形式。不仅按揭房贷的贷款人和借款人卷入了疯狂投机,而且大量的投机者也开始加

---

① 安东尼·吉登斯:《失控的世界》,周红云译,南昌:江西人民出版社,2006,第8页。
② 自2001年1月开始,美国联邦储备委员会连续12次降低利率水平,联邦基金利率已从二战后的6%下降至2003年6月的最低点1%。
③ Bellamy, John & Foster, *The Financialization of Capital and the Crisis*, April, 2008, http://www.monthlyreview.org/080401foster.php, January 5, 2009.
④ Bellamy, John & Foster, *The Financialization of Capital and the Crisis*, April, 2008, http://www.monthlyreview.org/080401foster.php, January 5, 2009.

入这一行列，购置房产以便在升至更高价格时抛出获利。人们产生了错觉：房价的上涨将是"自然和永久的"。因此，"尽管大部分工人的薪资停滞不前"，但房屋销售额却呈直线上升趋势。因此，"2005年10月和12月，仅新增的按揭贷款就达到了1.11万亿美元，全部未偿还的按揭房贷达到了8.66万亿美元，相当于美国GDP的69.4%"。[1]

不仅如此，为了维持或提高消费水平，许多美国人还利用低利率进行再融资并兑现房屋的现金价值。"住房净值贷款"（Home Equity Loan，HEL）是一款被美国中产阶级广泛利用的基于住房的贷款，借款人可以将所拥有住房的净值（房产估值减去房贷债务余额）作为抵押或担保从银行获取贷款。近年，绝大多数美国中产阶级购置汽车和装修住房的费用，正是通过这一融资渠道获得的（见图1）。据统计，在美国现有10万亿美元的房屋贷款中，约有8800亿是住房净值贷款（HEL）。房价的持续下跌将可能使这部分贷款成为危机的新导火索。[2]

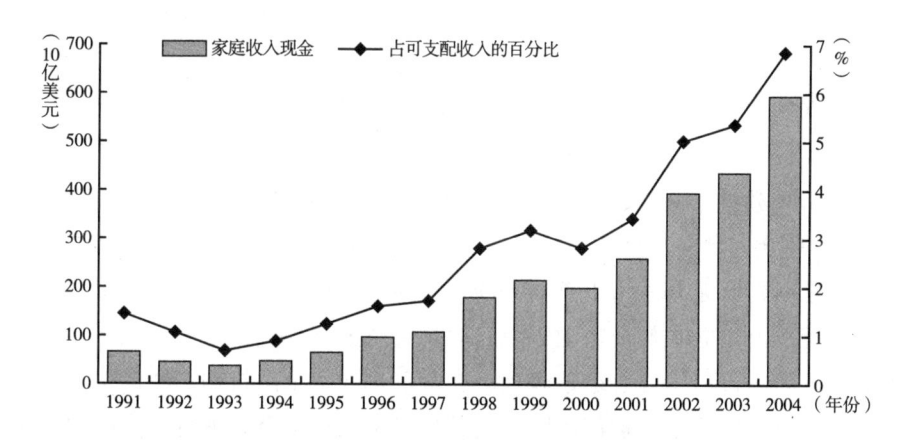

图1 通过住房净值贷款方式获得的家庭现金收入

第四阶段是危机。危机是以金融市场在某些外部事件作用下，上升趋势突然出现拐点为标志的。美国房地产市场尽管在2004~2005年已经高度泡

---

[1] Bellamy, John & Foster, *The Financialization of Capital and the Crisis*, April, 2008, http://www.monthlyreview.org/080401foster.php, January 12, 2009.
[2] カトラ："リーマンブラザーズの破綻と米国経済の深層で本当におきていること"，2008年9月19日, http://katoler.cocolog-nifty.com/marketing/2008/09/post-7ad9.html, 2009-1-3。

沫化,随时面临刺破的危险,但真正引发次贷危机的直接导火索却是美联储的升息举措。2006 年,美联储提高了基准利率。这一举措使次级房贷异常火爆的加利福尼亚和亚利桑那等地区的房价发生了逆转。原先依赖房产价格快速上升和低利率进行再融资的借贷人突然面临房价下跌和按揭付款快速增长的双重困境。投资者开始普遍担心,部分地区房地产市场的降温可能会蔓延至整个抵押贷款市场并将传染给整体经济。作为衡量这种危机的一个指标,那些"被设计出来保护投资者并用于推测信贷质量状况的信用违约掉期增加了 49%,在 2007 年上半年其大约覆盖了全国 42.5 万亿美元的债务"。①

第五阶段是崩溃和恐慌。金融泡沫的最后阶段是崩溃和恐慌,这一阶段,许多人不计成本地抛售手中的金融资产,以便回笼资金。2007 年 7 月,持有近 100 亿美元住房抵押支持证券的贝尔斯登旗下的两家对冲基金爆出巨亏。一家损失了 90% 的价值,另一家的价值几乎丧失殆尽。事实很明显,这些对冲基金无法估测出他们对欧洲、亚洲以及美国等许多银行投资的真实价值,因而被迫承认自身也暴露在了有毒的次级抵押证券风险之中。这正应验了贝克的断言,"风险制造者迟早会自食其果"。

在多数情况下,风险的破坏性往往并非来自危险本身,而是由危险产生的恐慌所导致的。在这一意义上,"风险绝不是具体的物;它是一种'构想',一种社会定义,只有当人们相信它时,它才会因此而真实并有效"。②贝克的这一判断尤其适用于资本市场。金融市场原本就是一个信用市场。投资很大程度上建立在信任之上,一旦对投资对象产生怀疑,或对经济预期出现了疑虑,恐惧情绪便会迅速蔓延。次贷危机导致金融机构之间产生了严重的信任危机。每一家机构都无法确定其他机构是否持有,或持有多少数量有毒金融证券。为了防范可能出现的风险,各大金融机构纷纷收紧银根,这最终导致了严峻的信贷紧缩。"信贷紧缩渗透到商业票据市场,从而切断了为银行发起的 SIVs 提供资金来源的渠道",这反过来使"由于信用违约掉期而陷于十分危险境地的大银行处于十分不利的位置"。2008 年 9 月,华尔街掀起了巨大的金融海啸,美国第四大投资银行雷曼兄弟轰然倒塌,接着保险业

---

① Global Derivatives Market Expands to MYM516 Trillion (Update), Bloomberg.com, November 22, 2007.
② 乌尔里希·贝克、威廉姆斯:《关于风险社会的对话》,载薛晓源、周站超主编《全球化与风险社会》,北京:社会科学文献出版社,2005,第 12 页。

巨头 AGI 也因陷入困境而被国有化，美林以 500 亿美元贱卖给了美国银行……昔日华尔街叱咤风云的金融巨头相继"沦陷"。自 2007 年 4 月美国爆发次贷危机以来，美国金融企业宣布的损失高达 2500 亿美元，[①] 包括房利美和房贷美在内，美国至少已经有超过 10 家房贷机构相继倒闭或被政府接管。恐慌导致的信贷紧缩终于酿成了大祸。

然而，危机丝毫没有终止的迹象，事态在进一步扩大。贝克认为风险同时具备现实和非现实两个方面，一方面，很多破坏和危害已经发生，如上述次贷危机和由此引发的银行等金融机构的大量破产倒闭。另一方面，风险对社会的影响主要来源于未来预期。风险意识的核心不在于现在，而在于未来。在风险社会中，未曾发生的、想象的和虚拟的危险经常成为现在的经验和行动的依据。因此，风险一旦发生，其规模和破坏性便会达到不可收拾的地步。[②] 次贷危机不仅在现实层面上引发了金融风暴，还彻底改变了人们对未来的预期。恐慌情绪至此达到了顶点，投资者的信心陷入了崩溃状态。由于担心蒙受损失，人们纷纷抛售手中的金融股等各类股票，因而导致纽约股市出现大幅度下跌。在雷曼兄弟宣布破产申请的次日，即 2008 年 9 月 15 日，道琼斯指数重挫逾 500 点，标准普尔指数下跌近 5%，创 "9.11" 以来最大单日跌幅。2008 年，美国股市整体跌幅达 40%。

恐慌情绪进一步向世界各地扩散。由于金融的全球化，各国银行、金融机构甚至部分国家的央行都大量购买了美国住房抵押贷款证券。据统计，自 2007 年年初以来，全球金融机构已经宣布的与次贷相关的亏损和资产减计高达 5000 亿美元。不过，这可能只是冰山的一角。由于金融化体系的复杂和不透明性，人们根本无从了解各国银行持有"有毒证券"的实际数量。但有一点是肯定的，那就是投资者坚信实际亏损将远远超过这一数额。

另一方面，纽约股指的大幅下挫也对各国投资者信心造成了巨大打击。在双重压力的影响下，全球金融市场出现了剧烈震荡，投资者不计成本地抛售股票，致使各国股市全面下挫。据路透社报道，2008 年欧洲三大股指均出现大幅下跌：英国富时 100 指数 2008 年下跌了 31%，创下自 1984 年该指数推出以来最大年度跌幅；德国 GDAXI 指数 2008 年度重挫 40.4%；法国

[①] 石建勋：《雷曼公司破产预示着什么》，《人民日报海外版》2008 年 9 月 17 日。
[②] 乌尔里希·贝克：《风险社会》，何博闻译，南京：译林出版社，2004，第 35 页。

CAC-40 指数大跌 43%，为其 20 年历史中最大跌幅。① 2008 年，日本股市也遭受重创，全年下跌 42%，创下半个多世纪的最大跌幅。新兴国家的股票市场则遭受了更大的打击，股指出现大幅下挫，2008 年，俄罗斯股指下跌 70%。中国沪深股指下跌 62%、香港恒指下跌 48%，印度股指跌去了 42%。② 过去一年里，全球股市因信贷市场崩溃所蒸发的市值高达 11 万亿美元。③

迄今为止，危机还在进一步加深和蔓延。令人担心的是，人们根本无从确定当前这场金融危机还将持续多久？也不清楚其可能波及的范围，如将对实体经济产生怎样和多大的冲击？将给人们的日常生活带来多大的影响？将对社会造成何种程度的损害？在此，保险这一传统控制风险的手段完全失灵了。当代人被推入了"一个未经保险的社会"。

三　金融危机与全球化

在很大程度上，当前这场金融危机是全球化的必然归结。吉登斯视全球化为风险社会的一大基本条件和特征。从某种意义上讲，全球化意味着发生在我们日常生活中的时空巨变。吉登斯指出，由于现代传媒技术的影响，使得"不在场的东西愈益决定在场的东西"。发生在遥远地区的事件，比以往任何时候都更直接、更迅速地对我们产生影响。反之，个人的行为和决定，亦可能产生全球性后果。④ 例如，在全球化时代，任何个人消费偏好的改变，都可能对生活在地球另一端的供应商产生严重后果。在全球化时代，风险必然成为全球性问题。

另一方面，贝克则在《世界风险社会》中，直接把当前我们所处的时代称为全球风险社会。他并且论述了风险的全球性特征：新的风险既是本土又是全球性的，或"全球本土性的"。在此，风险没有边界。全球性风险导致这样一种后果：风险变得无法控制和不可计算，以往有效的防范风险的手

---

① 路透社：《（欧洲股市）以收高为 2008 年收尾，但今年创最大年度跌幅》，2009 年 1 月 1 日，http://cn.reuters.com/article/stocksNews/idCNnCN071709820081231，2009 年 1 月 10 日。
② 新浪财经：《2008 年全球股指跌幅排行》，2009 年 1 月 1 日，http://finance.sina.com.cn/roll/20090101/06012604958.shtml，2009 年 1 月 10 日。
③ 袁蓉君：《次贷危机愈演愈烈，全球经济前景暗淡》，《金融时报》2008 年 9 月 16 日。
④ 安东尼·吉登斯：《第三条道路》，郑戈译，北京：北京大学出版社，2000，第 33 页。

段——各种保险和保障制度——已经失效；因为无法确定危险的制造者，"谁污染谁治理"原则也无法适用；危险的潜在性、超常规性和不可计算性使保险制度失去了任何意义，危险再也不能通过经济补偿得以解决。因此，一旦发生灾难，根本没有有效的管理机制可以应对。贝克总结道，在风险社会的世界中，控制逻辑从内部崩溃了。风险社会成为一个政治社会。[1]

站在社会学角度看，这场全球性的、超常规模的金融危机正是全球化时代各种风险在经济领域的集中爆发。自20世纪80~90年代起，世界步入了全球化时代。从某种意义上讲，全球化即是经济的全球化，指全球经济的相互依赖和市场整合。经济全球化主要由贸易自由化、生产国际化、金融全球化和科技全球化四大部分组成。这其中金融全球化居于核心地位。法国学者弗朗索瓦·沙奈指出，金融全球化指各国货币体系和金融市场之间日益紧密的联系。这种联系由金融自由化和放宽管制所导致。不过，全球化并不意味着完全取消各国的金融体系，它们只是以"不充分"或"不完全"的形式使其一体化并形成一个整体。这个整体有三大特点。首先，它有明显的等级之分，美国的金融体系支配着其他国家的金融体系，这是由美元的地位以及美国的债券和股票市场的规模所决定的，各国之间的发展不平衡以及它们之间的竞争并未消失，甚至被金融自由化和放宽管制激活了；其次，这个整体的各个监管和监督机构是无能为力和不负责任的；最后，在不同层次特别是在不同市场（外汇、债券、股票等市场）上进行资本运作的人承担着市场的统一。沙奈特别提醒我们注意以下问题："由于各国金融市场解除了管制并实现了实时互联，因此它们有可能被纳入国际轨道。然而这种轨道的实际内容，具体来讲完全取决于国际化程度最高和最大的一些金融资产管理者们所作的决策及其运行活动。"[2] 可见，金融全球化非但没有增加各国资本市场的确定性，相反却由于不得不遭受以美国为首的发达国家金融寡头的掠夺而大大增加了其不稳定性。

在很大程度上，此次金融危机是由新自由主义全球化策略所导致的。沃勒斯坦把全球化视为新自由主义意识形态的产物。20世纪80年代，当时的美国总统里根和英国首相撒切尔夫人利用世界范围的经济停滞，制定和提出

---

[1] 乌克里希·贝克：《世界风险社会》，吴英姿、孙淑敏译，南京：南京大学出版社，2004，第183页。
[2] 弗朗索瓦·沙奈：《资本全球化》，齐建华译，北京：中央编译出版社，2001，第28~29页。

了一项被称为"华盛顿共识"的新自由主义全球性纲领。这一纲领的核心是"开放资本市场"和"放松管制"。它要求"世界各国政府不要干预有效的大型企业在世界市场争夺优势的努力"。"放松管制"具体体现在以下三方面。第一，要求各国政府必须允许这些公司带着它们的货物和资本自由穿越各国边界。第二，要求各国政府不要再充当这些生产性企业的所有者，而要把它们拥有的一切都私有化。第三，要求各国政府即使不是完全取消，也必须把各项社会福利削减至最小。① 华盛顿共识承诺，此项纲领的实施将促使各国经济重新步入增长轨道并摆脱全球性经济停滞。

这一纲领得到了国际货币基金组织和世界银行的积极响应。1998年，当时的国际货币基金组织（IMF）总干事长迈克尔·康苏德在接受《世界报》记者采访时曾明确表示，"国际货币基金组织的新使命就是使资本井然有序地自由流通"。因为只有这样，世界所有储蓄才可以集中使用，才能更好地进行资源分配，以促进新的发展机遇。② 为了坚决贯彻新自由主义主张，国际货币基金组织（IMF）在墨西哥和亚洲金融危机中，扮演了极不光彩的角色。例如，1997年亚洲爆发金融危机时，国际货币基金组织（IMF）在向韩国提供的一揽子经济援助计划中，附加了十分苛刻的条件。它明确规定韩国必须通过破产、失业、高利率和向国际投资者开放地区经济来应对危机。结果，致使破产和失业大潮席卷整个韩国。

在国际货币基金组织和世界银行的积极支持和大力配合下，新自由主义在政治层面取得了巨大成功。"一个又一个政府，无论在全球南方、社会主义阵营，还是强大的西方国家，都实行了产业的私有化，都向贸易和金融流动开放了本国边界，也都削弱了福利国家。社会主义理论，甚至凯恩斯主义理论，在公共舆论中大多名誉扫地，并遭到政治精英唾弃。"③

然而，这种改变并没有如新自由主义者承诺的那样，给各国带来发展机遇。世界经济并未摆脱停滞的状态。"工业企业的利润停滞在世界范围内继续存在……世界范围和各国国内的收入分配都变得非常偏斜于世界人口中

---

① 沃勒斯坦：《新自由主义全球化的死亡》，2008年12月3日，群学网（http://www.qunxue.net/Article/TypeArticle.asp? ModeID = 1&ID = 354），2009年1月9日。
② Michael Camdessus in interview with Babette Stern, *Nous avons changé de siècle*, Le Monde, 24 April, 1998. （齐格蒙特·鲍曼：《寻找政治》，上海：上海人民出版社，2006，第17页。）
③ 沃勒斯坦：《新自由主义全球化的死亡》，群学网（http://www.qunxue.net/Article/TypeArticle.asp? ModeID = 1&ID = 354），2009年1月9日。

10%的高收入人群,特别是1%的顶层,其收入大幅度增加,而世界人口中其他人群的实际收入大多下降了。"①

另一方面,在金融领域里,资本的自由流通同样没有如国际货币基金组织(IMF)总干事长吹嘘的那样,使资源得到了合理有效的分配,进而促进了全球经济的发展。相反,自由流通增加了各国资本市场的不确定性,并加剧了许多国家和地区的社会动荡。在新自由主义传统中,赋予全球市场以自由支配权是顺理成章的。因为自由化的市场是解决各种难题的有效机制。它会自动调节并趋于均衡。看似非理性的市场波动,实际上是解决问题的精密活动,很快就会使市场恢复到一种新的、重新调整后的均衡状态。②但吉登斯驳斥了新自由主义的这一市场逻辑。他在《迈向全球化的时代》中写道,"把世界经济组织为一个统一的全球自由市场将会增加不稳定"。因为"驱动市场决策的主要力量是对价格变化的预期而不是价格本身,而这些预期通常又受到心理因素而不是纯粹的经济现象的影响。危机,反复无常的波动,资本突然注入或者撤出特定的国家和地区——这些都是桀骜不驯的市场的核心特征而不是它的边缘特征"。因此,在吉登斯看来,新自由主义的自由放任型经济完全是一种"不计任何后果的赌博"。③

鲍曼在《寻找政治》中,深刻揭示了新自由主义政治经济纲领的虚伪性。他指出,金融自由化在给一部分市场操纵者带来确定性的同时,迫使全球绝大多数投资者陷入了高度不确定状态。新自由主义者往往喜欢使用"透明性"和"易变性"来描述金融自由化。但鲍曼指出,"透明性"和"易变性"不能给确定性带来任何益处。在此,"透明性"意味着一个"对市场操纵者而言无隐秘、无障碍的世界"。一方面,"透明性"的鼓吹者所捍卫的不是玻璃橱窗,而是单面透镜。透镜这边是偷窥者的天堂,而另一边却是些极度匮乏,对当前和未来的非法入侵毫无防范的人。他们只能坐视自己苦难的不断增长。另一方面,"易变性"则指除了对预期"经济效益"的考量之外,市场操纵者的决策将不受任何限制。鲍曼指出,易变性的鼓吹者

---

① 沃勒斯坦:《新自由主义全球化的死亡》,群学网(http://www.qunxue.net/Article/TypeArticle.asp?ModeID=1&ID=354),2009年1月9日。
② 安东尼·吉登斯:《迈向全球化的时代》,2008年12月18日,群学网(http://www.qunxue.net/Article/TypeArticle.asp?ModeID=1&ID=625&Page=6),2009年1月19日。
③ 安东尼·吉登斯:《迈向全球化的时代》,2008年12月18日,群学网(http://www.qunxue.net/Article/TypeArticle.asp?ModeID=1&ID=625&Page=6),2009年1月16日。

追求的,并不是所有东西的自由流通。他们只追求"那些对他们而言金光闪闪的东西"的自由流通。而这对于其他人而言,则意味着不得不承受无法承受的沉重命运。"有些人享有避免这一切结果的权利,另一些人则享有承担这一切结果的义务。"① 总之,资本市场的"透明性"和"易变性"特征对一小部分"被选中的全球人"而言,意味着极大的确定性,而对其他人则预示着更大的不确定性。②

  金融全球化不仅给个体带来了极大的不确定性,它同时也对民族—国家造成了巨大冲击。鲍曼在另一部著作《全球化》中,将全球化视为是一种针对民族—国家的掠夺。他写道,全球化并不是建立在普遍秩序之上的。相反它以"事物的失控"为特征。全球化"所传达的最深刻的意义就在于世界事物的不确定性、难驾驭和自力推进性"。③ 在很大程度上,全球资本市场的不稳定是由信息技术的飞速发展,以及由互联网、移动电话、卫星电视等通信手段导致的时空限制的取消造成的。哈维描述了时空压缩对经济造成的巨大影响:时空的压缩使得一些事物比另一些事物运动得更快,"经济——资本即金钱和成就事业、赚取更多金钱、创造更多产品所必需的其他资源——迅猛发展,其气势足以永远领先于任何(地方性的)可能企图遏制和转移其运行的政体。至少在这种情况下,运行时间减少为零产生了一种新特质,即导致了空间约束的彻底根绝,或更准确地说,导致了'引力的彻底克服'"。④ 以接近于电子信号速度移动的资本,摆脱了与国家和区域有关的一切束缚。

  马克斯·韦伯把国家界定为拥有垄断的高压统治手段及其在主权领土范围内行使其垄断权力的代理机构。而科尔内留斯·卡斯托里亚迪则提醒人们不要把国家和社会权力混为一谈。他认为国家是一种特殊分配和压缩社会权力的方法,明确拥有建构执行的强大能力。鲍曼发展了卡斯托里亚迪的观点,也认为国家的主要职能在于维护本国经济的"动态平衡"。所谓动态平衡即指消费增长节奏和生产力提高之间的均衡。这一任务促使主权国家在不

---

① 齐格蒙特·鲍曼:《寻找政治》,洪涛等译,上海:上海人民出版社,2006,第17页。
② 齐格蒙特·鲍曼:《寻找政治》,洪涛等译,上海:上海人民出版社,2006,第17页。
③ 齐格蒙特·鲍曼:《全球化》,周宪、许钧主编《现代性研究译丛》,北京:商务印书馆,2004,第57页。
④ 齐格蒙特·鲍曼:《全球化》,周宪、许钧主编《现代性研究译丛》,北京:商务印书馆,2004,第53页。

同时期通过禁止出入口，设置贸易壁垒，以及推行国家管理的凯恩斯式刺激内需的政策来调节本国经济。然而如今，由于全球化的影响，绝大多数在其他方面仍然拥有绝对主权的国家已经无力维持本国经济的动态平衡了。大部分国家已经没有足够的资源来抵御来自全球市场的压力。

理由很明显，因为来自市场的"来源不明之力"如此之巨大，"只要几分钟就足以使企业和国家本身垮台了"。根据勒内·帕塞的统计，世界纯投机性货币金融交易额每天高达13000亿美元，占全球总交易量的95%。这一数字几乎相当于世界上所有"国家银行"美元储备的总量（15000亿美元）。世界上没有哪个国家能够长达数天顶住来自"市场"的压力。① 鲍曼悲观地感叹道，在全球化时代，大多数主权国家甚至已不再奢望能够维护本国经济了。如今"国内市场和全球市场，或更广泛而言，国'内'和国'外'之间的区别从最狭隘的'保卫领土和人口'意义上"已经很难坚持了。② 在这种新的全球经济秩序中，资本的瞬间转移甚至可以汲干国民劳动多年生产积累的价值，并使地球的某些部分整体贫困化。③ 如此，全球化凭借着新的信息技术和雄厚的资金实力，化作一股巨大的力量"在辽阔的无人地带兴风作浪……超过了任何人的计划和行动能力之所及"。④

具有讽刺意味的是，新自由主义政治经济政策催生的市场原教旨主义（吉登斯语），此后像一匹脱缰的野马摆脱了政策制定者——美国的控制。詹姆逊在《全球化和政治策略》中谈到了美国与市场原教旨主义之间的暧昧关系。他指出，迄今为止，美国一直在国际货币基金组织中发挥着主导作用。如前所述，国际货币基金组织向来是新自由主义的积极推动者，它以威胁撤回援助的惯用手段，把自由市场强加给其他国家。然而最近几年，"金融市场的利益与美国的利益绝对一致的情况变得不再明显。美国开始担心，新的全球金融市场可能转变成自治的机制，造成谁都不希望看到的结局，甚至连美国政府也无法控制"。⑤ 美国的担心终于成为现实。事实上，贝克在

---

① 齐格蒙特·鲍曼：《全球化》，载周宪、许钧主编《现代性研究译丛》，北京：商务印书馆，2004，第64页。
② 齐格蒙特·鲍曼：《全球化》，载周宪、许钧主编《现代性研究译丛》，北京：商务印书馆，2004，第62~63页。
③ 詹姆逊：《全球化和政治策略》，王逢振译，《江西社会科学》2004年第3期。
④ 齐格蒙特·鲍曼：《全球化》，载周宪、许钧主编《现代性研究译丛》，北京：商务印书馆，2004，第58页。
⑤ 詹姆逊：《全球化和政治策略》，王逢振译，《江西社会科学》2004年第3期。

《风险社会》中,早就预言风险制造者迟早要遭到报应。他说,风险的分配模式和财富分配模式存在着本质的区别。风险的分配具有巨大的政治爆炸力。风险在它的扩散过程中展示出一种社会性的"飞去来器"效应,即各种"潜在的副作用"会反过来对风险的"生产中心"造成巨大危害。此次美国的金融危机,很大程度上正体现了一种"飞去来器"效应。风险的制造和受益者——华尔街金融寡头们在此次危机中自食其果,遭到了应有的报应。

但必须指出的是,在此次危机中受到最大伤害的,依然是广大普通民众和第三世界国家。贝克提醒我们,风险的平等并不等同于社会的平等。他说,"世界范围内的平等的风险状况不会掩盖那些在风险造成的痛苦中新的社会不平等"。由风险导致的社会不平等"特别集中体现在那些风险地位和阶级地位相互交叠的地方"①。如我们所见,此次的金融危机已经引发了大规模的破产和失业风潮,这其中受到极大伤害的,恰恰是处于弱势地位的中下阶层和广大的第三世界国家。福斯特在《资本的金融化与危机》中如此描述了次贷危机对不同阶级人群的不同影响。他写道,金融危机将对美国和世界经济产生怎样的影响目前还不得而知,但有一点是毋庸置疑的,那就是"在衰退时期,由于大资本家可以通过各种套期保值安排并且经常还可以要求政府对其施以援手,其利益处于相对比较好的保护位置。他们手中也有无数种方式可以将成本转移给经济体中的较低层。因此,其损失可以转移给中小投资者、工人、消费者和第三世界经济体承担"。② 由此福斯特得出这样的结论:与资本主义历史上所有类似事件一样,最终的结果无论在本国还是全球范围内,经济和金融部门的集中度都将提高。③ 言下之意十分清楚,那就是此次金融危机,反而可能帮助美国达到进一步掌控世界经济和金融命脉的目的。

结 语

如何应对经济全球化的冲击,是当前必须深入思考的课题。正如贝克所

---

① 乌尔里希·贝克:《风险社会》,何博闻译,南京:译林出版社,2004,第45页。
② Bellamy, John & Foster, *The Financialization of Capital and the Crisis*, April, 2008, http://www.monthlyreview.org/080401foster.php, January 20, 2009.
③ Bellamy, John & Foster, *The Financialization of Capital and the Crisis*, April, 2008, http://www.monthlyreview.org/080401foster.php, January 20, 2009.

言,在全球化时代,任何人都无法置身事外。国内有些经济学家认为美国次贷危机将给中国带来发展机遇。美国出现金融危机了,那么资金自然会流向高速成长的中国,我们就可以从中获益。然而,实际情形恰好相反。如前所述,源自华尔街的金融海啸导致了这样一种结局,即人们开始规避所有的投资风险。次贷危机爆发后,不论是发达国家还是新兴工业国,或者是发展中国家都无一幸免。不仅如此,甚至连与房地产企业没有直接关联的其他行业也蒙受了巨大压力。[1] 金融危机爆发后,不仅仅房地产次级贷款出现了问题,连信用卡贷款、汽车贷款和企业贷款(债券)也纷纷陷入信任危机;美国三大汽车集团在此次危机中几乎全军覆没;北电网络和英特尔等知名高科技企业纷纷倒闭或出现巨亏。这一切都充分说明,在全球化时代,风险的发生是"超常规模"的,我们已经无法按照因果关系和以往的经验来判断和确定灾难波及的范围。

风险不仅具有超常规性特征,而且还体现出一种"滞后效应"。就在本文即将截稿之际,又传来新一轮金融海啸即将登陆美国和欧洲大陆的消息:2009年1月13日,世界上最大的金融服务企业花旗集团宣布重组计划;2009年1月16日,美国银行公布,该行2008年第四季度出现了自1991年以来的首次季度亏损,后者同期预计亏损高达153亿美元;2009年1月19日,英国银行业巨头苏格兰皇家银行(RBS)表示,该行2008年的全年亏损额将高达280亿英镑(约合410亿美元),这将创英国历史最大亏损;另据《华尔街日报》2009年1月14日报道,由于自营业务出现巨亏,德意志银行2008年第4季度将出现48亿欧元的亏损。[2] 令人啼笑皆非的是,美国银行和德意志银行竟然是由于抄底美国和世界经济而蒙受巨大损失的。

在此严峻形势下,中国经济在2009年也面临着巨大挑战。2009年1月28日,温家宝总理在出席瑞士达沃斯举行的世界经济论坛2009年会时,坦率承认了金融危机对中国经济造成的负面影响。他指出,"这场危机对中国经济也造成较大冲击,我们正面临严峻挑战。主要是:外部需求明显收缩,

---

[1] John. Bellamy. Foster, *The Financialization of Capital and the Crisis*, April, 2008, http://www.monthlyreview.org/080401foster.php, January 20, 2009.
[2] 汇通网,《银行业危机愈演愈烈,第二波金融危机前兆?》, http://www.fx678.com/Contents/20090120/20090120172200260.html, 2009年1月29日;中新网,《德国银行坏账黑洞可能引发新一轮金融危机》, http://www.chinanews.com.cn/cj/gjcj/news/2009/01-19/1532675.shtml, 2009年1月29日。

部分行业产能过剩,企业生产经营困难,城镇失业人员增多,经济增长下行的压力明显加大。"① 如果国际经济形势进一步恶化,必将对中国造成更大的冲击。

可见,不管是不是愿意,我们已经置身于全球风险时代。如何应对全球化,如何应对全球化带来的风险,将成为今后很长一段时期内理论和经验研究的核心内容。当代著名学者齐泽克(Slavoj Zizek)最近在谈及当前这场金融风暴时强调了反思的重要性。他说,人们常常用"不要光说不做!"来指责用讨论代替实际行动的空谈。但在面对像金融危机这样我们无法左右的巨大灾难时,我们行动得太多了。因为很多时候,付诸行动不是为了解决问题,而只是为了避免去讨论和反思危机本身。因此,现在"是时候该后退、反省和说点正确的了"。② 在此意义上,对由此次金融危机所引发的一系列极端复杂的问题进行深入的社会学考察具有重要的理论价值和现实意义。但愿这篇从风险社会学角度揭示全球化负面影响的拙文能在理论上有所突破,为我们深刻理解全球化提供一种不同的视角,并对进一步思考如何应对全球化的机遇与挑战起到抛砖引玉的作用。

---

① 新华网,《温家宝在世界经济论坛年会上的特别致辞》,http://news.xinhuanet.com/newscenter/2009-01/29/content_ 10731826.htm,2009 年 1 月 29 日。
② 齐泽克:《齐泽克论当前的金融危机》,郑亚捷译,《国外理论动态》2008 年第 12 期。

消费社会与自恋主义

——一种批判性的视角

从结构与制度层面关注现代人的生存境遇，揭示现代性引发的人的主体性缺失，以及由此伴随而来的种种人的异化现象是社会理论经久不衰的核心课题。很早社会学家们就达成了这样的共识，即人的特质、需求和动机在很大程度上是社会发展的产物（吉登斯语）。为此，马克思的"异化"理论、涂尔干的"失范"概念、韦伯的"理性的牢笼"、齐美尔的"文化悲剧"等，分别从不同侧面对现代性导致的、普遍存在的人的主体性缺失现象进行了深入探讨。这些理论为从社会结构层面研究人的特质、意识以及精神结构提供了可能性，也为我们深刻理解资本主义制度下现代人精神异化现象提供了重要启示。

本文试图从社会学角度探讨消费社会对个体的深刻影响，并将重点放在考察身处消费时代现代人的性格特征研究，及其揭示有别于资本主义早期"人的异化"特征的、产生于消费资本主义社会的新的异化现象。如同自人类社会形成以来，生产活动始终存在一样，消费也贯穿于人类历史变迁的所有时期。但尽管如此，不同社会依然呈现不同的消费特征。费瑟斯通（Featherstone）指出，在西方，存在两种不同的消费文化。在一些社会中，为了维护并再生产稳定的身份系统，商品的自由交换与供应受到了明显限制。而在另一些社会中，商品的自由交换与供应表面不受任何限制，在这样的社会中，品位、独特的判断力、知识和文化资本便显得尤为重要。[1] 前者存在于欧洲前现代后期，后者则出现于第二次世界大战后以美国为代表的西方发达社会。人们通常将这一社会称为大众消费社会。

---

[1] Featherstone, Mike, *Consumer Culture and Postmodernism* (2nd edition), Sage Publications Ltd; 2007, p. 17.

大众消费社会的来临，与工业化程度的不断提高有着密不可分的联系。20世纪中叶，以福特制为代表的大规模生产体系，使得商品价格不断走低。价格的下降，刺激了中产阶级的消费欲望，也使消费需求大幅上升。旺盛的需求加速了资本积累，而资本的累积进一步推进了生产的机械化和合理化，商品以更快速度被大量生产了出来……最终导致生产过剩，商品泛滥，大众消费社会就此诞生。在大众消费时代，消费而非工作构成了人们生活的核心。鲍曼曾经讲过，生产是集体的努力，而消费完全是个人、独立且最终是孤独的活动。不存在"集体消费"。消费者即使在消费过程中聚集在一起，但实际的消费活动还是保留了完全单独、个人经验的体验。[1] 简言之，消费加速了个体化进程。

伴随着消费社会的来临，出现了一种与推崇勤勉及禁欲主义的新教伦理截然不同的消费伦理，它推崇享乐主义价值观，提倡必须立刻满足任何需求。消费伦理和个体化进程的加速共同催生了一种享乐主义的个人主义文化——自恋主义。不过，尽管消费伦理推崇享乐并尽量满足个体的欲求，但其目的并非制造一种非理性的欲望文化。相反，它深深根植于消费"目标"及其合理性，旨在展现主体新型的、"理性"的社会化。一方面，消费革命及其享乐主义伦理加速了社会的原子化、渐渐掏空了根植于个体深层意识的社会信仰，并导致个体的非社会化。另一方面，通过大众媒介以及消费逻辑，个体又被重新社会化了。只不过这是一种去压抑的、旨在多变的社会化。最终，个体虽然摆脱了罪恶感，却由于必须独自面对瞬息万变的世界而陷入焦虑与彷徨之中，体验到深深的冷漠与幻灭感。[2]

一　他人导向型

在很大程度上，消费社会研究或消费文化研究就是对身处消费时代个体的研究。在这方面，身处消费最前沿的美国社会学家曾经做出过巨大努力并取得了丰硕成果。米尔斯的"经纪人"、埃里克·弗罗姆的"市场生意人"、霍尔的"当代精神病态性格"、威廉·H. 怀特的"组织人"以及格林的

---

[1] ジグマンド・バウマン（Zygmunt Bauman）:『新しい貧困——労働、消費主義、ニュープア』，伊藤茂訳，東京：青木社，2008，第620頁。
[2] 吉尔·利波维茨基:《空虚时代——论当代个人主义》，方仁杰、倪复生译，北京：中国人民大学出版社，2007，第3页。

"中产阶级男孩",等等,都试图从不同侧面把握消费时代出现的新型人格类型和文化特征。他们将大众消费社会普遍的人格特征概括为:"迫切与他人和睦相处,甚至按照庞大组织机构的要求来设计自己的私生活;竭力将自己当作一件标有市场价格的商品加以推销;极其渴望得到温情、安慰和奉承。他们的价值观极易受到侵蚀。"[1]

在以上此类研究中,试图通过对美国都市中产阶级的性格取向、消费模式和生活方式的研究揭示消费社会文化特征的理斯曼的《孤独的人群》最具代表性。理斯曼的研究从考察都市年轻中产阶级性格特征入手。在《孤独的人群》开篇部分,他首先对社会性格作了如下界定:所谓社会性格并非个人特有的气质、才干、生理和心理属性,而是专指"特定社会群体间共享的那部分性格",是在"社会和历史因素"共同作用下形成的"个人驱动力和满足需要结构"。理斯曼按照人口变化趋势将社会划分为人口高增长潜力阶段、过渡增长阶段和初期人口减少阶段三个时期。他指出,这三个时期分别对应三种不同的社会性格,即传统导向型、内在导向型和他人导向型。

传统导向型人格普遍存在于人口高增长潜力时期,即前现代社会,其成员的社会生活受到传统礼仪和习俗的严格限制,个体的社会化过程就是学习如何理解和继承持续了几个世纪的传统行为模式。在这样的社会里,个人必须服从传统的支配,因而形成了一种以传统为导向的人格。传统导向者受"羞耻感"的驱使,渴望自己的行为能获得他人认同。

内在导向型人格主要存在于工业社会早期的人口过渡增长阶段。内在导向者通常以幼年时期形成并被内化了的人生目标作为行为指南(理斯曼将此称作"心理陀螺仪"),借用弗洛伊德的话说,内在导向者的一切行为必须接受"超我"的检验,一旦脱离既定轨道,个体便会遭受良心谴责,产生深刻的"罪恶感"。

理斯曼指出,我们所处时代,即初期人口减少期(指第二次世界大战后)的社会性格,正在从以内在信念为依据的"内在导向型",转变成以他人行为准则为依据的"他人导向型"。他人导向型指一种对他人的期待和兴

---

[1] 克利斯多夫·拉斯奇(Christopher Lasch):《自恋主义文化》,陈红译,上海:上海文化出版社,1988,第71页。注:国内学术界通常将 Christopher Lasch 翻译为"克利斯多夫·拉什",本论文亦采用"克利斯多夫·拉什"这一译名。

趣爱好十分敏感的性格取向。指引他人导向者行动并被内化了的，是一种收集同阶层人及同龄人所发信息，以及偶尔参与信息传播的能力。理斯曼将他人导向者的性格特征形容为根植于"无处不在的焦虑"的"雷达"装置。他人导向型性格主要存在于第二次世界大战后美国大都市高收入群体和年轻人群当中，是资本主义"由生产时代向消费时代过渡而发生的变革"在私人领域的反映。事实上，德鲁克、伯恩海姆和克拉克等学者都曾经对此问题进行过深入探讨。他们一致认为中产阶级的出现与第二次世界大战后美国第一产业的衰退，以及随之而来的第三产业兴旺有关。第二次世界大战后，教育普及以及经济的高速增长使服务业得到了迅猛发展。曾经以农业和繁重的机械工业为谋生手段的劳动者，在接受教育后纷纷放弃原先的职业，进入第三产业就业。在纽约、波士顿、洛杉矶等大都市，他人导向型白领阶层迅速崛起。理斯曼推测，这一趋势将随着工业化日趋成熟，消费文化逐渐占据主导地位而扩散至世界各地，他人导向型社会的来临指日可待。

与以生产为核心的内在导向型社会不同，他人导向型时期是一个以消费为主导的社会。在内在导向型时期，生产永远居于首位，消费是第二位的。内在导向者热衷于工作，消费只是炫耀财富或调节个人生活的手段。理斯曼指出，存在两种不同类型的内在导向型消费者，即①以获取为目的的"获得型消费者"和②将消费视为缓解工作压力的"逃避型消费者"。前者热衷于工作并把消费也当作"一项以购物为目的的工作"去完成，其典型代表是19世纪美国的百万富翁。对于他们而言，消费不是为了享乐，而是为了炫耀财富。拥有大量奢侈品是地位与财富的象征。"获得型消费者"类似于凡勃伦笔下从事炫耀性消费的有闲阶级。"逃避型消费者"则把消费视为逃避工作的手段。在内在导向型社会里生产始终是第一位的，行动者唯有通过工作才能体现完整的社会化自我。但尽管如此，为缓解工作压力，内在导向者偶尔也会采取一些逃避措施，消费正是一种有效的方式。不过，里斯曼指出，"逃避型消费者"并非仅仅为了缓解工作压力而消费，很多时候消费的"动机并非纯粹为了逃避，而是一种伪装了的追求地位升迁的欲望"。[①] 也就是说，最终"逃避型消费者"和"获得型消费者"一样，也将消费视作炫耀和制造"差异"的手段。总之，在内在导向型时期，消费从未对个体的人生目标构成任何实质性威胁。只要有必要，他们随时可以回归工作。

---

① 大卫·理斯曼：《孤独的人群》，王昆译，南京：南京大学出版社，2002，第121页。

随着他人导向型社会的来临,"获得型消费者"与"逃避型消费者"同时消失了。一方面,"获得型消费者"之所以渴望拥有商品,是因为他们曾经确信"消费就像工作成果一样,可以终身享用,不会即刻过时"。① 然而如今这种对商品的热情伴随着财产安定性的丧失而逐渐消退了。他人导向者从孩提时代起就被商品所包围。对于他们而言任何东西迟早都会过时。另一方面,部分内在导向型个体所表现出来的"逃避型消费"倾向也随着"工作与娱乐相互交错在一起"② 而失去了存在意义。他人导向型个体并无清晰可辨的自我核心,他们根本无从逃离自我。

在他人导向型人格占主导地位的时期,工作与娱乐的界限已然被打破,消费活动逐渐取代工作成为人们日常生活的核心。他人导向者将所有精力都投入消费领域,生产因此也成为一种消费活动。但必须指出的是,他人导向型消费者并非如内在导向者那样,主要为了炫耀财富并显示自己的与众不同而消费。他们"所追求的不是个人超越特殊同侪群体或特定文化的名望,而是追求同侪的尊敬,或曰比尊敬更为重要的——同侪的爱戴"。③ 为了实现这一目标,他人导向者必须首先克服物质上的困难,与有着相同价值观和共同追求的同侪群体成员保持"一致"。借用理斯曼的话说,就是"他人有,自己就该有"。换言之,消费者的欲望很大程度上来自与相同阶层、相同年龄层的成员保持一致的渴望。在此,消费与其说是为了从同伴中脱颖而出,不如说是为了避免因跟不上同伴步伐而与众不同。"与众不同"(差异)曾经是内在导向者渴望通过消费实现的目标,但如今却成为他人导向者必须竭力避免的事态。"消费被保持在一定限度之内,消费者因担心招致他人嫉妒而不敢过于卖弄,同时又由于嫉妒他人而不敢太吝啬。"④ 理斯曼由此得出结论,在以他人导向型为性格特征的消费社会,追求与同伴(同阶级)保持"一致"或避免"与众不同"成为推动消费的主要动因。

此后,理斯曼在 *Abundance for What?* 一书中,用"标准组合"(standard package)一词来描述大众消费时代的这一特征。"标准组合"具体指某种系列商品组合,如中国社会曾经流行的"自行车、缝纫机、手表"三大件和后来的"冰箱、彩电、洗衣机"新三大件就是典型的"标准组

---

① 大卫·理斯曼:《孤独的人群》,王崑译,南京:南京大学出版社,2002,第118页。
② 大卫·理斯曼:《孤独的人群》,王崑译,南京:南京大学出版社,2002,第142页。
③ 大卫·理斯曼:《孤独的人群》,王崑译,南京:南京大学出版社,2002,第138页。
④ 大卫·理斯曼:《孤独的人群》,王崑译,南京:南京大学出版社,2002,第74~78页。

合"。我们可以将"标准组合"理解为"向他人看齐"的生活水准指标,是一种保持与他人步调一致的调节装置。在此,关键不是制造差异而是保持与他人的一致。换言之,标准组合是他人导向型个人"一致性倾向"的具体体现。在大众消费时代,消费的对象已然不是商品本身,而成为与"他人保持一致",或"像他人一样生活"的社会符码。

值得一提的是,他人导向型所指向的,是同一阶级(中产阶级)内部的"同侪群体"(中最优秀的成员),对其他阶级或身份群体具有很强的排斥性。他人导向者所强调的"一致性"并非针对由所有社会阶层组成的整体社会,而是为了获得同时代相同社会阶层成员组成的"同侪群体"的认同。此类认同是以对其他社会阶层的强烈排斥为前提的。尽管理斯曼在《孤独的人群》中,将大部分精力集中在对美国都市中产阶级人格特征及其消费模式、娱乐休闲方式的分析研究上,断言除了极少数富人之外,西方发达国家具有较高经济地位的人几乎都是他人导向型。总之,他人导向型已然成为消费社会的主流人格。[①] 但与此同时,理斯曼也坦率承认仍然有约三分之一的美国人属于"被统治阶级"。他们不仅不具备他人导向型人格,而且拒不接受占就业人口一半以上的中产阶级生活方式。另一方面,以中产阶级为主导的、大约占美国人口2/3的"特权阶层",对这些基于阶级与种族的"被统治阶级"持强烈的排斥态度。在为数不多的篇幅中,理斯曼论述了他人导向者对社会底层的排斥心理。他写道,"他人导向者极其所能宽容同侪群体一起进行社交活动,但不能将其扩展到更广泛的社会阶层""他们很难逾越社会地位和社会阶层障碍"。[②] 因此,他们在与人交往时,往往"根据交往对象阶层的不同而区别对待……同侪群体可以根据阶级或伦理道德的标准决定什么是不受欢迎的,应当抛弃的或者对谁(如南方黑人)可以不必认真对待,只需记住他的名字"。他人导向者的此类排斥性策略,虽然能够保证其圈内生活变得较为容易,却阻碍了其在由不同阶级、不同种族成员构成的整体社会里获得成功。[③]

理斯曼有关消费社会人格类型与文化特征的研究,此后受到包括鲍德里亚在内的众多社会学家的大力推崇,而《孤独的人群》一书则由于成功描

---

① 大卫·理斯曼:《孤独的人群》,王昆译,南京:南京大学出版社,2002,第259页。
② 大卫·理斯曼:《孤独的人群》,王昆译,南京:南京大学出版社,2002,第282页。
③ 大卫·理斯曼:《孤独的人群》,王昆译,南京:南京大学出版社,2002,第140~141页。

述了大众消费时代行动者所共享的价值观、行为方式、交往习惯和接受信息方式等"社会性格"特征,而被视为消费社会学的经典之作。不过,也有不少社会学家对理斯曼的学说提出质疑,如美国社会学家桑内特就认为理斯曼的研究颠倒了顺序,美国和西方社会并非如理斯曼所言,正在从内在导向型过渡到他人导向型。实际情形恰好相反。消费时代的人格特质从他人导向型转向了内在导向型。桑内特用"公共性的丧失"来形容中产阶级固有的排他性特征。在《公共人的衰落》中,桑内特从公共行为、公共言论、公共服饰、公共信念等方面对"公共性的丧失"进行了细致入微的考察。以公共服饰的变化为例,他指出,在 18 世纪的西方社会,表示社会地位的符号标识十分清晰,人们很容易从穿着打扮上分辨出他人的身份和阶级。但 19 世纪以来,随着阶级与身份本身流动性的加速,由大规模生产导致的"作为上层阶级象征"的服饰迅速普及至中产阶级。最终,这也导致人们很难通过外表辨别他人的职业、社会地位及身份。个性只能通过可以辨别自己外表和行为举止细微差异的亲密同伴得以维系。如此一来,由能相互读懂对方行为举止细微差异的亲密伙伴组成的同质性共同体便由此形成。人们对亲密共同体之外的人毫无兴趣,沉浸于与能够识别自己身份的他人交往。他们期望通过此类亲密体验,发展人格。桑内特将此现象称为"亲密性的专制",他并且认为消费时代的社会是一个亲密性社会,占主导地位的社会性格并非理斯曼所说的他人导向型,而是以"亲密性的专制"为特征的,高度关注自我的内在导向型。[1] 桑内特将此称为"自恋主义"。桑内特进一步指出,消费社会是一个公共空间丧失的社会。在这样的社会中,每个人都变得极端自恋,所有的人际关系中不无渗透着自恋的因素。[2] 自恋主义是消费时代人们普遍的性格特征。

二 自恋主义

桑内特的主张得到了众多社会学家的响应,其中最具代表性的当属美国社会学家克利斯多夫·拉什(Christopher Lasch)。拉什有关"自恋主义"的

---

[1] 理查德·桑内特:《公共人的衰落》,李继宏译,上海:上海译文出版社,2009,第 5~6 页。
[2] 理查德·桑内特:《公共人的衰落》,李继宏译,上海:上海译文出版社,2009,第 9 页。

论述主要见于《自恋主义文化》一书。在此书中，他将"自恋主义"视为消费社会的文化特征。与桑内特一样，拉什的考察同样是从对理斯曼"他人导向型"的批判性继承出发的。他在书中写道，理斯曼主张伴随着富裕社会的来临，强悍的个人主义者开始让位于个性随和、更乐意与他人合作，适合在庞大的组织机构中从事谈吐轻松、繁重工作的临时工的"他人导向者"，而且，构成"他人导向型"的主体人群大都为都市中产阶级，正是这一在工业化早期注重未来、追求遥远目标与推迟享受的社会阶层中，强调立刻满足各种欲望的享乐主义代替了新教工作伦理。但拉什认为理斯曼的观点并不成熟。在他看来，享乐主义只不过是一个骗局，"对享乐的追求掩盖了争权夺利的斗争"。行动者并非如理斯曼主张的那样，变得愿意顺从他人意志、随和并乐于与他人合作了。与早期中产阶级相比，他们只是更善于利用人际关系的习俗来使自己得益而已。① 总之，这是一种以享乐主义面貌出现的极端个人主义、一种"自恋主义"。也就是说，消费社会占主导地位的社会性格并非"他人导向型"，而是由极端个人主义演化而来的"自恋主义"。

"自恋"一词最初来源于精神分析学，由弗洛伊德的《论自恋》而广为人知。通常意义上，自恋指一种自我关注，人人都或多或少带有这一倾向。但消费社会的自恋主义并不是弗洛伊德意义上原始的自恋主义或拉康"镜像阶段"的自恋经验（婴儿那样的原始自恋者），而是第二阶段，或者说是病理的自恋主义。在此，自恋是一种性格紊乱，指一种强烈的自我迷恋。自恋主义者极其迷恋自己，以至于对自身以外任何人和任何事物都不感兴趣。他们将自己视为世界的全部，认为自己就意味着整个世界。② 精神分析学家康巴克描绘了自恋主义者的人格特质："具有野心勃勃、夸大妄想、劣等感，以及极度渴望从他人那里获得赞赏与喝彩的多重人格特征"。在他看来，自恋主义者既"对自己心怀不满并抱有慢性的不确定感"，又在意识与无意识深处"对他人抱有掠夺心态并缺乏慈悲心"。③

自恋主义不仅是一种心理现象，也有着重要的社会意义。弗洛伊德十分强调心理健康与心理病态之间的连续性，认为精神病和精神变态在很大程度上是某种特定文化的典型表现。在弗洛伊德生活的年代，歇斯底里和

---

① 克利斯多夫·拉什：《自恋主义文化》，陈红译，上海：上海文化出版社，1988，第74页。
② A·ローウェン：『ナルシシズムという病い』，日本：新躍社，1990，p.14。
③ Otto Kernberg, *Borderline Conditions and Pathological Narcissism*, New York：Jason Aronson, 1975, p.264.

严重的神经官能症曾经作为独特的病态形式普遍存在。此类病症以夸张的形式表现了资本主义制度发展早期人们的人格特点：强烈的物质占有欲，疯狂的工作热情和严重的性压抑。然而，自第二次世界大战之后，在以美国为代表的西方发达国家，歇斯底里病症逐渐减少，取而代之的是具有极端个人主义倾向的自恋主义者的大量涌现。"与病态的自恋主义有关的这些性格特征以较普遍的形式大量地出现在我们时代的日常生活之中。"① 前精神分裂症的、边缘性的性格紊乱——自恋主义成为消费社会普遍的人格特质。

桑内特曾从社会学的角度，对"自恋主义"进行过精彩论述。他指出，作为一种人格障碍的自恋，不同于强烈的自爱。"自我迷恋并不会产生满足，而是对自我的伤害。"② 自恋主义者的主要特征之一，就是无法理解什么是自我和自我满足。他们必须不停地追问外部世界对自身的意义，不停地追问自己与他者或他者行为的关系。也因此，自恋者无法清晰地理解他者或他者的行为。悖谬的是，这种自我迷恋妨碍了自我需求的满足。一旦开始与他人交往并建立起某种确定关系，自恋主义者就会发现"这并不是我想要的"，并由此体验到一种深深的失望感。因而自恋具备了双重特征：既迷恋自我的各种需求，又阻碍它们得到满足。③

克利斯多夫·拉什与桑内特持同样观点，认为自我迷恋不是一种自爱，而是对自己的伤害。他指出，自恋主义与早期工业社会受"超我"严格监视的内向型人格有着本质区别，其痛苦的来源并不是过度压抑导致的悲痛与内疚，而是一种深刻的焦虑。自恋者体验到强烈的空虚感及不真实感、一种自尊被严重动摇的挫败感。他们既不相信历史，又对未来充满绝望。"折磨新一代自恋主义者的不是内疚，而是一种焦虑。他并不企图让别人来承认自己存在的确凿无疑，而是苦于找到生活的意义。他已从过去的迷信中解放了出来，但却对自己现在的存在发生了怀疑"。④ 这导致了人格分裂。一方面，自恋主义者完全退缩到自我关注中，不再关心也无法理解这瞬息万变的世界。他们完全沉浸于自我完善和自我实现中：

---

① 克利斯多夫·拉什：《自恋主义文化》，陈红译，上海：上海文化出版社，1988，第39页。
② 理查德·桑内特：《公共人的衰落》，李继宏译，上海：上海译文出版社，2008，第407页。
③ 理查德·桑内特：《公共人的衰落》，李继宏译，上海：上海译文出版社，2008，第9页。
④ 克利斯多夫·拉什：《自恋主义文化》，陈红译，上海：上海文化出版社，1988，第4页。

因为没有指望能在任何实质性方面改善生活，人们就使自己相信真正重要的是使自己在心理上达到自我完善：重视自己的感情，吃有益于健康的食品，学习芭蕾舞和肚皮舞，沉浸于东方的智慧之中，慢跑，学习"与人相处"的良方，克服"对欢乐的恐惧"。①

另一方面，自恋主义者必须依靠他人才能获得自尊，只有在他人的注目和喝彩声中，或者在"依附于他热切希望为之接受并得到其支持的坚强而令人崇敬的人物时"，②才能获得一种安全感，并得到自身存在的确认。

尽管自恋主义者不时会幻想自己权力无限，但是他却要依靠别人才能感到自尊。离开了对他崇拜得五体投地的观众他就活不下去。他那种脱离家庭纽带和社会机构束缚的表面自由并不能使他傲然挺立，也不能使他作为一个个人发出光辉。相反，这种自由带来了他的不安全感，只有当他看到自己那"辉煌的自我"形象反映在观众全神贯注的眼神里时，或者只有当他依附于那些出类拔萃、声名显赫、具有领导才华的人物时，他才能克服这种不安全感。③

人格的分裂致使自恋主义者内心世界十分荒凉，对他人的漠不关心导致其个人生活变得兴味索然，并体验到强烈的空虚与不真实感。

他要依赖他人时时把赞美和崇拜之辞灌入他的耳中。他"必须把自己依附于某个人，过一种寄生生活"。可同时，由于他害怕在感情上依赖他人，也由于他对人际关系持操纵的、剥削的态度，他与他人的关系就变得无味、虚假而又令他深感不满。④

至此，克里斯多夫·拉什描绘出一幅消费时代"自由"人的性格特征图。显然，自恋主义的出现与20世纪中后叶社会结构发生的一系列深刻变化息息相关：庞大组织及官僚机构的产生；危机四伏，剑拔弩张的社会生活；尤其是从强调资本主义生产到强调消费的转变。⑤ 从现实的角度看，自

---

① 克利斯多夫·拉什：《自恋主义文化》，陈红译，上海：上海文化出版社，1988，第3页。
② 克利斯多夫·拉什：《自恋主义文化》，陈红译，上海：上海文化出版社，1988，第42页。
③ 克利斯多夫·拉什：《自恋主义文化》，陈红译，上海：上海文化出版社，1988，第9页。
④ 克利斯多夫·拉什：《自恋主义文化》，陈红译，上海：上海文化出版社，1988，第45页。
⑤ 克利斯多夫·拉什：《自恋主义文化》，陈红译，上海：上海文化出版社，1988，第71页。

恋主义是应对现代社会紧张与不安的最好策略。庞大的官僚组织非常适合自恋者的生存。自恋者虽然内心充满痛苦，却有着能在官僚机构中取得成功的许多性格特点：官僚机构既注重巧妙处理人际关系的能力，又阻止人们建立深厚的友谊。不仅如此，它还为自恋者提供了他需要的赞许使其得以保存自尊。①

社会生活也演变成一场"人人对抗，个个为敌的战争"。克里斯多夫·拉什分析道，在19世纪，人们虽然狂热地信仰成功，却很少强调竞争。那时，"衡量成功的标准不是通过与他人的成就做比较，而是要看自己的行为是否符合自律及自我节制这一抽象理想"②。但20世纪以降，个人发展的条件发生了很大改变，都市中产阶级主体不再由老派的中产阶级银行家、小商人、小工厂主、技术工程师等构成，而是被官僚、商界有薪管理者和白领所取代。在此背景下，产生了一种崇尚竞争的个人主义文化。个人的竞争意识成为成功的关键因素。如今，为了获取上司的赞许和青睐，有抱负的年轻人必须与他人竞争。19世纪盛行的力争超过前辈并为后代谋利的斗争方式，被强调同辈之间你争我夺的生存竞争所取代，能力相当的同龄人为了获得有限的职位而互相倾轧。结果，资本主义早期勤奋、节俭的价值取向被强调操纵人际关系的能力所取代。"勤劳的典范让位于自信者、善于给人留下好印象的行家。年轻人被告知他们得设法推销自己以获得成功。"③ 正是这种文化把"个人主义的逻辑引入了一场人人皆敌的混战，把对幸福的追求引入以自我为中心的自恋主义死胡同"。④

消费社会进一步助长了人们的空虚感和孤独感。通过大众传媒的传播，人们对不需要的商品产生了一种必需性。法兰克福学派曾从批判的角度，对大众消费文化对人格形成的影响进行过深入研究。本雅明认为，在资本主义的都市世界中，陌生人、商品和外表以崭新而令人惊讶的方式，成为人类行动和主体性的中心。⑤ 阿多诺和霍克海默尔论述了大众文化的瓦解作用并将批判矛头直指文化产业。他们指出，文化产业在资本主义再生产中扮演着重

---

① 克利斯多夫·拉什：《自恋主义文化》，陈红译，上海：上海文化出版社，1988，第49页。
② 克利斯多夫·拉什：《自恋主义文化》，陈红译，上海：上海文化出版社，1988，第65页。
③ 克利斯多夫·拉什：《自恋主义文化》，陈红译，上海：上海文化出版社，1988，第65页。
④ 克利斯多夫·拉什：《自恋主义文化》，陈红译，上海：上海文化出版社，1988，第4页。
⑤ Smith, Philip and Riley, Alexander, *Cultural Theory: An Introduction*, 2001, Wiley-Blackwell, p. 44.

要角色。它所制造的包括广告在内的各种文化产品具有双重功能,即使大众逃离悲惨的现实和防止抵抗的出现。文化产业将大众改造成愚昧无知、心满意足、没有任何批判力的消费者。① 马尔库塞则将马克思主义政治经济学和弗洛伊德精神分析理论结合在一起,对消费主义进行了猛烈抨击。在其著名的《单向度的人》一书中,他将消费主义视为是遏制社会批判与革命潜能的邪恶势力。他写道,在很大程度上,人类的需要是历史性的,必然受到所处社会制度和利益分配的制约。在资本主义社会,人的主体性由资本主义体系的要求所决定。也就是说,在资本主义社会,人们的大部分需要都是虚假的需要,而非真实需要。虚假的需要指"为了特定的社会利益而从外部强加在个人身上的需要,使艰辛、侵略和非正义永恒化的需要"。② 在马尔库塞看来,现代社会的"大多数需要,诸如休闲、娱乐、按广告宣传来处世和消费、爱和恨别人之所爱和所恨,都属于虚假的需要这一范畴之列"。③人们在广告等消费文化的引诱下,满足于物质享受,甘愿沉溺在闲适、家庭生活与性机会所提供的虚假自由之中。单向度的人是一个肤浅的人,他过着虚幻的生活,自觉自愿地以满足"虚假的需求"为目标,而不是借助批判理性来获得"真实"的观点。

克里斯多夫·拉什继承法兰克福学派的批判精神,探讨了消费文化对现代人精神结构的影响。他将广告视为欲望生产的重要手段,并重点考察了广告在重构生活方式及其塑造人格方面的作用:"广告所创造的是它所特有的一个产品:那永远得不到满足、心情烦躁、焦虑不安又百无聊赖的消费者。广告推广的与其说是某种产品还不如说是作为一种生活方式的消费习惯。"④ 在广告的极大刺激下,消费者不仅对商品产生了强烈欲望,而且连全新的体验和自我实现都成了欲望的对象。广告一方面竭力推崇消费,把其视为摆脱孤独、病痛、厌倦和缺乏性满足的手段。另一方面,它又利用现代工业文明的种种弊端,制造出各种新的不满形式。不仅"现代人所特有的异化状态"(克里斯多夫·拉什语)被用来刺激新的消费需求,连现代性带来的后果,如环境污染、食品安全也被当作创造消费需求的突破口。你的

---

① Smith, Philip and Riley, Alexander, *Cultural Theory: An Introduction*, 2001, Wiley-Blackwell, p. 46.
② 赫伯特·马尔库塞:《单向度的人》,刘继译,上海:上海译文出版社,2006,第6页。
③ 赫伯特·马尔库塞:《单向度的人》,刘继译,上海:上海译文出版社,2006,第6页。
④ 克利斯多夫·拉什:《自恋主义文化》,陈红译,上海:上海文化出版社,1988,第81页。

工作无聊乏味吗？你的生活空虚吗？消费将填补那令人窒息的空虚和孤独感。你日常食用的商品安全吗？你居住的环境清洁吗？更高质量的消费将给出解决方案。

广告具有双重功能。第一，它用消费消解人们的不满与反抗。第二，消费宣传把个体的异化本身也变成了商品（在更晚近，现代性后果导致的普遍不安全感也成为广告宣传的对象，成为一种商品）。① 现代文明带来一种普遍的厌倦和失望感，支配阶级利用广告创造出这样一种消费文化，即人们可以通过消费发泄不满情绪，而无需以斗争的方式争取权利、寻求变革。广告使个体完全丧失了"阶级"意识。如今，疲惫不堪的工人们不再努力改善工作条件，而是试图通过消费寻求身份认同和自我表达。

与此同时，广告也提议用消费来治疗现代生活中的种种精神颓废现象。广告的任务在于创造消费者"批判性的自我意识，并伴随着在市场中所获得的解决之道"。不过克里斯多夫·拉什指出，广告的主要功能并非在于创造焦虑，而是要引发赖以存在的焦虑。消费者虽然并不完全相信广告所宣传的内容，并力图摆脱其影响，但正是将自身从广告中脱离出来的此类努力，培养出一种对非现实性的认知性洞察。这种洞察力最终被体验为个人的不确定感。不仅广告中的形象被认为是不真实的，而且要获得关于自我的真实感也变得越来越困难。被批判理论家确定的真实性在治疗文化中则被体验为一种个人危机。消费文化"在减轻肉体所继承下来一切旧时不幸的同时，也制造和加剧了新的不幸——个人不安全感和对地位的焦虑"。②

克里斯多夫·拉什指出，"广告作为服务于社会现状的仆从"，将自己同自20世纪早期至今的价值观的剧烈变化，以及生活方式和道德观方面发生的革命联系了起来。大众消费经济的需要已使把工作看作一种责任、鼓励勤奋工作、推迟享受的道德伦理，即韦伯所说的新教伦理过时。在广告的诱劝下，如今人们为了消费而工作。奢侈品的大规模生产已把19世纪贵族追求时尚、喜新厌旧的生活方式扩大到普通民众。广告支持各种"革命"，鼓励妇女起来反抗男性的压迫、支持年轻人反抗长辈的权威，并把消费的自由伪装成真正的独立。然而，尽管广告"把妇女和孩子从父权的专制下解放

---

① 克利斯多夫·拉什：《自恋主义文化》，陈红译，上海：上海文化出版社，1988，第81页。
② 克利斯多夫·拉什：《自恋主义文化》，陈红译，上海：上海文化出版社，1988，第81页。

出来,到头来却又让他们受广告、工业联合公司以及国家这些新的家长的统治"。[1] 换言之,尽管消费者希望能够进行自由选择,但依然受到消费文化的左右。而且,由于消费文化的多变性,以此类方式获得的认同,如同服饰那样可以随时更换,如此一来,人们甚至无法分辨自我与外部的界限,紧张与冲突成为无法忍耐的东西。

此后,克里斯多夫·拉什在 The Minimal Self 一书中,将此类自恋主义的人格特征描述成"最小限度的自我性"。所谓最小限度的自我即是将社会中的紧张与冲突限制在最小限度之内的精神防御手段。总之,克里斯多夫·拉什眼中的现代人十分孤独,已经不再强调与他人保持一致,也不再关心他人,而仅仅保持着自恋主义式的、最小限度的自我认同。

三 结语

以上,对消费社会特有的社会文化现象——自恋主义进行了较为深入的考察。由此我们不难发现,消费社会表现出与早期资本主义社会截然不同的特征。消费促进了个体化,而资本主义早期勤勉与节俭的禁欲主义式新教伦理,则被提倡享乐和立刻满足任何需求的消费伦理所取代。个体化与消费伦理共同催生了一种提倡享乐主义并高度关注自我的个人主义文化——自恋主义。自恋主义所爆发的问题及其导致的后果对公共及私人领域均产生了深远影响。

最后,简单探讨一下学界对自恋主义这一现象所持的不同态度。本论文对自恋主义的研究主要基于拉什的学术考察。如上所述,拉什对作为一种消费文化的自恋主义持批判立场。在他那里,"自恋主义"是一种极端个人主义,集中体现了消费社会的文化弊端。拉什使我们将目光再度投向了人的主体性问题,并为从社会学角度深刻理解消费时代"人的异化"提供了新的可能性。不过,也有学者对其学说提出了质疑,认为尽管拉什明确表示"自恋主义"反映的是消费文化腐朽的一面,但即便如此,他还是夸大了消费社会个体化进程的负面效应。例如,德乌尔里希·贝克(Ulrich Beck)并不认同这样的观点,即个体化意味着利己的享乐主义,是泛滥于西方的自我

---

[1] 克利斯多夫·拉什:《自恋主义文化》,陈红译,上海:上海文化出版社,1988,第82~83页。

狂热的标志。① 事实上，贝克使用较为中性的"自我文化"一词，以避免"自恋主义文化"这样的表述。另一方面，吉尔·利波维茨基（M. Gilles Lipovertsky）则对自恋主义持一定的肯定态度。他将自恋主义置于个体化进程中加以理解，认为消费是推进个体化的一个重要动因，"消费时代在其对个体解放，在其对社会现实进行微观且全面的调节等方面表现出巨大的影响力"。② 在利波维茨基看来，自恋主义代表了后现代一种全新的个人主义。它不再遵从社会和道德的最高价值观，也不再仅仅以个体多变的欲望为尊。换言之，自恋主义在消解了禁欲式专断文化的同时，也在很大程度上改变了个人领域本身的内涵和意义。自恋主义"使个别要重于普遍，心理要重于意识形态，交流要重于泛政治化，多样性要重于均质化，宽容要重于强制等"。③ 总之，自恋主义"开创了后现代性的先河，即'平等人类'的最高阶段"。④

显然，无论是贝克还是利波维茨基都持一种后现代主义立场。利奥塔主张有关现代性的各种宏大叙事和元叙事都已丧失了其可信性。贝克继承了这一观点，他指出，人们尽管正从工业社会的各种形式（阶级、社会阶层、职业、家庭、婚姻）中"解放"出来，但在西方发达国家，社会不平等的结构依然十分稳固，群体间不平等的关系没有得到丝毫改善。这说明不平等问题不仅仅是阶级问题，从政治上处理这一问题时也不能把它当成一个纯粹的阶级问题。可见，围绕着"阶级"展开的各种元叙事和阶级解放的宏大叙事越来越趋向衰落，已经不能切合当代状况。基于以上立场，贝克并未像理斯曼和拉什那样，将自我文化视为一种中产阶级文化。在他看来，自我文化不再以阶级划分作为社会标志的根基，而是根植于一种价值观，即"为自己而活的"的文化和政治动力。也就是说，自我文化并非无产阶级文化和资产阶级文化消失殆尽后，出现的一种中产阶级文化。而是"自我与他人都难以预测的""一种介于公民社会、消费社会、医疗社会及风险社会之

---

① Beck, Ulrich and Beck-Gernsheim Elisabeth, *Individualization*: *Instituitionalized Individualism and Its Social and Political Consequences* (1 edition), Sage Publications Ltd, 2002, p.3.
② 吉尔·利波维茨基：《空虚时代——论当代个人主义》，方仁杰译，北京：中国人民大学出版社，2007，第123页。
③ 吉尔·利波维茨基：《空虚时代——论当代个人主义》，方仁杰译，北京：中国人民大学出版社，2007，第133页。
④ 吉尔·利波维茨基：《空虚时代——论当代个人主义》，方仁杰译，北京：中国人民大学出版社，2007，第46页。

间"的文化。①

利波维茨基的立场同样源自对宏大叙事深刻的不信任。在 2012 年和诺贝尔文学奖获得者略萨的对谈中,利波维茨基探讨了消费社会的积极意义。他指出,消费社会具有消解各种意识形态宏大叙事、使个人获得更大程度自主性的潜力。乌托邦式的意识形态宏大叙事把个人局限在严格的法规体系内,而在消费社会,休闲和享乐主义价值观取代了各种政治意识形态,人们不再甘愿屈服于权威,"他们希望开心,并用一切手段寻求快乐"。因此,尽管消费社会使得享乐主义生活方式泛滥,但也为人们提供了其他参照系,打开了让人们作出对比的新视野,在这一意义上,消费社会让"个人变得独立自主,创造了一种自助社会（society à la carte）,人人都可以按自己的愿望过自己的生活"。②

尽管贝克和利波维茨基的立场与本文有很大不同,但同样为我们研究当代社会（拉什和利波维茨基的消费社会、贝克的风险社会）个体的生存境遇提供了富有启迪意义的视角。因篇幅有限,笔者将在下一篇论文中详细阐述后现代主义的主张和立场。

---

① Beck, Ulrich and Beck-Gernsheim, Elisabeth, *Individualization*: *Instituitionalized Individualism and Its Social and Political Consequences* (1 edition), Sage Publications Ltd, 2002, p. 30, p. 42.
② Mario Vargas Llosa and Gilles Lipovetsky: *Proust is important for Everyone*, http://www.eurozine.com/articles/2012 - 11 - 16 - vargasllosa - en. html（中文部分翻译参考吴万伟的同文译作 www.qunxue.net）。

爱的社会学

爱情不仅仅是文学和艺术的永恒主题，也是现代社会科学的重要课题。今天，绝大多数人都相信，爱情是幸福婚姻的基础。美国社会心理学家凯哈特（Kephart）曾于20世纪的60、70和80年代分别以1000名大学生为对象进行了一项关于年轻人爱情—婚姻关系的调查。结果发现，人们对爱情的重视程度随着时代的推移大幅提高，男性从20世纪60年代的64.6%增至20世纪80年代的85.6%。女性的态度变化更大，从20世纪60年代的24.3%剧增至20世纪80年代的84.9%。[①] 可见，爱情如今已成为我们生活中不可或缺的主要因素。因此可以这么认为，对爱的渴求已成为现代人最重要的人生目标之一。

一 作为一种关系的爱

社会学把爱视为一种关系。英国社会学家吉登斯曾经对"关系"作出如下界定："关系"意味着与另一个人的亲近而持久的情感维系。吉登斯使用"纯粹关系"来表述亲密关系。"纯粹关系"与性纯洁并不相干。他认为在恋情、婚姻等亲密关系中，存在一种纯粹的关系，这种关系的形成不受任何外在因素的影响。我们不会仅因为对方特别有钱，或者纯粹由于他或她特别富有才干便和他待在一起（当然这些东西本身或许就是魅力的一部分，但却不是建立关系的决定性因素）。也就是说，关系双方在建立关系时，没有外在因素在起作用，人们只是因为可以从与另一个人的紧密联系中获得情感上的满足。而且，只有在双方都对对方表示满意并在情感上有所收获时，

---

① Kephart, *Personality and Social Psychology Bulletin*, 12, 1967, pp. 363 – 372.

亲密关系才能维持下去。① 从吉登斯对爱的理解中可以发现，爱通常体现于两个特殊个体的互动过程中，或者说"过程"就是爱本身。离开了关系，爱便不复存在。我们很难把爱从具体的关系中抽象出来。因为离开了关系，便很难谈论爱。比方说同一个人曾经经历过几次不同的恋爱，显然，每一段爱对于他而言都是独一无二的，对象不同，爱的体验自然不同。对象不同感受便不同。换言之，爱只存在于具体的关系中。爱意味着关系本身。

不过，也有部分社会学家把爱理解成一种态度，一种有关人生的态度。德裔美国社会心理学家弗洛姆认为，爱并不是指与某个特殊的他者建立的一种关系，而是一种态度，一种思想。② 爱上另一个人就意味着产生了一种思想，并且它一经形成，便十分稳固，很难改变。弗洛姆的这一观点非常接近于社会心理学对爱的理解。美国社会心理学家鲁宾（Zick Rubin）曾在20世纪70年代给出一个关于爱的定义。他指出，爱情是一个人对另外一个人的某种特殊的想法与态度，它是各种人际关系中最深层次的情感维系，不仅包含审美、激情等心理因素，而且包括生理激起与共同生活的愿望等复杂的因素。③ 鲁宾在对大学生的研究基础上提出了爱的三大主题：①依恋，②关心，③信任和自我展露。在爱情关系中，存在一种强烈需要对方的感觉，即依恋感。它可以用"我难以想象没有他（她）的生活"来表述。关心指对另一个人的关怀。当我们爱上他人时，会培养出一种洞察力，会发现爱人身上许多别人不易觉察的优点。也就是说，我们对所爱的人怀有一种特殊的关心。"关心"可以描述为"我几乎可以为他（她）做任何事情"。在爱的时候，我们非常乐意奉献，"几乎可以为他（她）干任何的事情"。爱的第三个要素就是信任和自我展露。我们恋爱的时候，很愿意相信爱人，乐意把自己的秘密告诉对方。有时甚至会把连自己独处时都无法面对的心理问题告诉对方，与他（她）共同分担。④ 不过，尽管自我展露经常被用来作为一种情感的表露方法，但笔者认为，当我们真正爱上对方时，应该向对方敞开胸怀，而不应仅仅将自我展露看成一种表达情感的手段。

---

① 安东尼·吉登斯：《亲密关系的变革》，陈永国、汪民安等译，北京：社会科学文献出版社，2001，第77页。
② 弗洛姆：《爱的艺术》，刘福堂译，桂林：广西师范大学出版社，2002，第38页。
③ Rubin, Z., Measurement of romantic love, *Journal of Personality and Social Psychology*, 16, 1970, pp. 265–273.
④ Rubin, Z., Measurement of romantic love, *Journal of Personality and Social Psychology*, 16, 1970, pp. 265–273.

二 爱的理论

艺术家和社会科学家对爱的理解存在着很大差异。在文学和艺术作品中，爱情常常被表述成一种神秘的情感体验。"我堕入情网了"描述的是这样一种状态：爱的来临，如同上帝的召唤，无法抗拒。那么，爱是否真像许多艺术作品描述的那样，是一种被动的、感性的和神秘的体验呢？我们是否可以用理性的尺度来考量爱情，思考：什么是爱？它为何产生？如何通过爱体现人类生存的意义？它以何种方式参与我们的社会生活？社会如何影响爱的建构？

首先是爱的由来，即人类为什么会产生爱情的问题。进化理论[1]认为，人类产生爱这种情感是为了提高繁衍后代的成功率。几万年前，我们的祖先刚刚开始直立行走。生存对于他们来说十分艰难。为了生存，他们必须四处寻找可以安全带回洞穴的食物。当时，人类还没有学会耕种和畜牧，只能像其他动物一样外出觅食，并把觅来的食物拖回洞穴。与此同时，"他们"，即此后的人类还肩负着另一项重要使命，就是必须保证人类能够延续下去。为了确保繁殖的成功，"他们"必须寻找合适的对象。那么，人类的择偶标准是什么？首要条件就是必须保证繁衍的成功。符合这一条件的对象自然很有性吸引力。不过，光有性魅力是远远不够的。在当时艰苦的自然环境下，生存本身充满了挑战，为了生存必须富有聪明才智，所以我们的配偶不仅要有性吸引力，而且必须有足够的智慧。此外，献身精神也是必不可少的条件。我们的对象必须愿意花费大量时间和精力抚养后代。至此，人类便发展出爱情的两大要素，即性欲与忠诚。当关系中出现情感上的依恋时，男女之间就不再仅仅是性伴侣，而产生了现代人所谓的爱情。爱情不仅有利于增进彼此间的好感与信任，而且有利于家庭的分工。[2]

精神分析理论也经常被用来阐释爱情。精神分析学派创始人、奥地利心理学家弗洛伊德把爱视为性本能（力比多）的表现和升华。他认为爱基本

---

[1] Buss, D. M., & Schmitt, D. P., Sexual Strategies Theory: An Evolutionary Perspective on Human Mating. *Psychological Review*, 100, 1993, pp. 204 – 232; Fisher, H., *Anatomy of Love*, New York: Norton, 1992.

[2] R. A. 巴伦、D. 伯恩：《社会心理学》（下册），杨中芳译，上海：华东师范大学出版社，2004，第 414 页。

上是这样一种性欲现象:"性爱为他提供了最大的满足,所以对他来说性爱实际上成为一切幸福的原动力,一定曾经驱使他寻着性关系之径追寻更进一步的幸福,从而使性生活成为他生活的中心点。"① 通常情况下,我们在遇到富有魅力的异性时便会产生欲望,但欲望往往很难直接表达出来,无法立刻得到满足。所以,我们只能通过委婉的方式示爱。有些欲望本身便属于禁忌的范畴。譬如,即便我们爱上了部落酋长的女人,也不能存有非分之想。欲望得不到满足就只能升华。把性欲压抑下去,用爱来取代性欲求。因此弗洛伊德认为,爱归根结底是性本能的一种表现和升华。他不承认人类存在一种根植于理性的成熟之爱。在这个世界上,没有非理性爱情与理性爱情之分。② 从本质上讲,所有爱,甚至包括"兄弟之爱"也是基于性欲的。

  显然,弗洛伊德的学说存在着明显的理论缺陷。尽管他的精神分析学被视为 20 世纪最具影响力的两大学说之一(另一个是马克思主义理论),但由于过分强调性欲望的决定作用,却被众多学者视为"泛性论"。事实上,把人类的一切行为归结于性物质的观点并非弗洛伊德所独创。它根植于 19 世纪特殊的哲学与人文风土。19 世纪,唯物主义占据着西方思想界的主导地位。马克思就是一位彻底的唯物主义者。他认为不存在任何脱离物质的意识形态。物质是基础,在物质的基础上才可能产生上层建筑。精神分析学同样体现了一种唯物主义精神。在弗洛伊德看来,性欲(力比多)是一种物质,包括爱情在内的所有情感都建立在力比多这一物质基础之上。他的主张遭到包括其学生和支持者在内的广泛质疑。弗洛伊德的弟子、以撰写《自卑与超越》著称的奥地利学者阿德勒,反对弗洛伊德建立在"力比多"之上的无意识理论。他把人类的动因归结为自卑心理而非欲望。

  另一位精神分析学家弗洛姆则从对弗洛伊德理论的批判性继承出发,发展出著名的"爱的理论"。弗洛姆是著名的德裔美国社会学家和社会心理学家。他是一名犹太人。1930 年代,为了躲避德国纳粹的迫害,他和法兰克福学派的许多成员一起流亡美国。此后,终生定居于美国和墨西哥。作为新精神分析学派最具影响力的代表人物之一,弗洛姆从精神分析学的角度出发,对人类的行为和思想进行了深入的社会学研究,并撰写了包括《爱的

---

① 弗洛伊德:《文明及其不足》,转引自弗洛姆《爱的艺术》,刘福党译,桂林:广西师范大学出版社,2002,第 74 页。
② 弗洛伊德:《共同劳作》第 10 卷,转引自弗洛姆《爱的艺术》,刘福党译,桂林:广西师范大学出版社,2002,第 74~75 页。

艺术》《逃离自由》和《禅与精神分析》在内的许多重要作品。《爱的艺术》是一部关于"爱"的社会学作品,是弗洛姆最为重要的著作之一,也是社会学领域内研究爱情问题的经典之作。任何试图从社会学角度理解爱与亲密关系的人,都无法绕开它而谈论爱情。

弗洛姆指出,任何爱的理论都必须从人类的生存理论开始。谈论爱,首先必须从人的生存出发。由于人类是理性的动物,所以自他出生的那一刻起,就脱离了动物界并超出了本能适应性。与此同时,人类也脱离了自然。尽管仍然属于自然的一部分,但当人类获得智慧后,便超越了自然,而且一旦脱离自然,就再也无法重返自然了。人类原本与自然之间所形成的某种确定关系,因理性的获得而遭到破坏,处于一种不确定的状态。"当人类或个人诞生时,他被逐出像那些本能一样确定的状态并进入一种不确定、不连贯和开化状态。"[1] 这种不确定的状态,会使人产生强烈的不安情绪和孤独感。

> 人具有天赋的理性。他是了解自身的生命体,他了解他自己、他的同伴、他的过去和未来的趋向。这种对自己作为一个孤独的实体的认识,对他自己短暂的生命历程的认识,对不由他的愿望而出生,又违背他的意愿而死去这一事实的认识,对他将在他热爱的那些人之前或他们在他之后死去的认识,对他的寂寞和孤独的认识,对他在自然和社会面前无能为力的认识,所有这些,都令他感到孤独,被分裂的生活圈子变为一个不堪忍受的监狱。如果他不能从这个监狱中解放自己,从而达到以某种形式与人们和外部世界沟通,他就将变成一个疯子。[2]

显然,人类从出生的那一刻起,便处于与自然和他人的分离状态,不得不体验深深的孤独。法国存在主义大师萨特有句名言:"他人即地狱"。[3] 存在主义认为从终极意义上讲,人是无法沟通的。我们从降生的瞬间起,便被抛入一个陌生和无助的世界。它既不会帮助你,也不需要你。在这里,你不但无法发挥聪明才智,而且随时有可能遭到侵犯。借用弗洛姆的话讲,就是人类"既不由他的愿望而生,又违背他的意愿而死去"。没有人能够选择自

---

[1] 弗洛姆:《爱的艺术》,刘福堂译,桂林:广西师范大学出版社,2002,第6页。
[2] 弗洛姆:《爱的艺术》,刘福堂译,桂林:广西师范大学出版社,2002,第7页。
[3] 出自萨特哲理剧《禁闭》。

己的出生,既无法把握自己的出生年月,也无法挑选自己的出生地点。同样,我们也无从知晓自己的死期以及将以何种方式结束生命。尽管有些人试图对死亡作出自主的选择,但那需要极大的勇气,并非普通人所能做到。更令人难以承受的是,我们不得不与自己深爱的人生离死别。巨大的心理压力,使个体陷入了深深的孤独。孤独的经历引起人们的焦虑。"孤独意味着被切断与社会的联系,没有任何能力去行使我们的人权。孤独意味着无助,意味着无力主动地把握这个世界,意味着这个世界无需发挥我的能力并可以侵犯我。所以,孤独是强烈焦虑的来源。它引起羞耻感和罪恶感。"①

因此,如何克服分离,克服与自然以及他人的分离,并从孤独中解救出来成为人类最深切的需要。为了实现这一目标,人类做出了不懈努力,并寻找到一些解决的途径。弗洛姆具体介绍了四种克服分离、摆脱孤独的方法,即各种紊乱状态、群居、创造性活动和爱。

(1) 各种紊乱状态——原始宗教仪式、性体验、酒精和药物

紊乱状态指一种由各种原始宗教仪式、性行为和酒精及药物所导致的精神恍惚飘然状态。原始宗教仪式大多发生于原始部落。我们许多人只在好莱坞电影里目睹过这一原始的宗教仪式(尽管不乏夸张的成分):围着篝火手舞足蹈的人群,随着时间的推移,渐渐进入一种癫狂的紊乱状态。在稍纵即逝的狂欢状态中,外部世界消失了。个体感到了思维的停顿,刹那间自己与外部世界,与他人融为了一体。这种紊乱状态能使人暂时摆脱孤独感。性体验也被视为克服孤独的一条捷径。性欲达到高潮时,个体也能体验到瞬间的一体感,产生一种与外部世界、与性的对象以及与自己融为一体的感觉。此外,酒精和药物也具有同样作用。

然而,通过性体验,以及药物和酒精达到融合的方法,会给人带来巨大伤害。在原始部落中,通过宗教仪式的紊乱状态克服孤独是一种较为普遍的现象,人们不会因此而感到羞愧,产生罪恶感。相反,他们认为这是一种正当和道德的行为。但现代社会是一个没有紊乱状态的文明社会。现代人被规定为一个具有理性,并能够掌控自己命运的实存。可孤独感依然如影随形。所以,吸毒和酗酒便成为部分现代人摆脱孤独的捷径。但与原始人相比,现代人常因罪恶感和懊悔而受到损害。他会因为自己缺乏理性和自我控制能力深感愧疚。紊乱经历一旦过去,他们便会遭遇更深的孤独。

---

① 弗洛姆:《爱的艺术》,刘福堂译,桂林:广西师范大学出版社,2002,第7页。

性紊乱也被用作克服分离、摆脱孤独的一条途径。前两年,曾有部《她已不在人世》的日本电视连续剧,讲述了一个名叫安西的默默无闻的男舞蹈演员为摆脱孤独和无助而陷入性紊乱状态不能自拔的故事。安西为了摆脱事业上的挫败感而终日自暴自弃。他频繁地更换女友,尝试各种性体验,试图以此证明自身存在的价值,克服存在的荒谬感。但最终却发现,性同样无法使他摆脱孤独的困扰。激情过后,剩下的往往是更难克服的失败感。这个故事印证了一个事实:当性结合蜕变成不顾一切试图摆脱焦虑的绝望挣扎时,其结果会产生比以前更加强烈的孤独感。"因为没有爱的性行为除了瞬间快感以外,绝不能跨越两人之间的鸿沟。"①

原始宗教仪式、各种紊乱的结合具有三大特征:①强烈性,②包括身心在内的全部人格的投入,③暂时与周期性。② 紊乱体验不仅是强烈的,还包括身心在内的全人格的投入。不论是药物和酒精依赖还是性行为,或是原始的宗教仪式,都需要灵魂和身体全方位投入。紊乱状态通常都伴随显著的身体反应。但令人遗憾的是,融合状态的持续时间非常短暂,而且是周期和间歇性的。药物依存者每隔一段时间药瘾就要发作。一夜情也同样会令人上瘾。吉登斯曾在《亲密关系的变革》中,讲述了感染上性瘾的年轻女子格丽的案例。格丽过着人格分裂的生活。她白天在一所学校当助教,晚上则流连于各个单身酒吧。她可以在同一时期同时和四名男性保持性关系。甚至在出车祸后,她仍然想着要做爱。由于感到自己的生活失去了控制,格丽开始求助于治疗性依赖的心理医师。格丽的性瘾源自家庭。她的父母都是酒鬼。父亲很小便把四个女儿都奸污了。幼小的格丽发现,只有在顺从父亲,接受父亲的性要求时,自己和姐妹们才能免遭毒打。性给予她一种自我保护的手段,只有通过性才能得到男性的认可:"性是获得权力的一条途径……是我所知道的惟一途径。"但性瘾却给她的身心造成极大的伤害。她不仅感到自己的生活非常虚幻,而且曾先后 12 次感染上性病。③

(2) 群居

群居是克服孤独感的另一种盛行的方式。这是一种使个人融入更大范围的结合,目的在于融入群体之中。在原始社会,群居是一种较为普遍的生活

---

① 弗洛姆:《爱的艺术》,刘福堂译,桂林:广西师范大学出版社,2002,第 10 页。
② 弗洛姆:《爱的艺术》,刘福堂译,桂林:广西师范大学出版社,2002,第 10 页。
③ 安东尼·吉登斯:《亲密关系的变革》,陈永国、汪民安等译,北京:社会科学文献出版社,2001,第 89~94 页。

方式。但现代社会,真正意义上的群居已基本绝迹了。日本有个叫奥姆真理教的极端宗教组织,信徒过的就是一种群居式生活。笔者旅居日本时,曾参观过一个有着两万多名信徒、过着群居生活的宗教团体。他们过着自给自足的生活,吃自己耕种和饲养的食物、穿自己编织的衣服。除此之外,每天还要花费大量时间修行。用现代人的眼光来看,他们的日子非常清苦。但为了摆脱孤独,还是有许多人自愿放弃舒适的现代生活。因为比起不得不独自品味绝望无助的孤独感,清苦的生活根本算不了什么。我们在痛失亲人或突遭不测时,常常会陷入孤立无援的困境。此时,各种极端宗教组织很容易乘虚而入,充当人们拯救灵魂的最后一根稻草。日本奥姆真理教的许多信徒,原本都是些名牌大学理工科的硕士研究生和博士研究生,由于生活突遭变故(遭遇车祸或严重失恋),才误入歧途的。

不过事实上,绝大多数现代人并无机会过群居的生活,所以只能通过跟他人保持一致的方式来克服分离。只要我们读同样的报纸、看同样的节目、思考同样的问题、穿同样的服装……如此便能和他人达成一致,便能摆脱孤独了。"假如没有使我区别于他人的思想和情感,假如我们能在习俗、衣着、观念上与群体的模式一致,那么便得救了,便可以从可怕的孤独感中解脱出来了。"①

弗洛姆指出,尽管大多数人并不承认这一事实,但现代人确实存在想和他人保持一致的强烈冲动。现代人都自认是个人主义者,认为自己的一切行为都是独立思考的结果,和别人的一致纯属巧合。因为我是独一无二的。可是,在内心深处,他是多么希望能和其他人取得一致。弗洛姆在《逃离自由》中曾断言,现代人十分害怕自由,希望能逃离自由。同样,我们也很害怕有别于他人,渴望和他人保持一致。这种和其他人保持协调一致的方法也经常被现代人用来作为克服分离和摆脱孤独的途径。

不过,现代社会的"一致"已不是真正意义上的一致了。在西方文明中,一致曾是个和"平等"息息相关的概念。宗教教义存在这样一种观念:我们都是上帝的子孙,共同分享着人与神的财富,我们都是平等的。但与此同时,平等还有另一层含义,即它是建立在认同人与人之间个性差异之上的。所以这种一致有别于雷同。西方启蒙运动时期的"平等"理念,同样包含了必须尊重个体差异性的思想。康德认为平等意味着任何人都不能将他

---

① 弗洛姆:《爱的艺术》,刘福堂译,桂林:广西师范大学出版社,2002,第 10~11 页。

人作为实现自身目标的工具。人人都是平等的。人与人之间只能互为目的，绝不能互为手段。显然，康德所强调的，正是在承认个体间差异前提下的平等。但弗洛姆指出，在现代社会，"人们就机器而言平等，就已经失去个性的人之平等而言平等"。① 这种平等意味着雷同而不是一致。现代人早已丧失了个性。人人都一样，如同机器的零部件。

不难想象，通过和他人的雷同来达到克服分离、摆脱孤独的方法，效果十分有限。与通过原始宗教仪式，以及各种紊乱状态达到的融合相比，雷同一致型结合缺乏激情，是平静和按部就班的。正因为如此，这种结合常常不足以弥补分离之忧。尽管我们做着同样的工作，有着同样的兴趣爱好，看着同样的节目，体验着同样的情感并持有相同的观点，却仍然无法最终摆脱孤独。我们仍然试图通过其他途径——借助药物和酒精、性行为甚至加入极端的宗教组织——来克服与他人、与外部世界的分离。因此，群居至多是生存的一种不完全的解答。

（3）创造性活动

从事创造性活动能使人把自己和物，即对象结合起来。艺术家在进行创作的过程中，经常会产生与创作对象融为一体的感觉。创造性工作使他们克服了与对象的分离状态，把自己与世界结合了起来。法国社会学家布迪厄从更广义的层面对创造性活动进行了解读。他认为社会本身具有生产和再生产价值的功能。而人类则可以通过参与社会活动来体现自身的存在价值。人类参与社会生活（从事创造性活动）的最终目的，不是因为表面上可能获得的利益，而是为了克服存在的偶然性、有限性和荒谬性，是对意义和尊严的渴望。"人是注定要死的，但这一结局不能成为一种目的，所以，人是一种没有存在理由的存在。正是社会，而且仅有社会在不同程度上给予存在以辩护和理由；也正是社会，通过生产据说是'重要的'事件或位置，而产生出被自己以及他人视为重要的行动和行动者——由此，各色人等在客观上及主观上都获得自己的价值，并因此摆脱了无关紧要和微不足道的状态。"②

但问题是，有能力从事创造性活动，或能够取得社会成功的人毕竟是极少数。而大多数人的生活是乏味和令人失望的。此外，创造性活动所能克服

---

① 弗洛姆：《爱的艺术》，刘福堂译，桂林：广西师范大学出版社，2002，第12页。
② P. Bourdieu, A Lecture on the Lecture, in *In Other Words: Essays Towards a Reflexive Sociology*, Cambridge: Polity Press, 1990, p. 196.

的，也只是与物质对象的分离，并没有达到人际间的协调。所以，创造性活动也算不上一种理想的解决方法。

(4) 爱

弗洛姆总结道，由创造性活动达到的一致只是人与物体的结合，不是人际的协调；通过紊乱状态的融合所达到的协调是稍纵即逝的；而由一致达到的协调不过是虚假的协调。因此从这一意义上讲，它们都不过是生存不完全的答案。圆满的答案在于爱，在于达到人际的协调和我与另一个人融为一体。这是一种对人与人之间融合为一体的渴求，是人类最强有力的奋斗的动力。它是最基本的激情，是一种保存人类种族、家庭、社会的力量。没有爱，人类便不能存在。①

弗洛姆进一步给出了爱的定义。他指出，"爱是保持自己的尊严和个性条件下的结合。爱是人的一种主动的能力，是一种突破使人与人分离的那些屏障的能力，一种把他和他人联合起来的能力。爱使人克服孤独和分离感，但爱承认人自身的价值，保持自身的尊严"。②

简而言之，这是一种在保持个性和尊严前提下的结合，是一种"成熟之爱"。在谈到成熟之爱时，作为对比，弗洛姆给出了另一种他称为"共生性结合状态"的爱。他指出，在这一形式的爱中，两性间形成了犹如胎儿和母亲的依赖与被依赖关系。胎儿与母亲休戚相关，他的生命仰赖于母亲，只能通过母亲去呼吸。母亲给予胎儿所必需的一切养分。离开了母亲，胎儿便无法存活。而另一方面，母亲也通过孕育体验生命存在的价值。她的生命由于胎儿而充满生机。但这种类似于胎儿和母亲的关系并不对等，是一种缺乏平等的爱。在此，母爱是一种支配性的爱，她通过给予胎儿以养分，控制胎儿，代替胎儿呼吸和思考。而胎儿在这一关系中，只是一种从属性的存在。他以放弃尊严和个性为代价，获取母亲的庇护。这种爱发展到极致时，便会形成一种精神分析学所谓的虐待狂与被虐狂的关系。母亲，即赋予爱的一方成了虐待狂。母爱演化成一种支配欲。胎儿，即被爱方便沦为被支配者，成为一名被虐狂。总之，"共生性结合状态"的爱是一种缺乏尊严的爱。不论爱还是被爱的一方，都无视尊严的存在。爱的一方践踏尊严，而被爱方则放弃尊严。从这一意义上讲，虐待狂和被虐狂在精神上是共通的。他

---

① 弗洛姆：《爱的艺术》，刘福堂译，桂林：广西师范大学出版社，2002，第14~15页。
② 弗洛姆：《爱的艺术》，刘福堂译，桂林：广西师范大学出版社，2002，第17页。

们都蔑视尊严的存在。因此，虐待狂和被虐狂很容易发生角色互换。在一定的条件下，虐待狂可以转变成被虐狂，反之亦然。

成熟之爱具备下列五大特征：给予、关心、责任、尊重和了解。爱的首要特征是给予。弗洛姆认为爱是一种主动和积极的能力，而不是一种消极的情绪。如上所述，在许多文学和艺术作品中，爱往往被描述成一种被动的情感。但弗洛姆指出，爱是给予，而不是接受。而且给予并不意味着丧失和牺牲，而是一种奉献，是个人潜力的最高体现。因为我是能干和富有的、我的灵魂很丰满，所以才有能力赋予他人爱。弗洛姆曾经谈及应如何界定"富人"的问题。他认为富人不是指他拥有多少财富，而是他能赋予其他人多少钱财。感情亦如此。爱并不意味着个体储存了多少情感，而在于能将多少爱赋予对象，并在给予的过程中，实现自我。但必须指出的是，在爱的领域里，奉献的主要不是物质财富，而是一种精神上的关怀。我们为爱奉献自身、奉献生命。当然，奉献并非一定指要为所爱的人牺牲生命，而是指把自身最具活力的东西给予对方，给他（或她）以快乐、理解、知识、兴趣、美感、幽默和伤感。

爱的第二、三、四个特征比较容易理解，关心指对所爱对象的生命和成长的积极关心。缺少这种积极关心就根本没有爱。责任是爱的道德基础。爱上他（她）意味着必须对他负有责任。有些人将责任等同于职责，认为一旦相爱，对方就必须对自己负责。但这显然不同于责任。责任指我们在爱上另一个人后，决定将其视作爱人，不论是否告诉我，我都愿意分享和分担爱人的快乐与忧愁，随时准备对他的需要作出反应。当爱人烦恼时，我们应该放下手头的工作去关心他、去安慰他。所以，责任不同于职责。它是一种完全出于自愿的行为，是我对另一个人表达或没有表达的需要的反应。成年人的爱中，责任主要指对精神需求的关怀。不过，责任有时也很容易蜕变成支配和占有。因此爱还需要尊重。如果责任缺乏尊重，便很容易转化成为支配。尊重意味着按其本来面目发现一个人，认识其独特个性。尊重蕴涵没有剥削，让被爱的人为他自己的目的去成长和发展，而不是为我服务。

爱的第五个特征是了解。了解具有双重含义。首先，作为爱的主要特征，"了解"不是表面的理解，而是本质意义上的了解。它超越了对自己的关心，并能够按其本来面目去发现对方。因此，我们可以发现其他人无法察觉的爱人的独特性。此外，"了解"还包含另一层意思，即渴望了解"人类的秘密"。弗洛姆认为,人具有探究人类自身秘密的强烈好奇心。有两种途径可以揭开这一秘密。其一,就是全部能力都超过另一个人的方法。这种能力可以使他为我之所为,想我之所想。这种能力把他变成一种物。变成我的财产。弗洛姆认为这是了解人类秘密的极端途径。这种对了解的渴望达到登峰造极时,便会成为虐待狂。其二,就是爱。爱是一种主动的洞察力。在这种洞察中,我通过与爱人的结合而平息对了解的渴望。在爱的行为中,当我们感受到全身心与爱人融为一体时,"我找到了自己,我发现了自己,我发现了我们两个人,我发现了人类"。①

三 爱的多样性

显然,弗洛姆给出了一种接近理想状态的爱。但是,正如必须承认存在着个体间差异那样,我们也有必要认识和理解爱的多样性和复杂性。社会学家把爱界定为一种关系,并且认为从严格意义上讲,爱只存在于具体的关系当中。西美尔的"二人关系"就是一个从互动的关系结构出发,探讨"亲密关系"的概念。他认为二人关系和三人以上的关系有着本质性区别,无法构成真正意义上的社会。按照西美尔的说法,二人关系的特色在于其纯个性的人格关系,总是伴随着终结的观念、亲密性和陈腐性。终结性是一个指涉事物的诞生便意味着死亡的概念。人从他出生的瞬间开始,就注定要走向死亡。因此人具有终结性。爱情关系同样如此。从终极意义上讲,爱从诞生的那一刻起,便必然走向消亡。西美尔分析道,二人关系由于完全建立在双方独特的人格之上,所以当关系发展顺利时,双方都会体验到一种特殊的亲密感,但一旦出现问题,只能四目相对,没有回旋的余地,很容易破裂。因此,二人关系是脆弱和不确定的。陈腐性指关系双方随着时间的推移而产生的一种厌倦感。不过,西美尔并非把"二人关系"看得一无是处。他认为二人关系特有的亲密性会给个体带来极大的安全感与满足感。亲密性与秘密的分享密不可分。当两人共享许多秘密之后,会产生一种强烈的连带感,认为这一关系是富有价值和无可取代的。② 总体而言,西美尔对包括恋爱、婚

---

① 弗洛姆:《爱的艺术》,刘福堂译,桂林:广西师范大学出版社,2002,第25页。
② 盖奥尔格·西美尔:《社会学:关于社会化形式的研究》,林荣远译,北京:华夏出版社,2002,第55~63页。

姻在内的亲密关系，基本持一种宿命的悲观态度，与弗洛姆以永恒的成熟之爱为基础的"爱的理论"相去甚远。

而社会心理学中的爱情依恋风格研究，则揭示了个体早期经验对亲密关系的决定性作用。20世纪90年代中期，社会心理学家哈桑（Cindy Hazan）和谢弗（Phillip Shaver）等人根据依恋风格理论，提出了成年人的爱情依恋风格。[1] 依恋风格理论认为，人类普遍具有与特定个体形成亲密而持久关系的强烈愿望。这种欲望从童年时期开始发展，这一时期，婴儿与一名或多名成年人形成强烈的依恋关系。依恋（attachment）指婴儿对特定个体的积极反应，其最大功能就是能够提供一种安全感。所有婴儿通常对最初照顾他们的人（主要指母亲）怀有依恋，但依恋的性质却并不相同。玛丽·安斯沃斯（Mary Ainsworth，1978）等人按照婴儿和母亲之间形成的某种特定关系，确定了三种主要的依恋风格：安全型、回避型和焦虑·矛盾型。安全型（secure）指父母积极回应婴儿的需求时发展出来的依恋风格；回避型（avoidant）指当父母不回应婴儿的需求甚至拒绝时形成的依恋风格；焦虑·矛盾型（anxious/ambivalent）主要指照顾者十分焦虑，对婴儿的需要反应不定，有时回应其需求，有时却不在身边，或者态度粗暴时形成的依恋风格。婴儿期表现出来的情感依恋能力将伴随人的一生。[2]

布伦南和谢弗（Brennan & Shaver，1995）在此基础之上，确立了成年人的爱情依恋风格模型。他认为早期依恋体验对成年人以何种方式维系亲密关系会产生重大影响。成年人的依恋风格也可分为安全型、回避型和焦虑·矛盾型三大类。安全型风格的成年人自幼与母亲形成一种稳定的依恋关系。母亲在十分关爱孩子的同时，鼓励他面对这个世界，学会如何适应、探索和改造外部环境。在这一氛围中成长起来的孩子，容易和恋人形成稳定的关系，很少担心被抛弃，认为自己最重要的爱情关系是愉快、友好和相互信任的。

回避型成年人由于自幼缺乏母爱，所以未能发展出一种对他人的信任。他们长大成人后，对来自另一个人的爱很不适应，不愿和其他人建立亲密关

---

[1] Hazan, C., & Shaver, P., Romantic Love Conceptualized as an Attachment Process, *Journal of Personality and Social Psychology*, 52, 1987, pp. 511 – 524.

[2] Ainsworth, M. D. S., Blehar, M. C., Waters, E., & Wall, S., *Patterns of Attachment*, Hillsdale, 1978, NJ: Erlbaum.

系。在与恋人相处时，他们很少感到亲密与幸福。在形容最重要的爱情关系时，他们谈论最多的是情绪上的起伏、嫉妒和对亲密关系的恐惧。布伦南认为，这种风格与不良的人际关系、嫉妒心和难以排解的社交焦虑有关。具有焦虑·矛盾型倾向的成年人自幼与抚养者之间形成一种矛盾和缺乏稳定性的关系。母亲对他忽冷忽热、变幻无常。他无法确定如何才能赢得母亲的爱。此种类型的孩子长大成人后，会表现出一种深刻的焦虑感。他们形容自己最重要的爱情关系为完全占有、希望有爱的回应、情绪上的起伏和强烈的性吸引。此外，回避型成年人还具有强烈的嫉妒心。

三种依恋风格在成人中的比例分别为安全型56%、回避型25%、焦虑·矛盾型19%。成年人爱情依恋风格研究表明：亲密关系的形成，很大程度上取决于人生早期的依恋体验，而非当事者双方的主观努力。它的命运往往在关系还未确立之前就已经被决定了。[1]

显然，和西美尔一样，布伦南和谢弗对亲密关系并不乐观，基本持一种宿命的态度。西美尔从关系的构成方式出发，提出亲密关系特有的"二人"结构特征，注定其难以持久的主张。而另一方面，布伦南等人则从个人的行为倾向——爱情依恋风格——出发，强调了亲密关系非合理性的一面。他将依恋视为人类的一种本能，认为成年人和恋人的关系，并非基于意识层面的合理选择，而是依据童年时期和父母之间形成的依恋模式作出的被动性选择。因此，亲密关系同样很难通过"爱的艺术"（弗洛姆）加以把握。

四 结语：爱与身体

以上从社会学的角度对爱与亲密关系进行了较为深入的研究，最后着重探讨一下爱与身体的关系。如上所述，和许多学者一样，弗洛姆十分强调爱的精神层面。但毋庸置疑的是，爱首先是一个和身体以及身体性息息相关的生理和心理现象。通常情况下，身体指包括性欲望在内的一切物质性存在。身体问题是近年来受到广泛关注的一个重大的社会学与哲学命题。由于篇幅

---

[1] Brennan, K. A., & Shaver, P. R., Dimensions of Adult Attachment, Affect Regulation, and Romantic Relationship Functioning. *Personality and Social Psychology Bulletin*, 21, 1995, pp. 267 – 283.

有限无法在此多作展开，因而暂且将身体概念限定为性欲望。我们知道，不存在身体缺席状态下的爱。爱是灵与肉的结合。弗洛伊德把爱看作是性欲望的表现和升华。但许多时候，性恰恰是爱的一种表现。当你爱上另一个人时，渴望通过和他的性结合来达到融合。这是一种非常自然的爱的表现。现代许多已婚女性深受性冷感的困扰，男性也同样如此，轻度阳痿在已婚男性中的比率居高不下。这也从另一个方面印证了许多婚姻是缺乏爱情的。在夫妻这一亲密关系中，爱或许从未存在过，或许早已消亡。所以，很难想象没有爱情基础的性生活是甜蜜的。性欲望和爱息息相关，互为补充。身体并不比精神更低下。但迄今为止，不论中国还是西方哲学，都很少触及身体问题。即使在谈论性爱时，也很少提及身体，而倾向于从精神层面理解与阐释爱情。但实际上，如果没有身体的介入，那么爱也就不成其为爱了。福柯和布迪厄都意识到了身体的重要性。所以，社会学出现了一门名为身体社会学的新兴学科。笛卡儿说："我思故我在。"存在主义把这句话反了过来："我在故我思"。但现代社会学认为，"思"与"在"是互为前提和互为补充的。精神与身体同样重要。因此，在谈论爱时，我们不能无视身体的存在。

除此之外，在谈论爱与身体之关系的时候，我们也有必要从行为倾向、嗜好、身体的物理距离乃至身体的在场与缺席等层面出发，理解爱与亲密关系的形成与发展、爱的样式、爱的体验以及爱的社会功能。前述的爱情依恋风格研究就为我们提供了一条认识与理解有别于爱与性欲望关系的、有关爱的身体性的有效途径。爱情依恋风格模型着重强调行为倾向（惯习）对爱与亲密关系的影响。这一思路与布迪厄的"惯习"概念十分相近。惯习是一个反映物质与文化、身体与精神之关系的概念，在布迪厄社会学体系中占据着核心地位。布迪厄指出，惯习既不是带有某种目的的意识产物，也不是经过预先评估的合理性产物。它是一个最初形成于早期家庭环境、内面化和身体化的性情倾向体系，一个生产实践的体系。另一方面，成年人的爱情依恋风格模型则着重强调了儿童早期与母亲形成的依恋关系对亲密关系的影响，因此同样超越了行动者的意识与理性。从这一意义上讲，依恋模型是一个关于爱与亲密关系的内面化和身体化的性情倾向体系，一个生产爱的实践体系。

以上，对爱与亲密关系进行了较为详尽的考察。由此我们可以看出，爱是一种最深层次的亲密关系。而且真正的爱情只存在于可以从终极意义上追求独特自我以及唯一他者的、特殊的亲密关系之中。这种关系因不断发现而充满惊喜。无论男女，都无法脱离关系去独自获得这些发现。这是一种建立在以往生活积累之上的新奇性。正因为"发现"必须依靠日积月累而成，所以才有可能获得更进一步的完善。但同时，也因为它的非连续性，才使得我们有机会重新审视迄今为止的生活，区别并留存这些记忆。总之，只有当连续性与非连续性合为一体时，融合——一种以成长和自我实现为目标的精神状态——方有可能成为现实。

私人领域的民主化

——情感的社会学

长期以来,"爱情"问题由于被规定为一种非社会性与非合理性的自然及主观范畴,而遭到社会学的冷遇和忽视。然而,自20世纪70年代起,西方世界逐渐步入后工业和后现代社会,传统的家庭模式、职业结构以及宗教信仰等生活方式开始消解。为了把握日常生活领域里出现的这些变化,社会学领域内出现了身体社会学、感情社会学、女权主义以及性别研究等新兴分支学科和学说。社会学家们试图通过对传统意义上具有"本能和动物性"特征的身体、情感以及性别的研究,探索新的生存方式和亲密关系。这其中,情感社会学是一门建立在现代性反思——对合理性的怀疑、重视表现、自我关注——之上、关注情感的社会性,以及情感的社会功能的新兴分支学科。它主张不论是感情的产生还是体验,抑或其表现,都根植于特定的时代以及特定的社会与文化氛围,是一种超越个体的集合性思考、一种特殊的社会现象。

另一方面,情感不仅具有社会性,还发挥着重要的社会建构功能。安东尼·吉登斯指出,在现代社会生活中,情感在许多方面构成了生活的政治问题。爱情作为一种交往手段,一种忠诚于别人或与别人合作的手段,不仅在私人领域里发挥着重要的作用,而且,过去几十年间所发生的"爱与亲密关系"的变革,也对现代体制产生了颠覆性影响。[1]

本文从社会学层面出发,考察爱的建构、爱的社会功能并着重探讨私人领域民主化的可能性。考察具体分四个方面展开:①爱的不同类型:激情之爱与同伴之爱;②浪漫之爱:控制未来的潜在途径;③融汇之爱:亲密关系的变革;④私人领域的民主化。

---

[1] 安东尼·吉登斯:《亲密关系的变革》,陈永国、汪民安等译,北京:社会科学文献出版社,2001,第3页。

一 爱的不同类型：激情之爱与同伴之爱

爱的类型研究是理解"爱与亲密关系"建构方式的一条重要且有效的途径。爱情三角理论（Robert Sternberg, 1986）认为，所有的爱情体验都由激情、亲密和承诺三大要素所构成。激情指一种情绪上的着迷，其中外表吸引和性吸引占据着首要因素。亲密指心理上喜欢的感觉，感到亲近、相互关联，包括对爱人的赞赏、照顾爱人的愿望、自我展露和内心的沟通。承诺主要指个人内心或口头对爱的预期。可分成短期和长期两种。短期承诺指的是爱另一个人的决定。长期承诺则指维持这种爱的承诺。承诺是性爱关系中最为理性的成分。斯坦伯格根据激情、亲密和承诺三大元素组合成七种不同类型的爱。①

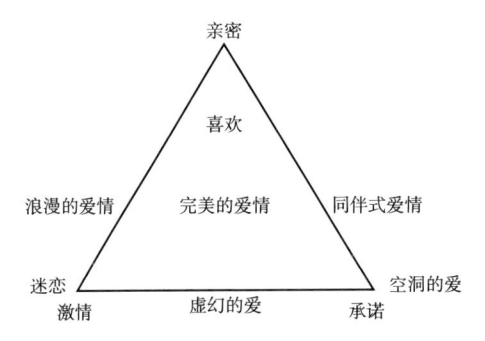

爱情三角理论为我们把握爱的类型提供了直观和形象的图式。社会心理学中还有一种较为常见的区分法，即把爱分为激情之爱和同伴之爱。激情之爱是一种基于强烈性欲望的常见爱情形式。它被形容为"一种狂野的情感状态。温柔的、带有性欲的体验、狂喜和痛苦、焦虑和解脱、利他和嫉妒同时并存，形成了复杂的情绪体验"。② 具体而言，激情之爱伴随强烈的性吸

---

① 即喜欢式爱情——主要有亲密，没有激情和承诺，如友谊；迷恋式爱情——主要有激情，没有亲密和承诺，如初恋；空洞式爱情——主要有承诺，缺乏亲密和激情，如纯粹为了结婚的爱情；浪漫式爱情——有激情和亲密，没有承诺；伴侣式爱情——有亲密和承诺，没有激情；愚蠢式爱情——有激情和承诺，没有亲密；完美式爱情——激情、承诺和亲密俱有（Sternberg, R. J., A Triangular Theory of Love. *Psychological Rewiew*, 93, 1986, pp. 119 – 135）。

② Berscheid, E., & Walster, E., *Interpersonal Attraction* (2nd ed.). Reading, Ma: Addison-Wesley, 1978, p. 177.

引，可以体验生理的觉醒，渴望与爱的对象有身体的亲昵接触。此外，我们在强烈渴望对方给予同等爱的同时，也担忧关系能否顺利进展。这种情感一旦产生，很难克服。我们为激情所控，不可抗拒地被吸引至爱人的身边。

和常识性理解相反，激情之爱并非纯属自然现象。它在很大程度上是社会的建构物。赫德福德和威斯特（Hatfield & Walster, 1981）认为，激情之爱的形成必须具备以下三个条件。首先，他（她）必须生活在一个充满爱情的世界里。日常生活中随处可见恋人（文学作品、电影、歌曲）的形象。它不仅能使人产生类似的情感，而且也为现实中的行为提供脚本。其次，要有"合适"的对象出现。"合适"既可以意味着外表迷人的异性，也可以指头脑清晰、富有教养和具有稳定职业。最后，必须体验可以被解释为"爱"的生理唤醒。恐惧感、沮丧和愤怒、性兴奋等情绪都可以被解释为爱。不难看出，社会环境在很大程度上制约着激情之爱的产生。[①]

激情之爱由于其强烈的情绪特征，很难持久。不过，这并不意味着性爱总是短暂或稍纵即逝的。事实证明，性爱关系同样可以发展成为持续和稳定的亲密关系。通常情况下，恋人们大都在经历一段时间的恋爱——激情之爱——之后，培育出我们称之为"同伴之爱"的亲密关系。同伴之爱对应于激情之爱，是一种"感到自己的生命和爱人的生命密不可分地交错在一起时的爱情"，[②] 其情感基础相对较为温和，温暖和柔情要多于激情，是一种更为现实的爱情。它强调信任、关心和对伴侣缺点和习惯的容忍。同伴式爱情基于亲密情感和深厚友谊，是一种非常重要的爱的形式。美国社会心理学家弗洛姆将同伴之爱视为一种融入生命的爱。在其著名作品《爱的艺术》中，他着重探讨了如何把激情之爱引导到同伴之爱，并使人产生一种如果没有他（她），便无法生存的情感。

二 浪漫之爱：控制未来的潜在途径

此外，还存在一种对现代社会产生重大影响的爱情形式——浪漫之爱。这是一种与激情之爱密不可分，却在日常生活中并不存在的爱的形式。英国著名社会学家安东尼·吉登斯在《亲密关系的变革》中，对其社会功能进

---

① Hatfield, E., & Walster, G. W., *A New Look at Love*. Reading, MA: Addison-Wesley, 1981.
② Berscheid, E., & Walster, E., *Interpersonal Attraction* (2nd ed.). Reading, Ma: Addison-Wesley, 1978, p.177.

行了深入考察。他指出，浪漫之爱形成于18世纪，是在激情之爱的基础上，融入基督教道德价值理念之后形成的一种爱情理想形式。① 它早期作为一种反抗文学，主要存在于浪漫主义作品中，现在则常见于各种供女性阅读的言情小说、好莱坞爱情故事片以及各种爱情电视连续剧中。基督教的戒律规定，人应该为了认识上帝奉献自己，并且只有在献身的过程中，才能认识自我，证实自我的存在。这一理念此后被运用于爱的关系中，成为男女神秘爱情的组成部分。爱第一次和自由与自我实现紧密联系了起来。尽管激情之爱是解放式的，但解放的意义仅局限于渴望从既存的体制中解脱出来。但浪漫之爱则与此相反，它直接把爱与自由和自我实现结合在一起。五四时期的许多小说作品都是以浪漫爱情为主题的：封建家庭阻碍了个体追求个性解放，要实现爱情理想，必须与之决裂，进而推翻这一禁锢自由、压抑人性的封建制度。显然，爱情在此已超越个体，和人类追求自由以及自我实现的宏大目标紧密结合了起来。事实上，这些倡导个人主义和个性解放的浪漫主义小说，此后作为一种进步文学，成为当时中国社会一股反对封建制度的解放力量。

浪漫之爱虽然脱胎于激情之爱，但两者存在着本质的区别。尽管激情之爱的出现很常见，但由于其强度太大，来势凶猛，极具破坏性。按照吉登斯的说法，激情之爱具有一种只存在于宗教狂迷中的魔性。因此，从维护社会秩序的角度看，这种爱充满风险，会将你从日常生活中连根拔起，让你时刻准备作出极端的抉择和激进的牺牲。所以，无论在哪种文化中，激情之爱都不曾被视为婚姻的必要基础。相反，在绝大多数地区，它都被看作是对婚姻的不可救药的损害。② 尽管如此，激情之爱特有的强烈性，也注定其很难持久维系。在激情之爱中，爱的对象只是暂时被理想化了。激情一旦衰退，爱便随之消逝。

而另一方面，浪漫之爱则是独一无二和天长地久的。在这里，爱的对象升华为完美无缺的存在。爱同一种更为持久的对爱的客体的依恋紧密联系了起来。许多女性总爱幻想着生命中能够出现一个白马王子。爱的对象是如此完美，我完全可以安心地将自己的未来托付与他。浪漫之爱为我们开启了一

---

① 安东尼·吉登斯：《亲密关系的变革》，陈永国、汪民安等译，北京：社会科学文献出版社，2001，第52~53页。
② 安东尼·吉登斯：《亲密关系的变革》，陈永国、汪民安等译，北京：社会科学文献出版社，2001，第50~51页。

扇通往未来的希望之门：只要能和相爱的人在一起，我的人生便充满阳光。许多好莱坞爱情片，演绎的正是这样一种浪漫爱情：爱人们在经历种种磨难之后，终于幸福地结合在一起……帷幕落了下来。可它没有告诉我们，帷幕落下之后，会发生什么事情。或许另一个故事上演了，一个悲剧的故事。不过，罗曼司是不会告诉我们这些的，天长地久和独一无二才是永恒的主题。

如今，已很少有人相信现实社会中存在所谓的浪漫之爱了。可为什么我们中的绝大多数人，仍然向往浪漫的爱情呢？吉登斯给出了一个答案：尽管浪漫之爱是一种反事实思考，却向现代人提供了重要的心理保障。他具体分析道，"罗曼司"的理念在19世纪既表达也促进了社会生活向世俗化的转化。现代性与理性的兴起密不可分。因为自然过程与社会过程的合理性理解必将要取代神秘主义和宗教教条的武断法则。"罗曼司"尽管仍然保留着某些神秘主义色彩，但它又将这种神秘的观念与展望未来的姿态结合了起来。也就是说，它再也不是某种不真实的魔咒。相反，浪漫之爱成为一种控制未来的潜在捷径。对于那些为浪漫之爱所支配的人们而言，它是一种保障心理安全的形式。[①]

激情之爱和性欲望息息相关，而在浪漫之爱中，崇高之爱的素质则主宰着性激情。借用韦伯的话说，就是浪漫之爱具有一种"历史的罕见性"。在此，爱既与性分离，与此同时又与性纠缠不清。在浪漫之爱中，"品德"对于两性而言不仅意味着天真纯洁，还意味着将所爱的对象视为一个"特殊之人"。尽管转瞬即逝的两性吸引也是浪漫之爱的主要成分，但是，它必须与激情之爱的性欲/纵欲的强烈冲动区分开来，绝不能过分强调性的重要性。浪漫之爱的"一见钟情"和激情之爱不同。在激情之爱中，一见钟情主要指被对象强烈的性魅力所吸引。而在浪漫之爱中，一见钟情不是性的吸引，而是一种交流的姿态，是对另一个人人格的直觉把握。[②] 天涯社区网站的"情感天地"里，曾经有个询问"我们如何知道爱上了另一个人？"的帖子。跟帖很多，70%~80%的回答者都认为，爱的征兆就是对爱的对象产生了"感觉"。据笔者的理解，所谓"感觉"即指在发现对象的瞬间，产生的一种直觉。它是心灵的撞击，而主要不是性吸引。正是在这种相互吸引的过程

[①] 安东尼·吉登斯：《亲密关系的变革》，陈永国、汪民安等译，北京：社会科学文献出版社，2001，第55页。
[②] 安东尼·吉登斯：《亲密关系的变革》，陈永国、汪民安等译，北京：社会科学文献出版社，2001，第54页。

中，个体的生命才显得"完美"。不难看出，浪漫之爱的理念至今仍然深深地影响着两性关系的建构。

那么，浪漫之爱为何具有如此之大的社会作用呢？吉登斯指出，浪漫之爱提出了亲密关系的问题。这种亲密关系与欲望、与世俗的性征是不相容的。因为它假设了一种心灵的交流、一种灵魂的沟通。个体通过浪漫之爱而变得完整。浪漫之爱借助激情形成一种特殊的信念和理想：一方面紧紧依恋他人并把他人理想化，另一方面又开拓出通往未来发展的道路。尽管这一形态的爱情在现实社会中并不存在，但在19世纪以及此后漫长的岁月中，这一思想对现代人尤其是现代女性的爱情观乃至爱情生活产生了深刻的影响。

吉登斯认为，在思考浪漫之爱情结时，必须弄清下列几个相关因素的作用：①现代家庭的建构，②父母与子女关系的改变，③母爱的发明。维多利亚时代的父亲形象是严肃与刻板的。但自19世纪中后期开始，随着家庭与劳动场所的分离，男性主宰家政的模式也发生了改变，一方面，父亲和丈夫的绝对权威遭到了挑战，另一方面，父母与子女间情感上的联系却变得越来越重要。家庭从"父性权威"转向了"母性教化"。在母性的现代建构中，对母亲的理想化是一条重要的线索。母亲的理想化直接哺育了浪漫之爱的价值。"贤妻良母"形象重构了女性形象。[①]

尽管从本质上讲，浪漫之爱是一种女性化的爱情，但同样对男性产生了巨大影响。浪漫之爱理念作为一种意识形态，亦已深深根植于男性的情感生活中，支配着男性的爱情观。帷幕落下之后，往往男女双方都深感失望。不仅女性，男性也会发现，完美无缺、独一无二的爱的对象，原来只是想象的构建物，与现实相去甚远，爱情理想就此扑灭。但和女性不同的是，社会默许他们在婚姻之外，去寻求新的理想爱情。此外，还有许多男性通过把家庭的温情慰藉与性快乐区分开来的方法，以解决浪漫之爱和激情之爱之间存在的矛盾冲突。他们在家庭内部追求一种温馨感，即所谓的"浪漫之爱"，而激情之爱则可以到家庭以外去寻找。所以，男性很容易取得平衡，他通过婚姻寻求浪漫之爱，却在婚姻制度以外追求激情之爱。所谓"家中红旗不倒，外面彩旗飘飘"形容的正是这样一种现象。长期以来，男性被允许在婚外寻找激情，满足性的快乐。

[①] 安东尼·吉登斯：《亲密关系的变革》，陈永国、汪民安等译，北京：社会科学文献出版社，2001，第56页。

而另一方面，占统治地位的双重标准却没有为女性留下退路。长期以来，社会不仅从道德规范上，而且从法律和制度上禁止了女性追求性快乐的权力。尽管在欧洲贵族社会中，女性的婚外恋是得到默许的，① 贵夫人和骑士的恋情曾是许多文学作品的主题。但长期以来，平民阶层却严禁女性婚外恋情，违禁者将受到严厉惩罚。英国在 75 年前，还有将未婚先孕的女子都送入疯人院的法规，而仅仅一个世纪前，日本的法律还明文规定，通奸女子要被处以极刑。

起始于 19 世纪的浪漫主义文学，在很大程度上改善了女性的形象，但浪漫之爱与母爱这两种理想化的形象，把女性置于一种纯洁的位置，使她们无法在浪漫之爱以外再寻求激情之爱。因此直至 20 世纪 70 年代初，社会并没有给女性留下满足性快乐的空间。为了弥补婚姻的失败，她们只能在爱情之外开辟新的亲密领域。其中主要途径之一，就是发展出了同性之间的友情。朋友间的沟通和情感交流，已成为女性排解不满情绪的一个重要手段。此外，阅读言情小说或消费爱情肥皂剧也被女性们视为发泄不满情绪的一条有效途径。她们被书中或剧中的浪漫情节深深打动，并产生心理学所谓的移情作用：与女主人公同欢乐共悲伤，坐在电视机前，为剧中女主人公的快乐而喜悦，为她的痛苦而落泪。对于众多女性而言，现实的婚姻生活是乏味和令人失望的。她们已无法通过婚姻这一亲密关系来满足情感需求，但又无法像男性那样，在婚姻体制之外追求激情之爱（尽管现在女性婚外恋情已十分普遍），所以只能躲避至浪漫小说或电视连续剧中，体验一种替代性的虚拟爱情。有人把浪漫文学称为一种希望的文学，一种拒绝的文学。它拒绝的正是日常性，"拒绝把平静的家庭生活当作唯一的理想"，并且向人们提供一个精神的避难所，"让个体在梦幻中追逐在日常世界中被否定而无法得到的东西"。②

三 融汇之爱：亲密关系的变革

但自 20 世纪 60～70 年代以来，随着性解放运动的深入，性第一次获得

---

① 安东尼·吉登斯：《亲密关系的变革》，陈永国、汪民安等译，北京：社会科学文献出版社，2001，第 52 页。
② 安东尼·吉登斯：《亲密关系的变革》，陈永国、汪民安等译，北京：社会科学文献出版社，2001，第 59 页。

了自律。浪漫爱情的理想也在此浪潮中,被撕成了碎片。如今,浪漫之爱正逐渐被另一种爱——融汇之爱所取代。吉登斯指出,经历了性解放运动之后,有必要提倡一种"融汇之爱"。融汇之爱是建立在平等基础之上的爱情。它主要由两大要素构成:第一,关系双方在情感的予取上必须平等;第二,要把满足双方的性快乐纳入关系中。与浪漫之爱不同,融汇之爱是积极主动但又偶然飘忽的爱。浪漫之爱强调"天长地久和独一无二",而在融汇之爱中,亲密关系则处于不断建构与重构的状态之中。不过吉登斯同时指出,融汇之爱越巩固,某一"特殊人物"的发现也越困难,它就越可以成长为一种"特殊关系"。融汇之爱强调情感上予取的平等性。如上所述,浪漫之爱在性别地位上并不平等,而浪漫之爱的平等观建立于这样的理念之上,即认为一种关系可能产生于双方情感的投入,而不是外在的社会标准。所以实际上,浪漫之爱在权力分配上并不平衡。对于女性而言,浪漫之爱可能致使其最终成为家庭生活的依附者。而融汇之爱则强调情感上予取的平等性。情感的予取越平等,爱的维系也越接近于"纯粹关系"。在此,爱发展到每一方都准备向对方推心置腹公开关怀与需要的程度。即使双方都由于彼此太看重对方而容易受到伤害。

融汇之爱的另一个重要特征就是把双方性快感的成功看作亲密关系的核心。浪漫之爱是性爱,但它同时又排斥性满足和性快乐。融汇之爱首次把男女双方的性快乐和性满足作为维系亲密关系的核心因素。吉登斯提议可将"纵欲技术引入夫妻关系的核心,使夫妻彼此之间的性快感的成功成为一种关键性的要素"。美国人类学家艾斯勒(Riane Eisler)更进一步将亲密关系中的性快乐视为"神圣的欢爱"。她用诗一般的语言表达了对性爱的礼赞:

> 在那里,情爱可以化为性爱,性爱也可以化为情爱;在那里,性可以升华为神圣,而我们的肉体便成为圣殿;在那里,我们从每一天的生活中,而不是从片刻的精神幻觉中得知,通过爱,我们能把自己扩大到六合八方,当我们拥抱时,我们便融为一体,进入一个神秘的境界,共同体验恋人们常说的那种至柔的激情和至美的宁静。[①]

---

① 理安·艾斯勒:《神圣的欢爱:性、神话与性肉体的政治学》,黄觉、黄林光译,北京:社会科学文献出版社,2004,第462页。

在性爱的世界里，身体和精神不再分离。透过性爱，我们获得欢乐、敬佩、惊叹和狂喜。总之，在经历了性革命之后，性快乐已再度成为亲密关系的主旋律之一。

此外，融汇之爱还提倡性爱关系的多元性。在融汇之爱中，亲密关系既非特指一夫一妻制，也和异性恋没有任何特殊的联系。西方社会在经历了几十年的性解放运动之后，性爱关系的模式已发生了根本性改变。如今，两性间的亲密关系已不再仅仅局限于婚姻体制内，未婚男女的同居也被纳入融汇之爱的视野。笔者个人认为，可以从两个不同层面来理解同居。第一，可以将同居视为结婚前的一种准备状态，一段婚姻的过渡期。恋人们在结婚之前，首先会同居一段时间，当双方都感到从关系中受益匪浅，并认为这种关系具有延续的价值时，便可以考虑结婚。第二，同居本身成为亲密关系中一种可供选择的有效形式。我们可以选择结婚，也可以选择同居。在此，亲密关系是作为一种更为开放的形式存在的。

融汇之爱与浪漫之爱的另一个重大区别在于如何看待性爱关系中的性别问题。与浪漫之爱以异性伴侣为取向不同，融汇之爱尽管仍然围绕着差异而建构，但性征差异不再作为建构亲密关系的主要依据。也就是说，性爱关系不再等同于异性恋，爱的理念必须延伸至同性爱恋的领域。在目前中国的语境下，许多人或许暂时还无法接受这一观念。但必须指出的是，同性恋既非精神分析学所说的那样，属于性倒错的病理现象，也不是人们想象的那样，只是一种个别行为。根据吉登斯的介绍，英国至少有50%的男性，在人生的某一阶段，具有同性恋倾向。而即便是最保守的统计，也显示中国的同性恋者不少于3000万人。日常生活中，我们随时可能遇见具有同性恋取向的人。远的有福柯、张国荣，近的可能就在我们身边，是我们的亲人、我们的朋友，抑或我们自己。所以，融汇之爱否认亲密关系中的性别差异，认为爱的多元性应同时包括对不同性取向的认同与尊重。[1]

总而言之，被吉登斯称作"融汇之爱"的新的爱情形式，正日渐成为我们这个时代亲密关系的主流。

---

[1] 安东尼·吉登斯：《亲密关系的变革》，陈永国、汪民安等译，北京：社会科学文献出版社，2001，第81~84页。

四 爱的建构：一个社会心理学框架

以上我们从爱的形式、爱的社会功能以及爱的建构等方面对爱与亲密关系进行了较为详尽的社会学考察。那么，如何才能构建符合我们时代特征的爱与亲密关系呢？美国社会心理学家弗洛姆认为，爱必须满足下列四大条件：克服自恋、树立信仰、活动性和公平。第一，所谓克服自恋，即指我们不能只从自己的立场出发，而应该学会用客观和善意的眼光去看待问题。社会心理学中有个研究解释事件原因的归因风格理论，认为良好的亲密关系，很大程度上取决于人们对事件的解释方式。布莱佩利（Bradbury，1990）等人发现，幸福的夫妻倾向于把对方良好的行为归结为对方的内在因素，而把对方的过失归结于环境因素（乐观型归因风格）。而不幸福的夫妻则经常进行抑郁型归因，即把对方的良好行为看成是外在和环境因素的影响，而把不良行为归因于人格特质。[1] 也就是说，具有乐观型归因风格的妻子倾向于把丈夫的错误行为归结为外在与暂时的环境因素，如工作不顺利、身体不舒服，甚至是天气不佳等。而对于一个具有抑郁型归因倾向的妻子来说，丈夫微小的过失也是难以容忍的。当夫妻双方解释问题的方式都出现问题时，很容易形成恶性循环，使关系出现裂痕。具有自恋倾向的人，大多具有抑郁型归因风格倾向，他们总喜欢站在自己的角度，采取所谓的双重标准看待问题。因此，要维系良好的爱情关系必须要排除自恋，建立良好的归因风格，懂得用客观的态度对待自己的爱人。

第二，爱要树立一种信仰。尼采说，"一个人的本质可以被定义为给人以承诺的能力，信仰是人类生存的条件之一"。[2] 弗洛姆把信仰视为任何深厚友谊和爱情的基础。信仰通常包括两个不同层面，即"自信"和对爱人的"信心"。爱一个人要有信仰，首先要信仰自己，爱自己。当我们充满自信时，便充满爱的勇气。但与此同时，我们也要充分相信爱人，要对他怀有信心。"对另一个人有信心意味着确定他的基本态度、他的人格的核心、他的爱的可靠性和不变性""自信就是我们意识到自我的存在，人格的核心内

---

[1] Bradbury, T. N., & Fincham, E. D., Attributions in Marriage: Review and Critique. *Psychological Bulletin*, 107, 1990, pp. 3-33.
[2] 弗洛姆：《爱的艺术》，刘福堂译，桂林：广西师范大学出版社，2002，第101页。

容的存在。这一核心是不会轻易改变的。只有相信自己的人才能待人以诚。因为他坚信,他将来的某一天也会像今天一样去行事、去感知"。① 此外,信仰还包括对未来的坚定信念,相信爱会随着时间的推移而成长;会在关系双方的磨合过程中,变得越来越好。总之,爱的信仰是对自爱的信心,对他人产生爱的能力及其可靠性的信心。

第三,活动性指我们主动去爱的能力。弗洛姆认为,活动并非指具体的行为,而是一种心理活动,感受到我在爱,我有能力去爱。② 但笔者认为,活动还应该包括另一层含义,即沟通。沟通在维系良好的亲密关系中占据着极为重要地位。吉登斯认为,在纯粹关系中,"不仅需要尊重对方,而且还需要向对方敞开胸怀"。③ 哈佛德(Halford,1990)等人发现,走向破裂的婚姻经常是由于夫妻双方不愿意向对方表达负面情绪,即懒得与对方沟通造成的。④ 社会心理学家们(Levenson & Gottman)通过一项长达四年的夫妻关系研究发现,在最终破裂的婚姻关系中,往往包含着许多埋怨,而且对对方的关怀置之不理。⑤ 有时候,人需要表达自己的负面情绪,要告诉爱人你的态度、你的感受和你的不满。幸福的夫妻常常会通过与对方的争论来理解对方的观点。心理学家把这种沟通方式叫作"摆观点",认为它对维系亲密关系的健康至关重要。

第四,公平,即平等在亲密关系中的作用。公平理论认为任何人际关系都要遵守公平原则,也就是说,我们的付出必须和收获成正比。古典经济学中有句"以最小的成本获取最大收益"的著名格言。但这句话并不适合爱情关系。爱的活动不是经济活动,在爱与婚姻等亲密关系中,人们追求的不是以最小付出换取最大的收益,而是一种平等,而且这里的平等也不是所谓的"我给你的像你给我的一样多"。弗洛姆认为,等价交换原则仍然是建立在商品交换基础之上的公平伦理观,同样不能运用于两人间的亲密关系。在

---

① 弗洛姆:《爱的艺术》,刘福堂译,桂林:广西师范大学出版社,2002,第101页。
② 弗洛姆:《爱的艺术》,刘福堂译,桂林:广西师范大学出版社,2002,第105页。
③ 安东尼·吉登斯:《亲密关系的变革》,陈永国、汪民安等译,北京:社会科学文献出版社,2001,第243~244页。
④ Halford, W. K., & Sanders, M. R., The Relationship of Cognition and Behavior During Marital Interation. *Journal of Social and Clinical Psychology*, 9, 1990, pp. 489 – 510.
⑤ Levenson, R. W., Carstensen, L. L., & Gottman, J. M., The Influence of Gge and Gender on Affect, Physiology, and Their Interrelations: A Study of Long-term Marriages. *Journal of Personality and Social Psychology*, 67, 1994, pp. 56 – 68.

爱情和婚姻等亲密关系中,"公平,意味着不以商品和交易中的欺诈和诡计来换取感情"。爱意味着对爱人的责任感,同他(她)结为一体。而不是我付出多少,就必须得到多少。现代人十分信奉这一原则,社会学中的交换理论,遵循的就是这一公平理念。但尽管如此,我们仍然希望爱的关系是纯粹的。笔者十分赞同弗洛姆的观点,在亲密关系中,公平反映的主要不是一种等价的交换原则,而是情感上的诚实,即所谓不以欺骗的手段去获取他人的情感。只要能做到这一点,那么亲密关系就是公平的。公平伦理表明的只是尊重别人的一种权利,而不是在爱。"这种伦理观没有意识到责任和一体,因此它体现的是疏远和分离。"[1]

五 私人领域的民主化

吉登斯则从结构和制度层面,或他所谓的"生活政治"的角度,提出了实现私人领域民主化的构想。他指出,在亲密关系,尤其是异性恋关系中,理想与现实之间存在着巨大差距,而且乌托邦主义随时有可能被现实主义所抵消。但现在,一种有助于改造个人行为环境的变化已经发生,而且它们都趋向于民主的实现。个人生活的民主化尽管不是发生在公共领域,意义却同样深刻。如今,私人领域的革命进行得如火如荼,这一变革同样意味着民主的承诺。融汇之爱的模式与民主的伦理框架完全一致。在民主秩序内,亲密关系成为一种"自由和平等的关系",它的建构与维系同样符合一个普遍的民主原则——"自治性原则"。吉登斯转引赫尔德的定义对"自治性原则"作出以下界定:

在决定自身生存条件的过程中个人应该是自由和平等的;即是说,他们在确定创造和限制可得机会的框架时应该享受平等的权利(因此负有平等的义务),只要他们不利用这个框架否定其他人的权利的话。[2]

自治性首先意味着一种个人自我反思和自我确定的能力,即思考、判

---

[1] 弗洛姆:《爱的艺术》,刘福堂译,桂林:广西师范大学出版社,2002,第106页。
[2] 安东尼·吉登斯:《亲密关系的变革》,陈永国、汪民安等译,北京:社会科学文献出版社,2001,第238页。

断、选择和实施各种可能的行动进程的能力。但是，当政治权利和义务与传统的财产权联系在一起时，自治性根本无法发展。只有在这些关系被消解后，自治性原则方能得以成立。因此，民主还意味着（分配）权力的宪法限制。也就是说，我们有必要在保持一定程度权威性的同时，①限制"强者的自由"。吉登斯指出，可以将宪法权威理解为一种隐性契约。它的基本条款由处于同等地位的人们之间公开协商的条件构成。自治性原则具体由以下四个部分组成。

（1）为人们发挥潜力和表现不同的个性创造条件。其主要目标是每一个个人都应该尊重他人的能力，并学习和加强自身禀赋的能力。

（2）保证不滥用政治权威和武力。也就是说，即便某些决策是由代表大多数人的少数人所制定的，但它们在一定程度上也应该经过受决策影响的人们的共同协商。

（3）个人参与决定相互关系的条件。其前提条件是，个人必须接受其他人判断的真实合理性。

（4）扩大经济机会。发展可利用资源包含了这样一个前提，当人们摆脱了物质需要的负担时，个体能最有效地实现他们的目标。②

那么，如何才能实现自治性原则呢？吉登斯认为公共领域内自治性原则的实现有赖于以下这些基本条件。

第一，必须保证群体内所有成员对决策结果影响的平等性。民主政治中的"一人一票"制，遵循的就是这一原则。不过，由于民主政治秩序允许存在"合理的权威"，所以在保证每个人的选择具有同等地位的同时，在某些情形下，也要求符合必要的资格。

第二，提供可供公开争论的论坛。为了实现上述条件，除了有必要保证所有成员有效参与之外，还必须为个人提供说话的工具。具体而言，就是提供可供所有成员公开争论的论坛。民主意味着讨论。公开讨论可以使有效的论证有机会与其他决策机制抗衡。另一方面，民主秩序则为协商和必要的妥

---

① 限制"强者的自由"并不意味着否定一切权威。如果所有权威都遭到否定的话，就会陷入无政府的状态。而且权威也可以通过自治性原则证实其存在的合理性（安东尼·吉登斯：《亲密关系的变革》，陈永国、汪民安等译，北京：社会科学文献出版社，2001，第239页）。

② 安东尼·吉登斯：《亲密关系的变革》，陈永国、汪民安等译，北京：社会科学文献出版社，2001，第237~238、240页。

协提供了制度安排。此外，公开讨论还具备另一项重要功能——教育功能。作为民主教育的一个手段，它不仅能培育更加开明的公民，而且也能使对话者学会以积极的方式疏导情感，促使他们"由信念而说理，而非通过论战或情绪化的抨击而执迷于不良思想"。①

第三，公众的责任。公众责任是民主政体的又一基本特征。在任何体制中，决定都是代表他人做出的。而公开争论通常也只发生于某些特定关头，或针对某个重大议题。许多政策和决定都不得不由代表大多数成员的决策者来制定。因此吉登斯强调，责任必须与信任携手并进。信任产生于责任和开放性，同时也保护责任与开放性。从这一意义上讲，信任贯穿于整个民主政治秩序，是政治合法性的主要依据。

第四，明确权利和义务。首先，吉登斯指出，自治性原则的制度化意味着明确所有成员的权利和义务。权利指伴随某种政体资格的特权，但同时也表明个人必须承担相应的职责。从本质上讲，权利就是一种授权形式，是促成性机制。而职责则是获得权利所必须付出的代价。民主体制中的权利和职责，不同于按照个人的社会地位确定的其他任何权利，它们是由协商产生的。而且，尽管民主机制具有促成同一性的属性，但民主并不排斥多元主义，自治性原则鼓励差异性。总之，民主是特权的敌人，民主秩序为个性的发展提供了机会。

至此，吉登斯提出一个较为完整的民主化政治框架。那么，这一框架是否适合于私人领域呢？吉登斯给出了肯定的答复。他指出，亲密关系的可能性意味着民主的许诺。而且，我们同样可以以公共领域内的民主化框架为蓝本，制定一个个人民主秩序的伦理框架。自治性原则在私人领域里，意味着"反射性自我规划"的成功实现。自我的自治性首先必须尊重对方的能力，并能够认识到各自潜力的发展并不是一种威胁。亲密关系一定要保证参与双方能够发挥个人的潜能。我们在提高和加强自身能力的同时，必须尊重他人的能力。如果某位女性因为结婚而被迫放弃学业或工作，那么这种婚姻关系就是不平等的，是违反民主原则的。此外，自治性也必须有助于成功地控制关系所需要的个人界限。当一方将另一方视为工具，或相互依赖带有强制性成分时，个人界限就受到了侵犯。

其次，在爱情和婚姻关系中，我们必须贯彻不诉诸权威和武力的民主化

---

① 弗洛姆：《爱的艺术》，刘福堂译，桂林：广西师范大学出版社，2002，第88~109页。

原则。吉登斯认为这一自治性元素直接影响私人生活的民主化。在爱情关系中，存在各种滥用情感，利用爱的权威控制和支配对方的现象。而婚姻生活中，则存在一种更为常见的滥用权威和武力的形式，即家庭暴力。体格上明显占据优势的男性，对处于弱势地位的妇女和儿童实施虐待和暴力，是一个全球性的、普遍的社会病理现象。因此，民主秩序下的亲密关系，绝不允许滥用权威和诉诸暴力。任何事情都必须通过协商的方式解决。

再次，涉及亲密关系如何建构、如何维系以及如何解除的问题。吉登斯认为，"个体参与决定相互联系的条件"原则，例示了纯粹关系的理想，并切中改造亲密关系的各种民主化的可能性。我们不仅需要得到对方的尊重，更需要向对方敞开胸怀，因为唯有这样才能符合上述标准。不愿和对方沟通、向对方敞开心扉的人，是不可能提供共同决定亲密关系所必需的各项条件的。[①]

最后，权利和义务的问题。吉登斯认为，在某些方面，权利和义务限定了实际的亲密关系。权利作为获得亲密关系的手段之一，在已婚妇女争取平等地位的斗争中发挥着重要的作用。例如，尽管妇女可以首先提出离婚这项权利，仅属于一种否定的赞成，但却产生了重要的制衡效果。它不仅可以使妇女摆脱不平等的婚姻关系，而且具有制约丈夫强行控制权的作用。因此，权利有助于把强制性权力转化成平等的交往。同样，没有义务就没有权利。所以，我们只有在对对方承担责任、使特权与义务相平衡的情况下，权利才有助于消解粗暴的权力。

总之，纯粹，或曰成熟的亲密关系不是一蹴而就和一劳永逸的。诚如布迪厄所言，我们只有通过无时无刻的、不断从头开始的努力，通过彻底的反思性，才能使爱情的"迷人岛"这个封闭与完全自给自足的世界脱离算计、暴力或利益的冰冷海水。只有这样，亲密关系才能超越利己主义和利他主义的取舍甚至主体与客体的区分，达到融合和相通的状态；恋爱主体才能"迷失在彼此之中"而不丧失自我；爱才能更永恒、更完美，更接近于我们所向往的至臻至美的理想境界。

---

① 安东尼·吉登斯：《亲密关系的变革》，陈永国、汪民安等译，北京：社会科学文献出版社，2001，第237~238、243~244、244~245页。

日本社会学的历史发展及展望

社会学是一门出现于19世纪西欧，研究当时西方社会因现代化和工业化而出现的社会结构变化的科学。[①] 和中国一样，日本作为非西方的亚洲国家，其早期社会学是从引进19世纪欧洲社会学起步的。在东西方文化差异，以及当时落后于西方社会现代化和工业化的背景下，日本社会学家为发展日本社会学，使其成为一门适合于本土社会分析的社会科学付出了巨大努力，并取得了十分可观的成就。这一切都对中国社会学具有直接的借鉴意义。本文着重对日本社会学的发展轨迹，及其在21世纪面临的挑战与机遇做一个简要的考察。

一 日本社会学的诞生与形成

日本社会学的形成最早可以追溯到19世纪明治维新时期。当时，为了建设一个能与西方世界并驾齐驱的现代化国家，日本提出了"富国强兵""脱亚入欧"等国策。在这些方针的指引下，思想界和学术界积极引进西方各种先进思想和理论。社会学作为当时西方最前沿的理论思想，同样受到了日本知识界的竭力推崇，西方社会学理论和思想几乎同步被大量介绍了进来。如何看待西洋文化，如何通过吸收与借鉴先进的西方文化和理论，批判性地继承与改造日本传统文化，成了当时思想界与学术界的首要任务。在这一大环境下，以西方社会学为基础的日本社会学应运而生。

日本社会学以第二次世界大战为分水岭，大致可划分成两个阶段。第一

[①] 富永健一：《社会学原理》，严立贤等译，北京：社会科学文献出版社，1992，第1页。

阶段是第二次世界大战结束之前的时期。这一时期的日本社会学主要受欧洲社会学,尤其是德国社会学的影响,十分重视对社会学理论的研究。当时,齐美尔形式社会学在日本社会学界占据着主导地位。日本的形式社会学以著名理论社会学家、经济学家高田保马为代表。高田在继承齐美尔、藤尼斯等人学说的基础上,努力使社会学成为一门和经济学具有同等重要地位、独立的社会科学。他认为,"社会学的研究对象是社会,社会的本质是有情者的结合,希望的共存,无限接触的意愿,可以说社会学就是研究有情者结合的科学"。① 高田的社会学思想摆脱了思辨色彩浓烈的综合社会学的束缚,使日本社会学成了一门真正意义上的社会科学。但与此同时,他又宣称,脱离现实是由社会学的本质所决定的,这样可以维护社会学的纯科学性。他的这一观点在很大程度上削弱了实证研究的重要性,使社会学成了纯理论性的科学。这一倾向此后尽管不断受到批判,却始终或隐或显地影响着日本社会学。②

虽然第二次世界大战结束之前日本社会学以理论研究为主导,但以家庭社会学和农村社会学为中心的实证研究仍然取得了丰硕成果。其中较为典型的有户田贞三以美国社会学调查方法为依据撰写而成,被称作"日本最初的社会调查入门书"的《社会调查》(1933年)、铃木容太郎的《农村调查法》(1932年)、《乡土生活调查法》(1935年)、户田贞三的《家庭结构》(1937年)、贺喜左卫的《日本家族制度与佃耕制度》(1943年)以及奥井复太郎的《现代大都市论》(1940年),等等。

必须指出的是,尽管第二次世界大战结束之前日本社会学在理论和实证研究领域里都取得了一定的成绩,但由于受到天皇制集权主义的压制,总体而言,这一时期日本社会学的发展是十分有限的。第二次世界大战后,为重建日本社会学付出巨大努力的日本著名社会学家福武直,曾在其主编的《历史与课题》一书中,对第二次世界大战期间的日本社会学进行了深刻反思。他写道,"在加强战时体制,大搞法西斯主义之时,社会学是不可能自由发展的。社会学批判所提出的问题,还没有充分进行讨论就被压垮了。不仅这样,还出现了一股追随反动潮流的倾向"。③ 福武直的描述,并不仅仅

---

① 王康:《社会学史》,北京:人民出版社,1992,第217页。
② 王康:《社会学史》,北京:人民出版社,1992,第217~218页。
③ 福武直:《世界各国社会学概况》,虞祖尧、张禄贤译,北京:北京大学出版社,1982,第268页。

局限于战争年代，它同样也在很大程度上反映了第二次世界大战结束之前日本社会学的整体状况。此外，战争对日本经济的破坏也给社会学的正常发展带来了巨大困难。战时物质的匮乏，明显限制了日本社会学会的活动。日本社会学会期刊《社会学年报》办到1943年时，由于资金的短缺被迫停刊。而《社会学研究年报》只出版了第1辑，就无疾而终了，第二年也没有召开年度大会。战争破坏了科学事业，对社会学也不例外。①

总之，1945年以前的日本社会学，由于长期受到日本天皇制意识形态的制约，在很大程度上丧失了独立的地位，其发展十分有限。

二 第二次世界大战后日本社会与日本社会学

第二次世界大战战败后，日本社会发生了根本性的转变。第二次世界大战后，日本选择了一条民主化和经济发展的道路。经过50多年的发展，日本从一个封建集权制国家转变成民主国家，从一个经济上贫穷落后的国家发展成为丰裕的现代化国家。第二次世界大战后日本社会主要经历了三个发展时期，即第一时期的战后复兴期（1945~1960年）；第二时期的高速成长期（1960~1980年）和第三时期的后成长期（1980~1995年）。② 以此为依据，我们同样可以将战后日本社会学分成三个阶段，即1945~1960年的重建期、1960~1980年的发展期和1980~1995年的转型期。

1. 第二次世界大战后复兴期与日本社会学（1945~1960年）

1945~1960年，是第二次世界大战后日本经济复苏和政治民主化的时期。第二次世界大战后初期，日本社会处于百废待兴的状态。由于美国的占领，日本无论在政治与经济领域，还是在文化与意识形态领域，都置于美国的绝对影响之下。当时美国的占领政策主要是要清除日本的集权主义天皇制、半封建的地主制和家庭制度的影响。在美国的直接指导下，日本实施了土地改革、解散财阀和劳动民主化三大改革。民主化改革使日本社会摆脱了第二次世界大战后初期的混乱和贫困的状态，并建立起第二次世界大战后日

---

① 福武直：《世界各国社会学概况》，虞祖尧、张禄贤译，北京：北京大学出版社，1982，第268页。
② 中国社会科学院外事局：《日本人文社会科学现状与发展》，北京：中国社会科学出版社，2003。

本社会的基本框架。① 在民主的政治体制下，日本作为一个独立的国家重新回到了国际社会。

这一时期，也是日本社会学的重建期。战败给日本社会学带来了双重结果。一方面，第二次世界大战后日本社会学的重心开始由德国转向了美国，美国社会学家的著作被大量介绍到日本；另一方面，第二次世界大战前受到天皇集权制压制的马克思主义取得了支配性地位。在思想和学术领域里，马克思主义成为当时最具"正统性"的学说。因此，如何才能有效地将美国社会学和马克思主义这两种相互对立的学说有机地结合起来，成了推动当时日本社会学前进的最大动力。

第二次世界大战后，社会学面临的最大课题是如何实现日本社会的"民主化"。② 众多社会学家通过对第二次世界大战前社会学存在方式的总结和反思，提出了社会学的新方向，即实证化道路。他们认识到，要发展日本社会学，就必须改变以往单纯强调哲学思辨的传统，重视经验性调查研究。福武直在《社会学的现状与未来》一文中，率先提出了今后日本社会学的基本方向："今后社会学的发展除了开展实证研究以外别无他路。"③ 但值得一提的是，福武直并没有否定理论的指导意义，而是认为"实证必须要以理论为指导"。显然，福武直重建日本社会学的两大口号，即"民主化"与"实证化"，融合了马克思主义与美国社会学。

从20世纪40年代中期至60年代末，日本社会学研究主要以马克思主义理论为范式。这一时期的社会学研究集中在以下几个方面：①揭示和批判以日本社会的前现代性、封建性、落后性以及体现身份的主从关系为主旨的封建遗制理论、民主化理论和现代化理论；②美国社会学、社会心理学、文化人类学、社会调查的积极介绍和引进；③诸学科的共同研究；④产业社会学、劳动社会学等新型研究领域的出现与细分。

同一时期，社会调查领域取得了巨大成就，具有代表性的经验性研究有福武直的《日本农村的社会性格》（1949年），大河内一编的《战后社会的

---

① 中国社会科学院外事局：《日本人文社会科学现状与发展》，北京：中国社会科学出版社，2003。
② 厚东洋辅：《日本の社会学——社会学理论》，盐原勉、井上俊、厚东洋辅主编《社会学理论》，日本：东京大学出版会，1997，第4页。
③ 福武直：《社会学の现代的课题—人间の解放と社会の合理化のために》，1948，佐藤勉、细谷昇、村中知子《社会学思想》，日本：东京大学出版会，1997，pp.13~17。

实态分析》（1950年），川岛武宜的《日本社会的家庭结构》（1950年），隅谷三喜男的《日本货动史论》（1955年），尾高邦雄主编的《铸物街》（1956年），等等。同一时期，日本社会学会主持的"社会阶层与流动"调查（SSM调查）也正式启动。此外，反映多学科共同研究成果的各种调查研究报告也相继面世，其中较具影响力的有日本人文学会主编的《封建遗制》（1951年）、《社会性紧张研究》（1953年）、《近现代矿工业与区域社会的形成与发展》（1955年）、《近现代产业与区域社会》（1956年）、《佐久间水库》（1958年）和《水库建设的社会影响》（1959年），等等①。

2. 高速发展期与日本社会学（1960~1980年）

1961~1980年，日本社会学迎来了快速发展期。这一时期也是日本经济出现高速增长的时期。1955~1965年整整十年的高速增长，创造了日本经济发展的奇迹，也使日本社会发生了翻天覆地的变化。在此背景之下，时代氛围也发生了显著的变化，人们关注的焦点开始从"民主化"转向了"工业化"。同一时期，日本政府提出了大幅度提高国民收入的计划。一方面，人们被要求加倍努力工作；另一方面，日本社会掀起了颂扬消费"美德"的消费革命。高度成长使日本实现了工业化，日本社会逐步步入了"大众社会"。工业化和现代化给日本社会学带来了机遇与挑战。这一时期日本社会学的课题主要集中在以下两方面，即探索保持经济高速成长的社会条件，以及阐明由高速成长所带来的新的社会问题的实质。这一时期，美国社会学家帕森斯的结构功能主义取代了马克思主义，一跃成为日本社会学的主流研究范式。②

具体而言，这一时期，日本社会学的研究热点集中在以下几方面：①大众社会理论；②以家族、村落和都市为中心的实证性研究；③阐明与日本经济成长有关的日本社会的特征；④产业、劳动、犯罪、社会病理、大众传媒、政治、教育、社会调查等特殊领域的研究；⑤与历史性展望、历史意识和社会变动有关的理论研究，如现代化理论、产业社会理论、未来社会理论，等等；⑥基础理论和方法论研究，包括对帕森斯结构功能主义、马克思主义社会学、韦伯社会学、行为科学、社会心理与意识以及民众史的研究，

---

① 有末贤ほか：《社会学入门》，日本：弘文堂，1996，第256页。
② 厚东洋辅：《日本の社会学——社会学理论》，塩原勉、井上俊、厚东洋辅主编《社会学理论》，日本：东京大学出版会，1997，p.6。

等等。

另一方面，社会调查领域也取得了丰硕成果。日本社会学会在1965年和1975年，两次开展了全国规模的"社会阶层与流动"调查（SSM调查）。而且颇具影响的安田三郎的《社会流动研究》（1971年）和富永健一编著的《日本的阶层结构》（1979年）也在这一时期相继出版。此外，同一时期还留下了许多重要的调查统计数据，较为典型的有中野卓的《商家同族集团研究》（1964年）、岩井弘融的《病理集团的结构》（1963年）、森岗清美的《家族周期论》（1973年）、劳动调查研究会编《战后日本的劳动调查》（1970年），等等。[1]

3. 后发展期与日本社会学（1980~1995年）

20世纪80年代，世界进入了新的历史时期。社会的多元化、信息化和后工业化突飞猛进地发展。同一时期，日本也成长为成熟的现代社会和工业社会，并开始了向后现代社会和信息社会的过渡。这一时期，不论是经济成长、国家财政和经济生活等物质条件，还是环境及文化条件都出现了新的变化。一方面，经济高速成长时期形成的积极效应，如财富积累效应开始显现。经济发展给日本社会带来了巨大财富，日本人民的整体生活水平有了大幅度的提高。尤其是经济高速增长期成长起来的年轻一代，从未体验过饥饿和匮乏的滋味。对于他们而言，丰富的物质生活是理所当然的。日常生活领域里，人们的生活方式变得更加多元化。但另一方面，成长的负面影响也逐渐显露了出来，地球环境问题、大都市居住环境的恶化、交通拥堵现象，以及城市化带来的传统共同体的解体和人与人之间关系的日益淡薄，等等，所有这一切都对社会学提出了挑战。

同一时期，日本社会学也步入了转型期。第二次世界大战后，实证主义始终占据着主导地位，但是现在，社会学家们发现，虽然调查方法越来越完善，统计手法也越来越严密，但是，作为研究背景的理论建构和实证研究之间的关系却变得愈加模糊了。[2] 日本社会学开始了向后现代主义的范式转换。信息科学和符号学的方法被相继导入。这一时期，福柯和哈贝马斯的后现代理论成了较为重要的社会学范式。

---

[1] 有末賢ほか：《社会学入门》，日本：弘文堂，1996，p.257。
[2] 中国社会科学院外事局：《日本人文社会科学现状与发展》，北京：中国社会科学出版社，2003。

总体而言，这一时期日本社会学也同国外社会学一样，进入了多元化时代。曾经占据支配性地位的马克思主义和帕森斯的结构功能主义相继失去了权威性。社会学研究进入了多元共存的时代。一方面，各种社会理论层出不穷，古典社会学的再利用、结构功能主义、权力理论、符号学、批判理论、交换理论、符号互动论、常人方法论、现象学社会学、结构主义等理论轮番登场。另一方面，社会学家则把注意力转向了对社会现象和问题的具体分析上，展开了对诸如日本式经营、老龄化、信息化、中等阶层意识、性别、政治参与、社会参与、劳动生活的变化、开发与环境、社会不平等与差别、网络化、社会福利、第三世界、发展中国家、全球社会等现象和问题的研究。

尽管这一时期实证性经验研究出现了明显的退潮，但仍然留下了许多富有价值的成果，如布施铁治编著的《地域产业变动与阶级》（1982 年）、岛崎禾念、安原茂编的《重化工业都市的结构分析》（1987 年），直井优等编著的《现代日本的阶层结构》（全四卷，1990 年），富永健一的《日本的现代化与社会变动》（1990 年）以及鸟越皓之等编著的《水与人的环境史》（1984 年），等等。

三 21 世纪日本社会学的挑战与机遇

20 世纪 90 年代中期以后，日本社会学进入了变革期。这一时期，社会学遇到了自创立以来最为严峻的挑战。这一挑战主要来自以下两个方面。

首先，社会学本身的合法性遭到了质疑。迄今为止，社会学始终是作为"现代化与工业化的科学"而存在的。在圣西蒙和孔德倡导实证主义的年代，社会学曾经作为一门建设现代工业社会的政策性科学备受关注。而在奠定了社会学基础的第二代社会学家，如韦伯看来，社会学是西欧近代合理化过程中出现的一门自我理解与认识的科学。事实上，在此后将近一个世纪的时间里，社会学确实为现代化与工业化作出了巨大贡献。然而，自 20 世纪后半叶起，发达国家开始步入后现代和后工业社会。现代的终结同时使社会学陷入了深刻的危机。学术领域内，经典社会学，即作为一种现代化与工业化科学的社会学出现了明显退潮。受此影响，欧美等国的许多大学相继关闭或缩小了社会学系的规模。这一切对日本社会学造成了十分不利的影响。

其次，日本社会学面临的另一个挑战来自其自身社会结构的变化。如上所述，日本早在 20 世纪 70 年代就已经实现了现代化与工业化，并跻身于发达国家的行列。20世纪80~90年代，日本逐渐步入成熟社会，即后现代与后工业社会。20世纪80年代末，苏联解体后，形成了以美国为主导的新的世界格局，世界进入了全球化时代。不仅如此，以制造业为立国之本的日本，也在以网络化为特征的信息革命中丧失了主导权。"泡沫经济"的破裂，更使得日本经济出现了持续低迷，经历了"丧失的十多年"。受此影响，日本社会发生了结构性转变。社会学家饭田哲也概括了世纪之交日本社会的主要特征：全球化、网络化与信息化、环境问题、新的差别与人权问题、新的"战争与和平"问题、少子化和高龄化问题、新的"生命与健康"问题[1]等等。日本社会呈现与工业化时代截然不同的景象，新的社会体系开始逐渐形成。面对这样一种纷繁复杂的局面，社会学家陷入了迷茫的状态。因为，传统意义上的社会学已经无法准确把握社会的新动向了，社会学到了不得不进行自身改革的关键性时刻。

不仅如此，由于长年的经济不景气，日本的大学教育也开始受到普遍质疑。加上少子化现象的日益深刻化，大学陷入了危机。为了摆脱困境，各大学推出了一系列改革措施。传统的学科秩序被打破，包括社会学在内的许多学科被重新整合成各种综合性交叉学科。例如，笔者曾经就读的日本知名学府名古屋大学，就曾经在20世纪末建立了由信息科学、电子工学、社会学、法学、经济学、心理学、语言学等多门学科整合而成的信息文化学院，开设了偏理工科的复杂系统系、数理系、物质环境系，偏文科的环境法律经济系、社会地域环境系和媒介社会系等各种新兴学科，并在研究生院开设了信息系统学、计算机数理科学、媒介科学和社会信息学（社会学和传播学的综合）等硕士研究生和博士研究生课程。21世纪初，名古屋大学研究生院又整合了理学、工学和社会科学等各学科的力量，成立了环境学研究所。其中的社会环境学专业是在社会学基础之上，整合经济学、法政治学、心理学、地理学等其他学科组建而成的。可见，大学的社会学教学进入了新的历史时期。那么，曾经为实现现代化与工业化发挥过巨大作用的社会学，如何才能顺应时代的变化，进行自身变革，顺利地渡过这一转型时期呢？著名社会学家盐原勉分析了社会学的特征，并提出了日本社会学今后的发展方向，

---

[1] 饭田哲也：《現代日本社会論の試み（下）：社会学による構成》，《立命館産業社会論集》2006年第1期，pp. 145 – 165。

即充分发挥自己的专业特长,成为一门为人类与社会服务的社会科学。① 盐原指出,长期以来,社会学被视为一门十分宽泛的学科。尽管社会学的宽泛性特征曾经招致各方面的批评,但实际上却是社会学的长处。社会学的宽泛性特征主要体现在以下三个方面:①可以向其他学科提供解释社会及其社会现象的基础性理论;②能够收集和整理调查的信息;③具有整合性和媒介性。

首先,社会学作为一门有关社会的基础学说,可以为其他人文、社会科学提供各种阐释社会与社会现象和问题的元理论。例如,韦伯曾经在《经济与社会》第一章中,提出了从社会行为到国家的浩大的"社会学基本概念"。这些概念体现了他对社会的深刻理解,其理论不仅为社会学,同时也为经济学、法学、哲学等其他人文社会科学提供有关社会的理论范式。总之,社会学可以和邻近社会科学一同分享包括基础理论在内的,有关社会的丰富的社会学知识。

其次,社会学作为一门社会调查科学,长期以来,致力于成为一门同时兼具理论性与经验检验性的精确的认识科学。社会学收集各种有关社会现象的信息,对理论假设进行验证。社会调查名副其实地成了培育社会理论的土壤。事实上,通过社会调查所收集到的各种数据,不仅可以用来检验社会学理论性假设的正确性,同时也能为其他学科服务。此外,各种政策的制定也离不开调查研究。人们在制定或修改政策时,有必要首先通过社会调查来论证政策的可行性。

最后,社会学的整合性和媒介性是其宽泛性特征的第三种表现。长期以来,在社会生活的不同领域里,社会学以连字符的方式扮演了联结与整合诸相关社会科学的角色。社会学家擅长以分工的方式研究具体的社会现象与问题。以对健康问题的研究为例,社会学家通过医疗社会学、保健社会学、福利社会学、家族社会学、体育社会学及其宗教社会学等方式,联合其他相关学科一起展开共同研究。社会学的这种以连字符方式吸收各学科营养的特长,经常被看作是对其他学科的侵害。事实上,涂尔干学派的确试图通过提倡社会学主义,来构建"社会学帝国主义"。但 21 世纪社会学所体现出来的综合性与媒介性,却是志愿式和网络型的。换言之,这是志愿方式的、网络型意义上的综合性和媒介性。

---

① 塩原勉:《21 世紀における社会学の貢献》,《社会学評論》2002 年第 1 期。

总之，社会学能够向其他学科提供有关社会的基础知识，收集各种调查信息，并促进各学科间的合作。

21世纪，由各学科共同创造出来的"网络型"知识，将起到决定性的作用。从这一意义上讲，社会学完全有能力成为构建此类网络型知识的核心科学之一。[1] 21世纪，社会学必须充分发挥这些特长，进行自身变革，成为一门为人类和社会服务的社会科学。盐原指出，正如贝尔在《风险社会》中所揭示的那样，如何克服现代科学与技术给人类社会带来的巨大的负面影响，已经成为21世纪一个全球性课题。迄今为止，科学家在封闭的小团体内，仅仅凭借个人对知识的好奇心进行科学研究，并得到了肯定。他们的研究成果此后被全权委托给其他毫无关联的小团体，在市场机制的作用下，实现了技术化和商品化，并最终被送到普通用户手中。在这种缺乏协调性的体制下，科学家集团根本不用对人类和社会负任何的责任。尤其是日本，科学家共同体很不成熟。他们既无需对自己的研究成果负有说明的职责，也没有这种自觉意识。但21世纪，科学技术对人类和社会的影响将越来越大，社会学家不能放任这种状况继续下去。

为了避免科学家的"自由研究"成为孕育"风险社会"的温床，社会学有责任也有义务作为为人类与社会服务的社会科学，从中立的立场出发，以建议的方式提供有关社会行为选择的合理依据，具体可以通过"俯瞰型研究"来确立科学规范，促使日本科学家共同体尽早成熟，建立社会责任体制。"俯瞰型研究"指发现问题、设定课题、联合诸相关学科共同开展对科研成果、应用与设计、作为最终成果送到用户手中的一系列过程进行的评价和论证。在此，"网络型知识"将显得尤为重要。21世纪，社会学如果不能创造这一类型的知识，就将无法应对日益复杂的局面，为人类与社会作出应有的贡献。[2]

纵观日本社会学的历史发展轨迹，展望21世纪，有一个动向值得我们关注，那就是日本社会学正致力于自身的变革，希望充分发挥综合性和媒介性特长，使社会学成为一门为人类与社会服务的科学。为人类与社会服务已然成为推动21世纪日本社会学发展的最大动力。

---

[1] 塩原勉：《21世紀における社会学の貢献》，《社会学評論》2002年第1期。
[2] 塩原勉：《21世紀における社会学の貢献》，《社会学評論》2002年第1期。

图书在版编目(CIP)数据

同济社会学评论. 社会理论卷 / 朱伟珏著. —北京：社会科学文献出版社，2014.12
 ISBN 978 - 7 - 5097 - 6385 - 8

Ⅰ.①同…　Ⅱ.①朱…　Ⅲ.①社会学 - 文集　Ⅳ.①C91 - 53

中国版本图书馆 CIP 数据核字（2014）第 194122 号

同济社会学评论·社会理论卷

著　　者 / 朱伟珏

出 版 人 / 谢寿光
项目统筹 / 郑　嬿
责任编辑 / 胡庆英　谢蕊芬

出　　版 / 社会科学文献出版社·社会政法分社（010）59367156
　　　　　　地址：北京市北三环中路甲29号院华龙大厦　邮编：100029
　　　　　　网址：www.ssap.com.cn
发　　行 / 市场营销中心（010）59367081　59367090
　　　　　　读者服务中心（010）59367028
印　　装 / 三河市东方印刷有限公司

规　　格 / 开本：787mm×1092mm　1/16
　　　　　　印张：15.5　字数：265千字
版　　次 / 2014年12月第1版　2014年12月第1次印刷
书　　号 / ISBN 978 - 7 - 5097 - 6385 - 8
定　　价 / 59.00元

本书如有破损、缺页、装订错误，请与本社读者服务中心联系更换

▲ 版权所有 翻印必究